Kundenzufriedenheit
und psychologisches
Qualitätsmanagement

Edition GP

Kundenzufriedenheit und psychologisches Qualitätsmanagement

Herausgegeben von
Ottmar L. Braun,
Jürgen Abendschein,
Marco Haferburg und
Sandra Mihailović

Edition GP

Die Deutsche Bibliothek – CIP-Einheitsaufnahme

Ein Titeldatensatz dieses Buches ist
bei der Deutschen Bibliothek erhältlich.

Das Werk einschließlich aller seiner Teile ist urheberrechtlich geschützt.
Jede Verwertung ist ohne Zustimmung des Edition GP Verlags (Telefon
0621-3974334, www.edition-gp.de) unzulässig. Dies gilt insbesondere
für Vervielfältigungen, Übersetzungen, Mikroverfilmungen und die
Einspeicherung und Verarbeitung in elektronischen Systemen.

Redaktion: Malte Leyhausen

Lektorat: Uli Wetz

Layout & Herstellung:
KERN, Berlin

Druck und Bindung:
Books on Demand GmbH

© 2001 Edition GP Verlag, Heidelberg
ISBN 3-935613-02-4

Inhaltsverzeichnis

Vorwort 7

Teil 1: Theorie

Ottmar L. Braun & Marco Haferburg 13
Kundenzufriedenheit: Theorie, Messung
und Intervention

Günter F. Müller 29
Dienstleistungsqualität durch Selbststeuerung
und Selbstkontrolle

Ottmar L. Braun & Andreas Klawe 37
Entwicklung eines Fragebogens zur Erfassung
des Qualitätsbewusstseins in Dienstleistungsorganisationen

Jürgen Abendschein 67
Das Integrative Lückenmodell der Finanzdienstleistungsqualität (INFIDIQUAL) im Kontext
traditioneller Qualitätsdimensionen und -modelle

Teil 2: Anwendung

Jürgen Abendschein 91
Multiattributive Messung und Analyse
der Kundenzufriedenheit in Kreditinstituten

Tanja Höffle 109
Aktives Beschwerdemanagement:
Die Sicherstellung der Kundenzufriedenheit
durch aktives Beschwerdemanagement
in Kreditinstituten

Norbert Wimmelmeier 125
Qualitätsmanagement in einem
Versicherungsunternehmen

Jacob Geditz 133
Die Kunden definieren die Qualität

Sandra Mihailović 139
Praxisbeispiel: Kundenzufriedenheitsuntersuchung
bei dem Deutschen Jugendherbergswerk,
Landesverband Rheinland-Pfalz/Saarland

Miriam Adjei, Ottmar L. Braun, Marco 147
Haferburg, Juliane Jung, Sandra Mihailović,
Claudia Rendenbach & Julia Skomrock
Praxisbeispiel: Zufriedenheit mit Serviceaspekten
beim Winzer

Ernfried Groh 161
Die Zufriedenheit der Staatsanwaltschaft
mit der polizeilichen Vorgangsqualität:
Bericht über ein Qualitätsprojekt

Thomas Messner & Winfried Zinn 187
Messung und Analyse der Kundenzufriedenheit
in Krankenhäusern

Die Autoren 209

Vorwort

Kundenzufriedenheit ist ein Thema, das spätestens seit dem Bestseller von Peters & Waterman, »In Search of Excellence«, im Jahre 1984 eine starkes Interesse bei Wissenschaftlern und Praktikern gefunden hat. In Zielvereinbarungssystemen taucht der Begriff ebenso auf wie bei Workshops oder in der Außendarstellung von Unternehmen, Betrieben, Verbänden und Behörden. Freilich sind die einen weiter auf dem Weg zu konsequenter Kundenorientierung als die anderen, allen gemeinsam ist, dass die Bedeutung der Kundenzufriedenheit von vielen erkannt wurde. Denn Kundenzufriedenheit als eine zentrale Voraussetzung für Kundenbindung wird als Ursache gesehen für die Wiederkaufbereitschaft, die Empfehlung und die Bereitschaft, auch andere Produkte und Dienstleistungen der infrage stehenden Organisation in Anspruch zu nehmen.

Eine häufig gestellte Frage im Zusammenhang mit Kundenzufriedenheit lautet: Wir kennen jetzt die Zufriedenheit und Unzufriedenheit unserer Kunden, was sollen wir nun tun? Die Arbeits-, Betriebs- und Organisationspsychologie hat darauf eine Reihe von Antworten:

- Moderierte Workshops
- Qualitätszirkel
- Verbesserte Personalauswahl
- Personalentwicklung
- Organisationsentwicklung

Im vorliegenden Buch werden eine Reihe von Ansätzen dargestellt, die die Steigerung der Kundenzufriedenheit, die Optimierung der Prozessqualität oder die Verbesserung der Servicequalität zum Ziel hatten.

Zunächst wird allgemein in das Thema eingeführt, indem Braun & Haferburg Konzepte, die Messung und mögliche Interventionsformen darstellen.

In einem weiteren Beitrag von Günter F. Müller geht es um die Rolle der Selbststeuerung und Selbstkontrolle bei der Erbringung von Dienstleistungsqualität. Konkretisiert wird dies durch einen Fragebogen zur Erfassung des Qualitätsbewusstseins, den Andreas Klawe im Rahmen einer Diplomarbeit entwickelt hat. Qualitätsbewusstsein wird als psychologische Voraussetzung für qualitätsorientiertes Verhalten gesehen, jetzt ist es messbar.

Der Leser findet dann ein integratives Lückenmodell der Finanzdienstleistungsqualität von Jürgen Abendschein, in einem weiteren Beitrag geht der Autor auf die multiattributive Messung der Kundenzufriedenheit in Kreditinstituten ein.

Tanja Höffle beschreibt ein Instrument zur Sicherstellung der Kundenzufriedenheit in Kreditinstituten: das aktive Beschwerdemanagement.

Wie ein Versicherungsunternehmen mit dem Thema Qualität umgeht, erfährt man im Beitrag von Norbert Wimmelmeier.

Das Deutsche Jugendherbergswerk, Landesverband Rheinland-Pfalz/Saarland e.V., hat sich ebenfalls vor einigen Jahren auf den Weg zur Qualität begeben, dieser wird von Jacob Geditz beschrieben. Im Rahmen dieser Qualitätsoffensive der Jugendherbergen wurde auch eine Kundenzufriedenheitsanalyse durchgeführt und in anschließenden Workshops in Maßnahmen umgesetzt. Sandra Mihailović hat dieses Projekt geleitet und dokumentiert.

Eine Gruppe Studierender hat einen Fragebogen zur Messung der Kundenzufriedenheit beim Winzer entwickelt und eingesetzt; schließlich soll die Ausbildung anwendungsorientiert erfolgen, und wir studieren in der Pfalz!

Dass Kundenzufriedenheit auch eine Angelegenheit zwischen Behörden sein kann, zeigt der Beitrag von Ernfried Groh. Er beschreibt, wie sich die Polizei darum kümmerte, die Zufriedenheit der Staatsanwaltschaft mit der polizeilichen Vorgangsqualität zu steigern.

Schließlich begegnet uns das Thema noch im Krankenhaus in Form von Patientenzufriedenheit. Thomas Messner & Winfried Zinn haben ein System beschrieben, wie sie Krankenhäusern helfen, sich besser auf ihre Kunden, die Patienten, einzustellen.

Das vorliegende Buch ist das Ergebnis eines Kooperationsprojektes von der Sparkasse Südliche Weinstraße in Landau und der Universität Koblenz-Landau, Abteilung Landau, Fachbereich Psychologie. Das Buch richtet sich an Studenten der Sozial- und Wirtschaftswissenschaften, an Wissenschaftler im Bereich der Arbeits-, Betriebs- und Organisationspsychologie und an Praktiker im Bereich der Weiterbildung, Personal- und Organisationsentwicklung.

Ottmar L. Braun

Persönliche Beratung

„Individuelle Beratung? Da nehm' ich mir die Zeit. Bei der Sparkasse kein Problem."

Sparkasse SÜW – immer und überall!

Persönliche Beratung

Manche Dinge klärt man am besten in einem individuellen Gespräch. Deshalb haben wir unsere Beratungs- und Servicezeiten erweitert.

Für den persönlichen Beratungsservice nehmen wir uns gerne Zeit. Und soll's mal etwas ausführlicher sein, vereinbaren Sie einfach einen Termin. Jetzt auch außerhalb unserer Geschäftszeiten oder bei Ihnen zuhause.

Vereinbaren Sie einen Termin unter

Telefon 0 63 41/18-0

www.sparkasse-suew.de

s SÜW

Teil 1:
Theorie

Kundenzufriedenheit: Theorie, Messung und Intervention

*Ottmar L. Braun & Marco Haferburg,
Universität Landau*

1. Einleitung

>*»Customer Satisfaction is the number-one priority
for every employee.«*
(Unternehmensgrundsatz der Firma Rank Xerox)

>*»Zufriedene Kunden sind unser größtes Unternehmensvermögen.«*
(Unternehmensgrundsatz der Firma
Hertz Autovermietung)

Was ist Kundenzufriedenheit? Unter Kundenzufriedenheit wird hier der emotionale Zustand und die damit verbundene kognitive Bewertung hinsichtlich eines Produkts oder einer Dienstleistung verstanden. Überlegungen zur Kundenzufriedenheit müssen zuerst da ansetzen, wo die Zufriedenheit von Kunden eine entscheidende Relevanz besitzt. Die wirtschaftliche Situation praktisch aller Unternehmen ist geprägt von einem zunehmenden Verdrängungswettbewerb. Dieser Verdrängungswettbewerb beschert einen wachsenden Kosten- bzw. Gewinndruck und gefährdet die Wettbewerbsfähigkeit der Unternehmen.

Erschwerend wirkt sich außerdem die Tatsache aus, dass viele Produkte in ihrer Qualität, ihrem Nutzen und z.T. auch in ihren Anschaffungs- und Betriebskosten weitgehend vergleichbar und damit austauschbar geworden sind. Unternehmen differenzieren sich daher eher durch »soft facts«, beispielsweise die Servicequalität, die Höflichkeit und Freundlichkeit des Personals oder das Image der Marke. Darüber hinaus ist »der Kunde« heutzutage eher informiert über Konditionen und Preise von Mitbewerbern. Er ist nicht mehr bereit, bestimmte negative Erlebnisse konsequenzlos hinzunehmen, und wechselt ggf. die Marke.

Die Gewinnung neuer Kunden einerseits und die Bindung von Stammkunden andererseits ist ein schwieriger, aber entscheidender Prozess. Da zufriedene Kunden wiederkommen und erneut kaufen, beeinflusst die Kundenzufriedenheit erheblich die Bindung der Kunden an das Unternehmen. Somit ist die Kundenzufriedenheit ein wichtiger Faktor für den langfristigen Geschäftserfolg. Erfahrungen belegen außerdem, dass die Gewinnung eines Neukunden letztlich fünf- bis sechsmal teurer ist, als einen Stammkunden zu halten (z. B. Whiteley & Hessan, 1996). Die Kundenbindung bringt also einen entscheidenden Kostenvorteil gegenüber der Neukundengewinnung.

Die oben zitierten Unternehmensgrundsätze machen deutlich, dass diese Zusammenhänge in der Wirtschaft nicht unbekannt sind. In der Tat ist auch in empirischen Untersuchungen belegt worden, dass Kundenzufriedenheit und Kundentreue mit dem Unternehmensgewinn positiv korrelieren. Nach Reichheld & Sasser (1991) verbessert eine um 5 % erhöhte Kundenbindungsrate den Unternehmensgewinn um zwischen 25 % und 125 %.

Auch die Funktion des Marketings hat sich verändert. Während Marketing früher primär die Aufgabe hatte, über entsprechende Maßnahmen (u. a. Werbung) einen kurzfristigen Verkaufserfolg zu erzielen, rückt mittlerweile die Beziehung zum Kunden anstelle des einzelnen Geschäftsvorfalles in den Mittelpunkt des Interesses. Dieser Ansatz wird als »Relationship Marketing« oder »Retention Marketing« bezeichnet (z. B. Grönroos, 1990) und häufig als Paradigmenwechsel verstanden (z. B. Webster, 1992).

2. Theoretische Ansätze

In der Forschung ist das Confirmation/Disconfirmation-Paradigma, kurz C/D-Paradigma, das am häufigsten gebrauchte Modell zur Konzeptualisierung von Kundenzufriedenheit, weshalb im Folgenden auf diesen Ansatz näher eingegangen wird.

2.1 Das C/D-Paradigma

Beim C/D-Paradigma steht der Prozess der Bestätigung als vermittelnde Variable zwischen dem Vergleich von Soll- und Ist-Leistung durch den Kunden und dem daraus resultierenden Urteil im Mittelpunkt. Wählt man etwas andere Begriffe, so könnte man auch sagen, dass es sich um ein Erwartungs-Erfüllungs-Modell der Kundenzufriedenheit handelt. Je mehr eine Erwartung erfüllt wird, umso zufriedener der Kunde.

Einerseits existiert beim Kunden ein Vergleichsstandard, der die Soll-Leistung repräsentiert. Andererseits wird eine Dienstleistung oder ein Produkt wahrgenommen, das ist dann die Ist-Leistung. Der Vergleich zwischen Soll-Leistung und Ist-Leistung führt dann im Falle der Bestätigung zur Zufriedenheit. Im Falle der Nichtbestätigung resultiert daraus Unzufriedenheit.

Wo kommen nun die Vergleichsstandards her? Die Wissenschaft hat darauf verschiedene Antworten gefunden. Hier die vier wichtigsten:

1. *Erwartungen:* Aufgrund von Erfahrungen weiß der Kunde, was er von einem Produkt oder einer Dienstleistung erwarten kann. Diese Betrachtungsweise herrscht bis heute in der Theorie vor und hat auch die meiste empirische Beachtung gefunden.
2. *Erfahrungsnormen:* Erfahrungsnormen bauen auf Erfahrungen mit den gleichen oder ähnlichen Produkten auf. Produktleistung wird daran gemessen, wie diese nach Ansicht des Kunden sein sollte. Im Falle der Erwartungen handelt es sich um ein antizipiertes Leistungsniveau, bei den Erfahrungsnormen geht es darum, wie ein Produkt sein sollte. Der Unterschied ist unseres Erachtens eher marginal.
3. *Ideale:* Bei Idealen als Standards fragt sich der Kunde, was überhaupt möglich ist, und er verwendet das optimal mögliche Leistungsniveau. Es stellt sich die Frage, auf welcher Basis der Kunde die Antwort gibt, letztlich wird es im Wesentlichen auch die Erfahrung sein.
4. *Wertedifferenz:* Schließlich findet man in der einschlägigen Literatur noch die wahrgenommene Wertedifferenz. Zufriedenheit ist bei diesem Ansatz die emotionale Reaktion auf das Ergebnis eines kognitiven Vergleichs der wahrgenommenen Leistung mit den Wertvorstellungen (Wünschen, Bedürfnissen) der Kunden.

Gemeinsam ist allen diesen Ansätzen, dass aufseiten der Person eine Vorstellung davon existiert, wie das Produkt oder die Dienstleistung aussehen sollte. Aufseiten der Umwelt existiert ein Produkt oder eine Dienstleistung. Entscheidend ist nun, wie das Produkt oder die Dienstleistung vom Kunden wahrgenommen wird. Es zählt also nicht ein objektives Attribut, sondern die wahrgenommene Produktleistung.

2.2 Das SERVQUAL-Modell der Dienstleistungsqualität

Eine besonders starke Beachtung hat das SERVQUAL-Modell der Dienstleistungsqualität nach Zeithaml, Parasuraman & Berry (1992) gefunden. Dieses so genannte Lückenmodell der Dienstleistungsqualität versucht zu erklären, wie Dienstleistungsqualität im Unternehmen entsteht. Die Darstellung des gesamten Modells ist sehr umfangreich, sodass hier zwei Punkte besonders herausgestellt werden sollen:

1. Nach Ansicht der Autoren werden die Erwartungen auf der Basis von persönlichen Bedürfnissen, bisherigen Erfahrungen, mündlichen Empfehlungen und kundengerichteter Kommunikation generiert.
2. Bei der Beurteilung der Dienstleistungsqualität sind nach Zeithaml, Parasuraman & Berry (1992) fünf Komponenten wichtig: Das tangible Umfeld (also z.B. eine Geschäftsstelle oder das einzelne Hotel), Verlässlichkeit, Reagibilität (Flexibilität hinsichtlich der Kundenwünsche), Leistungskompetenz und Einfühlungsvermögen.

Die zentrale intervenierende Variable beim C/D-Ansatz ist die Bestätigung oder Nichtbestätigung der Erwartungen. Mittels einer Doppelskala werden die Erwartungen sowie die erlebte Leistung hinsichtlich fünf Dimensionen der Dienstleistungsqualität erfasst. Die wahrgenommene Dienstleistungsqualität entspricht dann der Differenz der Ausprägungen beider Skalen. Je stärker die wahrgenommene Leistung in positiver Richtung von der erwarteten Leistung abweicht, umso höher ist die Zufriedenheit. Je stärker sie in negativer Richtung abweicht, umso geringer ist die Zufriedenheit.

Es gibt jedoch auch Wissenschaftler, die die Ansicht vertreten, dass negativ bestätigte Erwartungen einen größeren Einfluss auf die Zufriedenheit haben als positiv bestätigte und dass außerdem ein Sättigungsniveau besteht. Trotz besserer Leistung lässt sich die Zufriedenheit nicht weiter über ein bestimmtes Maß hinaus steigern.

Die abhängige Variable Kundenzufriedenheit kann als eindimensionales Konstrukt betrachtet werden, beispielsweise dann, wenn man einfach nach der Gesamtzufriedenheit fragt. Es kann sich aber auch um ein mehrdimensionales Konstrukt handeln, wobei die Dimensionen unabhängig oder abhängig voneinander sein können.

2.3 Die Auswirkungen der Kundenzufriedenheit

Schließlich ist eine weitere Frage, welche Auswirkungen Zufriedenheit bzw. Unzufriedenheit hat. Kundenzufriedenheit führt zur Kundenbindung und Loyalität, und außerdem wird die Zufriedenheit kommuniziert.

Im Falle von Unzufriedenheit kann es zur Abwanderung kommen. Möglicherweise bleibt der Kunde auch erhalten, reagiert aber nicht. Bestenfalls erhält man eine Beschwerde und damit die Chance, Fehler oder Unzulänglichkeiten abzustellen.

3. Die Messung der Kundenzufriedenheit

Die Kundenzufriedenheit ist eine theoretisch wie praktisch bedeutsame Variable. Die Konstruktion von validen und reliablen Messinstrumenten ist daher ein zentrales Element innerhalb eines Qualitätsprozesses. Die Praxis zeigt dabei, dass ein Messinstrument, das sich bei Unternehmen A bewährt hat, nicht die gleiche Effektivität bei Unternehmen B erzielen muss. Unterschiedliche Branchen, Produkte, Dienstleistungen und Kundenstrukturen verlangen jeweils eine Feinabstimmung des Messinstrumentes.

Im Laufe der letzten Jahre hat sich dabei ein Spektrum an unterschiedlich validen und reliablen Verfahrensklassen herausgebildet, die im Folgenden skizziert werden (Abb. 1). Die Darstellung orientiert sich dabei an der Systematik von Homburg & Rudolph (1998). Zu unterscheiden sind demnach zuerst objektive und subjektive Messmethoden. Die subjektiven Messmethoden differenzieren sich weiter in merkmalsgestützte und ereignisorientierte Verfahren, wobei die merkmalsgestützten Verfahren sich schließlich in implizite und explizite Ansätze einteilen lassen.

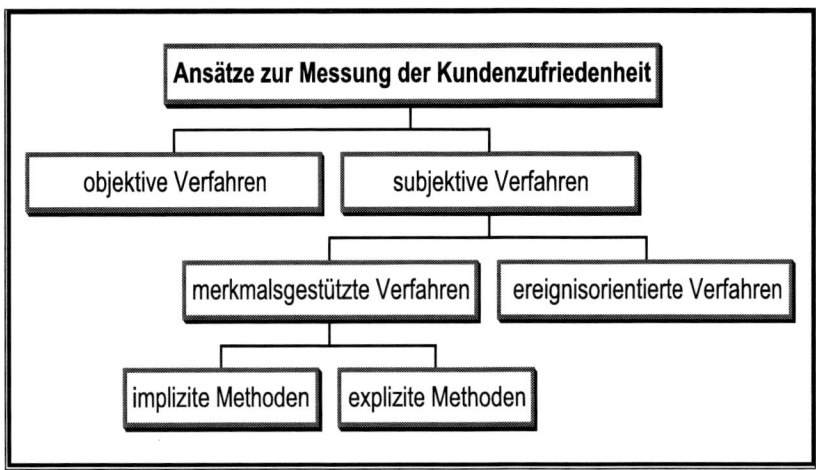

Abb. 1. *Methoden der Kundenzufriedenheitsmessung (nach Homburg & Rudolph, 1998)*

3.1 Objektive Verfahren

Objektive Verfahren haben, wie der Name schon sagt, den Anspruch, Indikatoren zu erheben, die nicht durch eine subjektive Wahrnehmung verzerrt sind. Die Kundenzufriedenheit selber kann dabei nicht in diesem Sinne objektiv erhoben werden; die Messung beschränkt sich deshalb auf andere Indikatoren, die als Grundvoraussetzung hoch mit der Kundenzufriedenheit korrelieren (sollen).

Typische Maßzahlen sind dabei ökonomische Kennziffern wie beispielsweise Umsatz, Gewinn oder Marktanteil; alternativ werden kundenbezogene Kennwerte wie beispielsweise Abwanderungs-, Wiederkaufs- oder Zurückgewinnungsrate erhoben, sofern diese im Einzelfall überhaupt gemessen werden können.

Vorteilhaft erscheint bei diesem nonreaktiven Verfahren die Tatsache, dass die Messung nicht durch subjektive Wahrnehmung der Kunden verzerrt ist. Auf der anderen Seite muss dagegen kritisch reflektiert werden, wie die Ausprägung der gemessenen Variablen im Einzelfall zustande kommt.

Man kann davon ausgehen, dass die verwendeten ökonomischen oder kundenbezogenen Kennwerte durch diverse Faktoren beeinflusst werden. Ohne Frage beeinflusst die Zufriedenheit der Kunden beispielsweise den Marktanteil eines Unternehmens; zweifellos hängt der Marktanteil aber auch maßgeblich von der Produktqualität, der Preisgestaltung, der Konkurrenzsituation und anderen Umfeldvariablen ab.

Die Verwendung von objektiven Kennziffern ist auch aus einem anderen Blickwinkel kritisch: Es erscheint plausibel, dass Kunden, die nicht mehr völlig zufrieden sind mit den Produkten und Dienstleistungen eines Unternehmens, nicht sofort den Anbieter wechseln. Dieser Schritt mag im Einzelfall durch ein besonders enttäuschendes, einzelnes Erlebnis im Umgang mit dem Unternehmen verursacht werden; häufiger aber mag die Abwanderung das Ergebnis einer Kette von negativen Erlebnissen sein. Folglich würde eine sinkende Kundenzufriedenheit erst mit der Zeit zu Abwanderungen der Kunden und damit zu Umsatzeinbußen führen. Innerhalb eines Qualitätsprozesses scheint es aber entscheidend, eine sinkende Kundenzufriedenheit frühzeitig zu erfassen und durch geeignete Maßnahmen die Abwanderung der Kunden zu vermeiden.

Die Klasse der objektiven Verfahren ist insgesamt gesehen also zur alleinigen Messung der Kundenzufriedenheit kritisch zu beurteilen, kann aber zur Absicherung von auf anderem Wege erhobenen Daten sinnvoll eingesetzt werden.

3.2 Subjektive Verfahren

Subjektive Verfahren messen die Kundenzufriedenheit reaktiv, also direkt und in der Regel ohne den Umweg über andere Maßzahlen. Es handelt sich dabei allerdings um Indikatoren, die nicht direkt beobachtbar und von Kunde zu Kunde unterschiedlich ausgeprägt sind – konkret also um Verhaltensweisen, die mit den zu messenden psychischen Zuständen (Kundenzufriedenheit oder -unzufriedenheit) verbunden sein sollen.

Homburg & Rudolph (1998) unterscheiden bei den subjektiven Verfahren merkmalsgestützte und ereignisorientierte Verfahren, auf die wir im Folgenden näher eingehen.

3.2.1 Ereignisorientierte Verfahren

Die wichtigste Messmethode im Rahmen der ereignisorientierten Verfahren ist die *critical-incident-technique*. Dabei wird der Kunde aufgefordert, besonders zufrieden stellende/begeisternde oder enttäuschende Erlebnisse im Umgang mit dem Dienstleister bzw. dem Unternehmen wiederzugeben.

Die Erfahrung zeigt dabei (z.B. Ergebnisse der von Abendschein in diesem Band beschriebenen Untersuchung), dass sich die Kunden auch an weit zurückliegende Ereignisse erinnern können. Einzelne kritische Ereignisse, die als ausgesprochen positiv oder negativ erlebt werden, scheinen also besonders gut im Gedächtnis verankert zu sein und können demnach eine Langzeitwirkung entwickeln: Wer heute schlecht bedient wurde, der erinnert sich wahrscheinlich noch an die unhöfliche Behandlung vor zwei Jahren und wechselt endgültig den Anbieter – oder positiv: Wer heute schlecht bedient wird, bleibt dem Anbieter aufgrund der positiven Erfahrungen in früherer Zeit eher treu.

Problematisch ist in diesem Zusammenhang, dass gewöhnliche Geschäftsvorgänge, die weder begeistern noch enttäuschen, nicht mit erfasst werden, weil sie nicht so langfristig im Gedächtnis verbleiben und weil sie beim Kunden die Bewusstseinsschwelle kaum überschreiten. Trotzdem beeinflusst aber »das tägliche Briefmarkenkaufen bei der Post« die Kundenzufriedenheit genauso wie die kritischen Ereignisse, bei denen beispielsweise besonders schnell gehandelt werden muss.

Eine ereignisorientierte Verfahrensweise hat aber einen entscheidenden Vorteil: Sie liefert Hinweise, welche konkreten Handlungen der Mitarbeiter zur Zufriedenheit bzw. Unzufriedenheit beim Kunden beitragen. Diese Information ist zur Steuerung des Qualitätsprozesses entscheidend und stellt den Ansatzpunkt für die praktische Umsetzung von Qualitätsmaßnahmen dar.

Neben den ereignisorientierten Verfahren wird standardmäßig auf die Gruppe der merkmalsgestützten Verfahren zurückgegriffen, die sich in eine implizite und explizite Version differenzieren lassen.

3.2.2 Implizite merkmalsgestützte Verfahren

Die implizite Erhebung von Merkmalen der Kundenzufriedenheit nimmt eine Sonderstellung innerhalb der subjektiven Verfahren ein. Hier wird die Kundenzufriedenheit, analog den objektiven Verfahren, nonreaktiv erhoben, also ohne direkt beim Kunden gemessen zu werden.

Im Gegensatz zu den objektiven Verfahren werden aber keine ökonomischen Kennzahlen, sondern schwerpunktmäßig das Beschwerdeverhalten der Kunden analysiert. Als alternative Datenquelle könnte auch die Selbsteinschätzung des Kundenkontaktpersonals dienen, wobei man aber plausiblerweise von einer weniger verlässlichen Datenbasis ausgehen sollte (da das Personal letztlich zu einer Beurteilung der Kundenzufriedenheit mit der eigenen Leistung aufgefordert wird, ist mit erheblichen psychologischen Prozessen zu rechnen, die das Urteil systematisch verzerren).

Voraussetzung für eine erfolgreiche Anwendung dieser Verfahrensklasse ist insbesondere ein sehr aktives Beschwerdeverhalten der Kunden, wobei sich zeigen lässt, dass ein Großteil der unzufriedenen Kunden sich nicht beschwert und direkt den Anbieter wechselt.

Insgesamt gesehen, ist die valide und reliable Messung der Kundenzufriedenheit über das Beschwerdeverhalten fragwürdig. Trotzdem hat das Beschwerdemanagement einen hohen Stellenwert innerhalb des betrieblichen Qualitätsmanagements, insbesondere aus zwei Gründen:

- Beschwerdeanalysen liefern analog den ereignisorientierten Verfahren Informationen darüber, wo es »konkret hakt« und wo ein Qualitätsprozess ansetzen muss;
- Kundenzufriedenheitsuntersuchungen (z.B. Ullmann & Peil, 1995) haben gezeigt, dass Kunden, deren Beschwerde besonders kundenorientiert bearbeitet wurde, letztlich zufriedener mit dem Unternehmen bzw. dem Dienstleister sind als ein Kunde, der bisher kein Grund zur Beschwerde hatte. Anders ausgedrückt, bietet eine Kundenbeschwerde die Möglichkeit, einen besonders zufriedenen und treuen Kunden zu gewinnen.

3.2.3 Explizite merkmalsgestützte Verfahren

Die expliziten merkmalsgestützten Verfahren sind die standardmäßig angewandten Methoden. Basis für die Messung der Kundenzufriedenheit ist dabei gemäß dem Confirmation-Disconfirmation-Paradigma der Erfüllungsgrad der Kundenerwartung. Sind die Erwartungen höher als die wahrgenommenen Leistungen, so stellt sich Unzufriedenheit beim Kunden ein. Die Erfüllung der Erwartungen führt, je nach Betrachtungsweise, zur Zufriedenheit oder zur Nichtunzufriedenheit. Auf die Übererfüllung seiner Erwartungen reagiert der Kunde dagegen mit Begeisterung.

Fordert man den Kunden auf, ein bestimmtes Merkmal der Dienstleistungsqualität zu bewerten, so liegt diesem Bewertungsprozess immer der Vergleich zwischen dem Ist-Zustand (d.h. der wahrgenommenen Leistung) und dem Soll-

Zustand (d.h. den Erwartungen des Kunden) zugrunde. Diese Vergleichs- und Bewertungsprozesse treten dabei unabhängig von der konkreten Erhebungsmethode auf, also sowohl bei der klassischen Fragebogenstudie als auch bei einem mehr oder weniger stark strukturierten Interview.

Das Confirmation-Disconfirmation-Paradigma legt nahe, dass die Kundenerwartungen vor dem Geschäftsvorfall (ex ante) zu erheben sind (»Wie viel Zeit sollte sich ein Kundenberater für einen Kunden nehmen?«) und die wahrgenommene Leistung nach dem Geschäftsvorfall (»Wie viel Zeit hat sich der Kundenberater genommen?«) – der Erfüllungsgrad der Kundenerwartungen sollte sich dann aus der Differenz zwischen Erwartungen und wahrgenommener Leistung errechnen lassen.

In der Praxis ist diese Methode aufwendig und hat zudem den Nachteil, dass keine Bewertung der Soll-Ist-Differenz durch den Kunden vorgenommen wird. Aus diesem Grund wird die Kundenzufriedenheit i.d.R. nur ex post, also nach dem Geschäftsvorfall, erhoben. Als Skala bietet sich dabei an:

- eine bipolare Skala mit dem Mittelpunkt »*wahrgenommene Leistung entspricht meinen Erwartungen*« und den Extremen »*Erwartungen überhaupt nicht erfüllt*« und »*Erwartungen völlig übertroffen*« – in diesem Fall muss der Kunde instruiert werden, ob sich seine Erwartungen auf einen idealen Dienstleister oder auf das konkrete Unternehmen beziehen sollen;
- eine bipolare Skala, die die Zufriedenheit der Kunden direkt abfragt (»*Wie zufrieden sind Sie mit ...?*«); beispielsweise könnten hier Schulnoten verwendet werden.

Konzeptuell ist außerdem zwischen eindimensionalen Verfahren, bei denen nur ein Aspekt der Kundenzufriedenheit erhoben wird, und multiattributiven Verfahren, bei denen die Kundenzufriedenheit anhand von mehreren Aspekten erhoben wird, zu unterscheiden. In der Praxis dürfte aber ausschließlich die multiattributive Messung vorkommen, d.h., es wird die Zufriedenheit getrennt für beispielsweise den Service, die technische Ausstattung, die Freundlichkeit des Personals etc. erhoben. Die eindimensionale Messung (»Wie zufrieden sind Sie mit unserem Unternehmen?«) führt zu wenig aussagekräftigen Ergebnissen.

Der Vergleich von Erwartungen und wahrgenommener Leistung, den der Kunde unbewusst oder bewusst zur Bewertung durchführen muss, ist nicht völlig objektiv. Es ist vielmehr mit einer Reihe von psychologischen Prozessen zu rechnen, die zu Verzerrungen der Bewertungsprozesse führen und somit Messprobleme verursachen können.

3.3 Methoden-Überblick

Tabelle 1 gibt die theoretisch zu erwartenden Leistungen der einzelnen Verfahrensklassen wieder. Nach Homburg & Rudolph (1998) liefern dabei die expliziten merkmalsorienterten Verfahren mit multiattributiver Messung die validesten und reliabelsten Ergebnisse und erlauben als Einzige eine differenzierte Schwachstellenanalyse. Wie bereits erwähnt, ist es aber für einen langfristigen Qualitätsprozess sinnvoll, mithilfe von ereignisgestützten Verfahren Informationen zu erheben, welche konkreten Verhaltensweisen zur Kunden(un)zufriedenheit führen. Diese Informationen können dann später als Input für Qualitätszirkel oder Qualitätsworkshops dienen und machen zudem für die Mitarbeiter die Ergebnisse einer Kundenzufriedenheitsanalyse plastischer (vgl. auch den Beitrag von Mihailović in diesem Band).

	Objektive Verfahren	Subjektive Verfahren		
		Implizite Methoden	Explizite Methoden	
			Eindimensional	Multiattributiv
Nutzung von Sekundärdaten	Ja	Häufig	Nein	Nein
Objektivität	Hoch	Eher niedrig	Abhängig vom Erhebungsverfahren	
Validität	Niedrig	Niedrig	Mittel	Hoch
Reliabilität	Niedrig	Niedrig	Mittel bis Hoch	
Differenzierte Analysen	Nein	Nein	Nein	Ja

Tab. 1. *Übersicht über Messmethoden zur Kundenzufriedenheit (nach Homburg & Rudolph, 1998)*

3.4 Einige kritische Anmerkungen

Es ist selten sinnvoll, eine bewährte Methode »1 zu 1« zu kopieren. Meist muss man je nach Dienstleister Anpassungen vornehmen und eine individuelle Erhebungsmethode verwenden.

Die konkrete Operationalisierung der Fragen ist ein entscheidender Punkt. Entweder es gibt eine konkrete Theorie, aus der sich die Fragen ableiten lassen (gelegentlich hat man auch das Glück, dass in der Organisation schon ein Fragebogen ausführlich diskutiert wurde, der dann eingesetzt werden kann), oder man kommt nicht umhin, qualitative Vorstudien, z.B. in Form von Gruppendiskussionen, durchzuführen, um einen guten Fragebogen erstellen zu können.

Eine weitere Anmerkung betrifft die psychologischen Prozesse, die bei der Datenerhebung ablaufen. Beispielsweise könnten die Kunden positiver urteilen, wenn sie persönlich interviewt werden, als wenn sie anonym einen Fragebogen ausfüllen würden. Konsistenz- oder Kontrasteffekte, Selbstdarstellungs- oder Selbstsymbolisierungstendenzen können die wahren Werte in unterschiedliche Richtungen verändern. Ganz pragmatisch kann man diese Tendenzen aber auch als Messfehler betrachten; letztlich kommt es selten auf absolute Werte an, sondern auf relative Vergleiche zwischen Abteilungen oder Niederlassungen, im Idealfall auf den Vergleich über die Zeit. Von daher sei an dieser Stelle davor gewarnt, Instrumente immer wieder zu verändern.

Was die Auswertung angeht, so ist die Interpretation der Ergebnisse z.T. problematisch; man kann sich z.B. fragen, ob man die Beurteilung von »soft-facts«, also z.B. die Freundlichkeit der Mitarbeiter, anders interpretieren muss als die Beurteilung von »hard-facts«, z.B. Konditionen.

4. Integrative Aspekte

Nachdem in der Einleitung die grundsätzliche Bedeutung des Themas erläutert wurde, im nächsten Abschnitt auf theoretische Ansätze zur Kundenzufriedenheit eingegangen worden ist und im vorhergehenden Abschnitt die Messung der Kundenzufriedenheit und die damit verbundenen Probleme dargestellt wurden, geht es in diesem Abschnitt um den (interdisziplinären) Konsens hinsichtlich der Kundenzufriedenheit.

1. Kundenzufriedenheit liegt prinzipiell dann vor, wenn der Kunde mit dem Nutzen des Produktes und mit dem Preis des Produktes zufrieden ist. Produktnutzen und Produktpreis sind also zwei wesentliche Dimensionen der Kundenzufriedenheit und machen die Leistung aus, die der Kunde erhalten

hat. Es handelt sich dabei sozusagen um die »Was-Dimension« der Kundenzufriedenheit.
2. Neben der »Was-Dimension« gibt es eine »Wie-Dimension«. Die Interaktion mit dem Kunden beeinflusst erheblich die Zufriedenheit des Kunden. Von Bedeutung sind dabei beispielsweise die Freundlichkeit, mit der der Kunde vom Personal bedient wird, oder der gebotene Service.

Die Unterscheidung einer »Was-Dimension« und einer »Wie-Dimension« der Kundenzufriedenheit geht auf Homburg (1998) zurück. Es muss sichergestellt sein, dass der Kunde sowohl mit der Leistung (»dem Was«) als auch mit der Interaktion (»dem Wie«) zufrieden ist. Die Interaktion wird dabei von den Unternehmensbereichen beeinflusst, die direkten Kontakt mit dem Kunden haben. Unternehmensbereiche ohne Kundenkontakt beeinflussen eher das Produkt und damit die Leistungsdimension.

3. Zufriedene Kunden stellen eine hervorragende und kostenlose Werbung für ein Unternehmen dar. Nach Seiwert (1999, S. 16) wirbt ein zufriedener Kunde mindestens drei weitere potenzielle Kunden (»Mund-zu-Mund-Propaganda«). Positive Erfahrungen mit einem Unternehmen werden gerne weitergegeben. Aus diesem Grund ist es auch sinnvoll, für zufriedene Kunden zu sorgen, wenn zwischen den einzelnen Geschäftsvorfällen eine sehr lange Zeit liegt (Bsp.: Autokauf). Kundenzufriedenheit lohnt sich selbst dann, wenn das Produkt an den einzelnen Kunden nur einmalig verkauft werden kann (Bsp.: Fertighäuser). Unzufriedene Kunden können potenzielle Neukunden abschrecken.
4. Zufriedene Kunden neigen dazu, ihre positiven Erfahrungen auf die gesamte Produktpalette des Unternehmens zu generalisieren (vgl. Simon, 1985). Unzufriedene Kunden werden dagegen die weiteren Produkte des Unternehmens meiden, obwohl diese eine hervorragende Qualität und ein günstiges Preis-Leistungs-Verhältnis haben können. Kundenzufriedenheit ist daher eine Voraussetzung für Cross-Selling.
5. Zufriedene Kunden entwickeln sich zu Stammkäufern. Es kommt zu weiteren Geschäftsfällen. Die Produkte von Mitbewerbern werden schließlich nicht mehr in Betracht gezogen. Ist dieses Stadium erst einmal erreicht, so verkauft sich das Produkt ohne große Werbung bzw. umfangreiche Marketingmaßnahmen. Dadurch steigt die Profitabilität des Unternehmens (vgl. Simon & Homburg, 1998, S. 20). Unzufriedene Kunden neigen dagegen zum Wechsel der Marke. Seiwert dazu (1999, S. 16): »Mindestens jeder vierte unzufriedene Kunde wechselt sofort den Anbieter, wenn er eine bessere Alternative hat.« Hat man einen Kunden einmal enttäuscht, so kann er nur mit erheblichem Marketingaufwand wieder zum Kauf

eines Produktes bewegt werden, was die Profitabilität eines Unternehmens beeinträchtigt.

Kundenzufriedenheit ist kein Ziel an sich, sondern ein Mittel, mit dem der Gewinn des Unternehmens vergrößert werden soll. Dabei darf nicht unberücksichtigt bleiben, dass Maßnahmen zur Verbesserung der Kundenzufriedenheit auch Kosten verursachen (vgl. Bruhn & Georgi, 1998). Anders ausgedrückt: Kundenzufriedenheit ist zwar ein wichtiger Faktor des langfristigen Geschäftserfolges, der sich aber immer auch »rechnen« lassen muss. Es ist daher angebracht, Maßnahmen zur Steigerung der Kundenzufriedenheit nicht global anzuwenden. Sinnvoll ist dagegen eine Fokussierung auf bestimmte Zielkunden des Unternehmens (vgl. Simon & Homburg, 1998, S. 31). Eine Konzentration ist schon deshalb nötig, weil sich ein Produkt nur auf die Bedürfnisse einzelner Kundengruppen optimal abstimmen lässt.

An dieser Stelle wird auch deutlich, warum der Kundenkontakt letztlich eine zentrale Stellung im Bereich der Kundenzufriedenheit einnimmt. Durch den persönlichen Umgang des Kunden mit dem Personal und dem Produkt werden Erwartungen gebildet, die auf zukünftige Verkaufsfälle übertragen werden; der Kunde entwickelt ein Anspruchsniveau. Kundenzufriedenheit lässt sich in diesem Zusammenhang definieren als ein Zustand, bei dem die Erwartungen des Kunden wenigstens erfüllt, besser noch übertroffen werden (vgl. Meyer & Dornach, 1996).

6. Stammkundschaft reagiert weniger empfindlich auf Veränderungen des Produktpreises als Neukundschaft. Ein kundenfreundliches Unternehmen mit vielen Stammkunden kann sogar Produkte zu Preisen anbieten, die über dem Marktniveau liegen (vgl. Seiwert, 1999, S. 16).
7. Eine solide Kundenzufriedenheit bildet sich erst im Lauf der Zeit. Je mehr ein Kunde ein Produkt benutzt, desto eher wird er mit der Qualität zufrieden sein. Die vom Unternehmen erbrachte Leistung (die »Was-Dimension«) kann daher eher langfristig beurteilt werden. Die Interaktionsdimension (die »Wie-Dimension«) kann sich ebenfalls im Lauf der Zeit verändern, wenn der Kunde beispielsweise zu Reparaturen und regelmäßigen Wartungen mit dem Unternehmen in Verbindung tritt. Kundenzufriedenheit muss daher bei jedem Kontakt sichergestellt werden, da der Kunde die Geschäftsverbindung jederzeit abbrechen kann.

Zu beachten ist, dass der Kunde sowohl langfristig als auch kurzfristig zufrieden sein muss. Kurzfristige Zufriedenheit mit Preis, Beratung und Qualität sind nötig, damit der Kunde sich zum Kauf entschließt. Langfristig verlieren der Preis und die Beratung aber an Bedeutung; die Qualität beeinflusst dann maßgeblich das Zufriedenheitsurteil (ggf. auch die oben erwähnten weiteren Kundenkontakte). Kurzfristige und langfristige Kundenzufriedenheit kann insbesondere auch auseinander klaffen: Ein Kunde kann sich gegen den Kauf eines Produktes entscheiden, weil es ihm zu teuer ist (kurzfristig unzufrieden); langfristig gesehen wäre er aber mit der Qualität des Produktes sehr zufrieden gewesen (vgl. Simon & Homburg, 1998, S. 25).

8. Neben dem Zufriedenheitsgrad der Kunden ist es entscheidend, wie stark die Zufriedenheitsurteile verfestigt sind. Ein Urteil wird dabei um so stabiler, je mehr Erfahrungen der Kunde mit einem Produkt gemacht hat. Bei mangelhaften Produkten ist es in diesem Zusammenhang wichtig, möglichst schnell und kulant zu reagieren, damit sich negative Urteile nicht verfestigen. Aus Sicht des Marketings liegt die Idealkombination in einer hohen und stark verfestigten Kundenzufriedenheit. Solche »idealen« Kunden halten einem Unternehmen auch bei einzelnen Pannen und Preisveränderungen die Treue (vgl. Simon & Homburg, 1998, S. 25).

9. In der Praxis wird Kundenorientierung »zwar als unternehmerisches Konzept gefordert, von den einzelnen Mitarbeitern jedoch selten umgesetzt« (Seiwert, 1999, S. 11). Daher sind zur Verbesserung der Kundenzufriedenheit durch mehr Kundenorientierung gezielte Maßnahmen der Mitarbeiterführung nötig. Ziel muss es dabei sein, dass alle Mitarbeiter sich mit der Kundenorientierung des Unternehmens identifizieren können. Kundenzufriedenheit muss geduldig geplant werden und mit Zielvereinbarungen (vgl. Braun, 2000) und einer regelmäßigen Überprüfung begleitet werden. Simon & Homburg (1998, S. 29) halten dabei Zeiträume von drei bis fünf Jahren für die Umsetzung solcher Programme für realistisch.

5. Literatur

Braun, O.L. (Hrsg.) (2000). *Zielvereinbarungen im Kontext strategischer Organisationsentwicklung*. Landau: Verlag Empirische Pädagogik.

Bruhn, M. & Georgi, D. (1998). Wirtschaftlichkeit des Kundenbindungsmanagements. In M. Bruhn & C. Homburg (Hrsg.), Handbuch Kundenbindungsmanagement (S. 411–440). Wiesbaden: Gabler.

Grönroos, C. (1990). *Service Management and Marketing: Managing the Moments of Truth in Service Competition*. Lexington.

Homburg, C. (1998). Kundennähe von Industriegüterunternehmen: Konzeption – Erfolgsauswirkungen – Determinanten (2. Auflage). Wiesbaden: Gabler.

Homburg, C. & Rudolph, B. (1998). Theoretische Perspektiven zur Kundenzufriedenheit. In H. Simon & C. Homburg (Hrsg.), Kundenzufriedenheit: Konzepte – Methoden – Erfahrungen. Wiesbaden: Gabler.

Meyer, A., & Dornach, F. (1996). *Das Deutsche Kundenbarometer*. München: FGM.

Reichheld, F.F. & Sasser, W.E. (1991). *Zero-Migration: Dienstleister im Sog der Qualitätsrevolution*. Harvard Manager, 4, S. 108–116.

Seiwert, L.J. (1999). *30 Minuten für optimale Kundenorientierung*. Offenbach: Gabal.

Simon, H. (1985). *Goodwill und Marketingstrategie*. Wiesbaden: Gabler.

Simon, H. & Homburg, C. (1998). *Kundenzufriedenheit als strategischer Erfolgsfaktor: Einführende Überlegungen*. In H. Simon & C. Homburg (Hrsg.), Kundenzufriedenheit: Konzepte – Methoden – Erfahrungen. Wiesbaden: Gabler.

Ullmann, T. & Peill, E. (1995). *Beschwerdemanagement als Mittel zur Kundenbindung*. Versicherungswirtschaft, 21, S. 1516–1519.

Webster, J. (1992). Die Koordinationssicht des Controlling. In K. Spremann & E. Zur (Hrsg.), Controlling – Grundlagen – Informationssysteme – Anwendungen (S. 169–183). Wiesbaden.

Whiteley, R. & Hessan, D. (1996). *Wachstumsmotor Kunde*. Landsberg: Moderne Industrie.

Zeithaml, V.A., Parasuraman, A. & Berry, L. (1992). *Qualitätsservice. Was Ihre Kunden erwarten – was Sie leisten müssen*. Frankfurt/Main; New York: Campus Verlag.

Dienstleistungsqualität durch Selbststeuerung und Selbstkontrolle

Günter F. Müller, Universität Koblenz-Landau

1. Besonderheiten der Dienstleistungsqualität

Die Qualität von Dienstleistungen wird sehr viel stärker von psychologischen und sozialen Prozessen beeinflusst als die Qualität technischer oder anderer materieller Produkte. Allgemein resultiert Qualität auf individueller Ebene aus dem Qualitätsbewusstsein von Personen und aus konkreten Tätigkeiten und Tätigkeitsergebnissen Einzelner, die sich anhand bestimmter Gütekriterien bewerten lassen. Kriterien für die Qualität materieller Produkte sind zumeist objektiv messbar, sodass positive oder negative Abweichungen von definierten Bewertungsstandards relativ klare Hinweise enthalten, wie gut jeweils gearbeitet worden ist. Häufig lässt sich auch erkennen, wo mögliche Ursachen für unzureichende Qualität zu suchen sind. Inzwischen gibt es eine ganz Reihe psychologisch fundierter Qualitätskonzepte, die zur wirkungsvolleren Kontrolle und Verbesserung industrieller Fertigungsprozesse und Produkte eingesetzt werden können (vgl. Schultz-Gambard, Lauche & Brinkmann, 1997; Schultz-Gambard, Lauche & Hron, 1999). Diese Konzepte verbinden technisch-organisatorische Maßnahmen mit Maßnahmen zur Einstellungsänderung und zum Erwerb oder Training qualitätsrelevanter Fachkompetenzen. Technisch-organisatorische Bedingungen, Einstellungen und Fachwissen spielen auch bei der Herstellung von Dienstleistungen eine Rolle. In besonderer Weise kommt hier jedoch hinzu, dass Dienstleistungen stets aufs Neue individuell erzeugt und angepasst werden müssen, sodass auch bedeutsam erscheint, wie sie sozialkommunikativ für Kunden und Klienten verfügbar gemacht werden (vgl. Moore & Kelley, 1996). Die Qualität von Dienstleistungen hängt damit nicht nur vom Know-how, sondern stets auch vom Know-who ab, und da sich sozialkommunikative Wirkungen in aller Regel nicht objektiv messen lassen, sind Einschätzungen von Kunden und Klienten oft die einzigen Informationsquellen, um Dienstleistungen auch in dieser Richtung bewerten zu können. Da neben der Dienstleistung per se immer auch das menschlich-soziale Auftreten des Dienstleisters qualitätsrelevant ist, können Qualitätsverbesserungen ohne Einbezug der Dienstleisterpersönlichkeit allenfalls partiell gelingen. Kunden- und Klientenbefragungen mögen hierfür gewisse Anstöße geben. Für eine notwendige Persönlichkeitsentwicklung steht aus nahe liegenden Gründen jedoch die Eigenverantwortung des Dienstleisters selbst im Mittelpunkt. Die Herausbildung einer entsprechenden Persönlichkeit verändert nicht selten identitätsrelevante Überzeugungen, Werthaltungen, Motive und Orientierungen, sodass Qualitätskonzepte in der Regel zu kurz greifen, wenn sie Dienstleistern nicht die nötigen Freiräume geben, um selbst an sich arbeiten zu können. Qualitätsmanagement-Konzepte der zweiten Generation (EFQM, TTQM) haben damit begonnen, die Bedeutung von Selbststeuerungsprozessen zu erkennen (vgl. Simon, 1999). Allerdings bleiben ihre Empfehlungen bislang auf qualitätsbezogenes »Selbst-Coaching« von Organisationen als Ganzes beschränkt. Wie eine mögliche Übertragung auf individuelle Dienstleister aussehen könnte, wird in diesem Beitrag zu skizzieren versucht.

2. Merkmale von Dienstleistungsqualität

Dienstleistungsqualität setzt sich nach Zeithaml, Berry & Parasuraman (1990) aus folgenden Merkmalen zusammen:

- Materielle Bestandteile von Dienstleistungen (*tangibles*)
- Zuverlässigkeit, mit der Dienstleistungen erbracht werden (*reliability*)
- Verantwortungsbewusstsein Kunden und Klienten gegenüber (*responsiveness*)
- Fachliche Kompetenz und professionelle Ausführung von Dienstleistungen (*competence*)
- Höflichkeit, Freundlichkeit und Respekt Kunden und Klienten gegenüber (*courtesy*)
- Glaubwürdigkeit, Ehrlichkeit und Integrität einzelner Dienstleister (*credibility*)
- Sicherheit, Gewissheit und Vertrauen bei der Inanspruchnahme von Dienstleistungen (*security*)
- Zugänglichkeit und Leichtigkeit einer Inanspruchnahme von Dienstleistungen (*access*)
- Transparenz und Verständlichkeit dienstleistungsrelevanter Information und Kommunikation (*communication*)

- Einfühlungsvermögen und Verständnis der Bedürfnisse von Kunden und Klienten (*understanding of the client*)

Diese Qualitätsmerkmale können zu folgenden Hauptdimensionen der Dienstleistungsqualität zusammengefasst werden:

1. Materielle und technische Ausstattung (*tangibles*)
2. Zuverlässigkeit und Sorgfalt (*reliability*)
3. Verantwortung und Schnelligkeit (*responsiveness*)
4. Sicherheit bezüglich Kompetenz, Respekt, Glaubwürdigkeit und Vertrauen (*assurance*)
5. Einfühlungsvermögen, Zugänglichkeit, Verständnis und offene Kommunikation (*empathy*)

Vier dieser Hauptdimensionen nehmen auf die Person des Dienstleisters Bezug, indem sie entweder direkt mit konkretem Dienstleistungsverhalten zusammenhängen (zweite und dritte Merkmalsdimension) oder auf Fähigkeiten, Werte und Einstellungen verweisen, die hinter konkretem Dienstleistungsverhalten vermutet werden können (vierte und fünfte Merkmalsdimension). Selbst die materielle und technische Ausstattung ist oft nicht nur aufgrund ihrer objektiven Beschaffenheit qualitätsrelevant, sondern auch aufgrund der Art und Weise, wie individuell mit ihr umgegangen wird.

3. Probleme herkömmlicher Kontrolle und Verbesserung von Dienstleistungsqualität

Da Dienstleistungen individuell immer neu erzeugt und angepasst werden müssen, kann es mittels gelegentlicher Kunden- oder Klientenbefragungen nur bedingt gelingen, eine effektive Kontrolle und konsequente Verbesserung ihrer Qualität zu erreichen. Erwartungshaltungen oder Zufriedenheiten, die auf diese Weise erhoben werden, liefern oft nur ein schwaches, einseitiges oder subjektiv verzerrtes Abbild davon, wie gut oder verbesserungsbedürftig in Anspruch genommene Dienstleistungen tatsächlich sind (vgl. auch Strauss, 1999). Weshalb Rückmeldungen aus Kunden- und Klientenbefragungen problembehaftet sein können, mag mehrere Ursachen haben. Bereits die Wahrnehmung von Dienstleistungen durch Klienten und Kunden ist selektiv, da Personen, die Dienstleistungen in Anspruch nehmen, ihre Aufmerksamkeit zumeist auf die ihnen wichtig erscheinenden Facetten der Dienstleistung richten und andere, ebenfalls qualitätsrelevante Facetten ignorieren oder als selbstverständlich betrachten. Unschärfen im Urteil nehmen zu, wenn zur selektiven Wahrnehmung eine unzureichende Informationsverarbeitung auf kognitiver Ebene hinzukommt (vgl. Strack, 1985). Dies wird dadurch begünstigt, dass Kunden und Klienten häufig dazu neigen, eher rationalisierend als rational zu urteilen. Dienstleistungsrelevante Informationen werden in solchen Fällen nicht unvoreingenommen verarbeitet, sondern so, dass sie in schon vorhandene, rasch abrufbare Vorstellungsschemata hineinpassen. So kann es zum Beispiel geschehen, dass erste Eindrücke oder spontane Anmutungen besonders gewichtet werden oder dass von an sich irrelevanten Merkmalen (z. B. Geschlecht, Größe oder Aussehen von Dienstleistern) auf die Qualität der Dienstleistung geschlossen wird. Daneben ist Qualität für Kunden und Klienten oft auch affektiv und motivational bedeutsam, sodass Urteile nicht nur äußere und beobachtbare Facetten der Dienstleistung widerspiegeln, sondern auch innere Stimmungen oder Empfindungen, die Klienten und Kunden haben, wenn sie Dienstleistungen in Anspruch nehmen. Hierbei kann es sich um Sympathie oder Antipathie, Freude oder Ärger, Anregung oder Gleichgültigkeit, Dankbarkeit oder Unbehagen handeln, aber auch um Empfindungen der Art, ob und in welchem Umfang eigene Bedürfnisse oder Ansprüche befriedigt worden sind. Tatsächlich werden für Qualitätskontrollen im Dienstleistungsbereich bevorzugt Zufriedenheitsreaktionen von Kunden und Klienten herangezogen (vgl. Dickens, 1994, sowie die Beiträge von Braun & Haferburg und Mihailović und Abendschein in diesem Band). Zufriedenheitsreaktionen beruhen im Allgemeinen jedoch auf individuell höchst unterschiedlich gelagerten Gefühlszuständen und Einschätzungen. Hinzu kommt, dass Kunden und Klienten zumeist nur über ein oberflächliches Dienstleistungswissen verfügen, sodass es ausgesprochen riskant wäre, aus ihren Reaktionen etwa auch auf professionelle oder organisatorische Qualitäten von Dienstleistungen zu schließen (Oevrevait, 1991).

4. Selbststeuerung und Selbstkontrolle als Alternative

Die Qualität bei der industriellen Fertigung von Produkten kann ebenfalls nicht umfassend kontrolliert und verbessert werden, wenn es misslingt, allen direkt und indirekt am Fertigungsprozess beteiligten Mitarbeitern und Führungskräften ein waches Bewusstsein für die Güte ihrer Arbeit zu vermitteln und Organisationsmitgliedern nahe zu bringen, ihr Tätigkeitsengagement so auszurichten, dass ständige Verbesserungen von Arbeitsergebnissen selbstverständlich werden (Müller, 1995). Im Dienstleistungsbereich hätte dies noch fatalere Folgen, weil hier nicht nur fachliches, sondern auch sozialkommunikatives Können verlangt wird und weiterentwickelt werden muss. Um die Qualität von Dienstleistungen verbessern zu können, sind kontinuierliche Investitionen erforderlich: Ein ansprechendes Ambiente, moderne Geräte, schnelle Abläufe und geschultes Personal stellen eine Säule von Dienstleistungsqualität dar. Eine zweite Säule ist die Summe all dessen, was individuelle Dienstleister Tag für Tag in eigener Regie dazu tun oder dazu tun können, um qualitativ hochwertige Arbeitsergebnisse zu erzielen. Diese zweite Säule trägt aber nur, wenn einzelne Dienstleister ihr Arbeitsverhalten in angemessenem Umfang auch selbst steuern und kontrollieren dürfen (vgl. bereits Piskurich, 1991; Weis, 1992). Hierfür wären geeignete Bedingungen zu schaffen, die auf verschiedenen Ebenen angesiedelt sind und die durch ebenenspezifische Maßnahmen flankiert und unterstützt werden müssen.

Auf *individueller Ebene* spielt neben dem einmal erworbenen Fachwissen vor allem eine Rolle, ob Dienstleister eine starke persönliche Bindung an ihre Profession besitzen oder entwickelt haben und wie groß auf diesem Hintergrund ihr Interesse ist, sich beruflich weiterentwickeln zu wollen. Differenzialpsychologisch günstige Voraussetzungen hierfür sind ein ausgeprägtes Leistungsmotiv und Bedürfnis nach Autonomie und Selbstverwirklichung (*growth need*, vgl. Hackman & Oldham, 1976). Im ersten Fall kann ein primär intrinsisch motiviertes Interesse an berufsrelevanten Lern- und Arbeitsaufgaben angenommen werden. Im zweiten Fall ist berufliches Engagement Teil der Persönlichkeitsentwicklung des Dienstleisters und schließt das Bestreben ein, tätigkeitsrelevante Kompetenzen aus eigenem Antrieb heraus vertiefen und erweitern zu wollen. Da solche Dispositionen nur bedingt durch Trainings- oder Seminarveranstaltungen verändert werden können, müssten die Weichen bereits bei der Personalauswahl gestellt werden.

Auf *sozialer Ebene* ist es wichtig, dass einzelne Dienstleister Anregung und Unterstützung durch ein gut funktionierendes Team erhalten. Der fachliche und persönliche Informationsaustausch mit anderen Gruppenmitgliedern hält die Neugier an beruflichen Problemen und Problemlösungen wach. Darüber hinaus verfügt die Gruppe über ein größeres kognitives und kreatives Potenzial als der Einzelne (Wegener, 1987), das sie insbesondere dann auszuschöpfen vermag, wenn Ideen gefragt sind, wie sich Dienstleistungen durch individuelle und gemeinsame Anstrengungen verbessern ließen.

Bei *Kontakten mit Kunden* und Klienten sollten Dienstleister ebenfalls nicht nur auf sich alleine gestellt bleiben. Dienstleistungsaufgaben binden zumeist so viel Aufmerksamkeit, dass eine reflektierte Selbstkontrolle oft nur in eingeschränktem Umfang gelingen kann (»blinder Fleck«). Eine bewusstere Selbststeuerung des eigenen Dienstleistungsverhaltens in Richtung auf mehr Kongruenz und Stimmigkeit ermöglicht die regelmäßige Supervision von Kunden- und Klientenkontakten (vgl. Hoegstedt, 1998). Professionelles Feedback bietet in der Regel auch Hilfe zur Selbsthilfe, sodass Dienstleister ihre sozialkommunikativen Potenziale besser auszuschöpfen lernen.

Auf *organisatorischer Ebene* wäre es erforderlich, Aufgaben- und Tätigkeitsbereiche einzelner Dienstleister so auszugestalten, dass genügend Freiräume für selbst initiierte Qualitätsverbesserungen vorhanden sind (vgl. auch Kaumanns, 1999). Anreize hierfür sollten in erster Linie von interessanten und entwicklungsfähigen Aufgaben und Tätigkeiten ausgehen. Hinzu kommen können anerkennende Gesten von Vorgesetzten, öffentliche Belobigungen oder Prämien, die individuellen Dienstleistern oder Dienstleisterteams signalisieren, dass Qualität auch ein zentrales Anliegen der Organisationsleitung darstellt (siehe den Beitrag von Norbert Wimmelmeier in diesem Band).

Zu einer wirkungsvolleren Selbststeuerung und Selbstkontrolle trägt schließlich auch die *Ebene des Marktes* bei, auf dem bestimmte Dienstleistungen angeboten werden. Wichtig sind vor allem Informationen über Kunden- oder Klientenbewegungen, Wettbewerber und Veränderungen im dienstleistungsrelevanten ökonomischen, gesellschaftlichen oder politischen Umfeld. Solche Informationen, regelmäßig und aktuell zur Verfügung gestellt, schärfen nicht nur das Qualitätsbewusstsein von Dienstleistern, sie erzeugen auch selbst Qualität, indem sie Dienstleister in die Lage versetzen, ihre Arbeit in größeren Zusammenhängen verstehen und kommunizieren zu können.

5. Literatur

Dickens, P. L. (1994). *Quality and excellence in human services*. Chicester: Wiley.
Hackman, J. R. & Oldham, G. R. (1976). *Motivation through the design of work: Test of a theory*. Organizational Behaviour and Human Performance, 16, S. 250–279.
Hoegstedt, M. (1998). *Total Quality in der Beratung*. In H. Neumann-Wirsig & H. H. Kersting (Hrsg.), Supervision in der Postmoderne (S. 161–179). Aachen: Kersting.
Kaumanns, W. (1999). *Mitarbeiterorientiertes Qualitätsmanagement in kleinen und mittleren Unternehmen*. Personal, 7, S. 356–360.
Moore, St. T. & Kelly, M. J. (1996). *Quality now: Moving human services organizations toward a consumer orientation to service quality*. Social Work, 41, S. 33–41.
Müller, G. F. (1995). *Qualitätsbewusstsein. Komponenten, Prozesse und Maßnahmen*. Zeitschrift für Personalforschung, 4, S. 361–379.
Oevrevait, J. (1991). *Costing quality*. Health Services Management, 87/4, S. 184–186.
Piskurich, G. (1991). *Quality through self-directed learning*. Training & Development, 45, S. 45–48.
Schultz-Gambard, J., Lauche, K. & Brinkmann, J. (1997). *Analyse des Zusammenhangs von Qualitätswissen, handlungsleitenden Kognitionen und*

Qualitätshandeln im Qualitätsmanagement. Unveröffentl. Forschungsbericht. Ludwig-Maximilians-Universität München: Institut für Psychologie.

Schultz-Gambard, J., Lauche, K. & Hron, Jeanette. (1999). *Qualitätssicherung und Qualitätsmanagement.* In C. G. Hoyos & D. Frey (Hrsg.), Arbeits- und Organisationspsychologie (S. 91–104). Weinheim: Psychologie Verlags Union.

Simon, W. (1999). *Der Generationswechsel vom Qualitätsmanagement zum Exzellenzmanagement.* In U. Flockenhaus (Hrsg.), Zukunftsmanagement (S. 207–221). Offenbach: Gabal.

Strack, F. (1985). *Urteilsheurisken.* In D. Frey & M. Irle (Hrsg.), Theorien der Sozialpsychologie, Band. III: Motivations- und Informationsverarbeitungstheorie (S. 239–268). Stuttgart: Huber.

Strauss, B. (1999). *Kundenzufriedenheit.* Marketing, 21, S. 5–24.

Wegener, D. (1987). *Transactive memory: A contemporary analysis of the group mind.* In B. Mullen & R. Goethals (Eds.), Theories of group behaviour (S. 185–208). New York: Springer.

Weis, Ph. (1992). *Achieving zero-defect service through self-directed teams.* Journal of Systems Management, 43, S. 26–36.

Zeithaml, V. A., Berry, L. L. & Parasuraman, A. (1990). *Delivery quality service: Balancing customer perceptions and expectations.* New York: Free Press.

Entwicklung eines Fragebogens zur Messung des Qualitätsbewusstseins in Dienstleistungsorganisationen

Ottmar L. Braun & Andreas Klawe, Universität Landau

1. Ziel der Studie

Ziel der Studie war die Entwicklung eines Instrumentes zur Messung des Qualitätsbewusstseins in Dienstleistungsunternehmen. Qualitätsbewusste Mitarbeiter werden in der einschlägigen Literatur zum Thema Qualitätsmanagement als wichtiger Bedingungsfaktor qualitativ hochwertiger Dienstleistungsergebnisse angesehen (Bruhn, 1997).

Um ein Instrument zu entwickeln, welches dieses »Qualitätsbewusstsein« messen kann, wurden zunächst betriebswirtschaftliche Definitionen der Begriffe Qualität, Dienstleistungsqualität und Total Quality Management betrachtet. So konnten Schlüsse abgeleitet werden, welches »Verständnis der Qualität« beim Mitarbeiter überhaupt vorhanden sein soll und welche Maßnahmen Qualitätsbewusstsein beim Miterbeiter schaffen können.

Da von organisatorischen Voraussetzungen jedoch nicht automatisch auf ein hohes Qualitätsbewusstsein geschlossen werden kann, erschien es notwendig, psychologische Bedingungsfaktoren zu untersuchen, welche sich für ein qualitätsorientiertes Leistungsverhalten verantwortlich zeigen. So sollte innerhalb der Studie der Nachweis erbracht werden, dass Qualitätsbewusstsein von vier verschiedenen Dimensionen abhängig ist. Die Dimensionen sollen im weiteren Qualitätsmotivation (Motivation, qualitätsorientiert zu handeln), Qualitätszielbindung (persönliche Bedeutsamkeit der Qualitätsziele), Qualitätskontrolle (Selbstwirksamkeitsempfinden in Bezug auf qualitätsorientiertes Handeln) und Qualitätswissen (Wissen über Qualität) benannt werden.

1.1 Methodisches Vorgehen

Aus diesen theoretischen Vorannahmen heraus wurde ein Itempool gebildet und Probanden vorgelegt, die in Dienstleistungsunternehmen arbeiten. Anschließend wurden die Daten einer Faktorenanalyse unterzogen, um im Datenmaterial die oben genannten Dimensionen nachzuweisen. Nach weiteren Analysen der gefundenen Dimensionen in Bezug auf Reliabilität und Validität resultierte ein Fragebogen, welcher in der Lage ist, das Qualitätsbewusstsein von Mitarbeitern in Dienstleistungsunternehmen zuverlässig zu messen.

2. Theoretischer Hintergrund: Qualität

2.1 Definition des Begriffes Qualität

Im alltäglichen Sprachgebrauch scheint die Verwendung des Begriffes keine Probleme zu bereiten. Ursprünglich stammt das Wort Qualität aus dem Lateinischen und kann mit »Beschaffenheit« übersetzt werden. Somit ist nach der allgemeinsprachlichen Auffassung »Beschaffenheit«, »Güte« oder »Wert« eines Objektes durch das Wort Qualität bezeichnet (Bovermann, 1997). Die Frage, welche Instanz die Einschätzung der Qualität vornimmt, bleibt hier jedoch noch unbeantwortet.

Die Deutsche Gesellschaft für Qualität e.V. definiert Qualität als »die Gesamtheit von Merkmalen (und Merkmalswerten) einer Einheit bezüglich ihrer Eignung, festgelegte und vorausgesetzte Erfordernisse zu erfüllen. Qualität bezeichnet damit die realisierte Beschaffenheit einer Einheit bezüglich der Qualitätsforderung« (Deutsche Gesellschaft für Qualität e.V. 1995, nach Bruhn 1997, S. 24)

Der Begriff »Einheit« wird in diesem Zusammenhang gleichermaßen für Produkte und Tätigkeiten verwendet und umfasst somit auch den Bereich der Dienstleistungen. Diese »Einheit« zeichnet sich durch eine realisierte Beschaffenheit aus, d.h. durch verschiedene Merkmale der Einheit, die den Qualitätsanforderungen entsprechen sollen. Auch hier wird jedoch noch nicht konkretisiert, von welchen Personen (Kunden, Mitarbeitern, Unternehmen) die Maßstäbe zur Qualitätsbeurteilung festgelegt werden.

2.2 Dimensionen der Qualität

Durch diese Sichtweise werden dennoch bereits zentrale Ansätze einer umfassenderen Qualitätsdefinition einbezogen.

Auf der einen Seite wird der produktbezogene Qualitätsbegriff mit einbezogen, welcher die Qualität von Produkten oder Dienstleistungen als Summe vorhandener Eigenschaften definiert. Dieser Ansatz bestimmt die Qualität über objektiv beobachtbare und messbare Kriterien, was jedoch gerade im Dienstleistungsbereich oftmals problematisch ist.

Andererseits ist aber auch der kundenbezogene Qualitätsbegriff berücksichtigt, welcher die Wahrnehmung der Produkteigenschaft bzw. Leistungen aus der Kundenperspektive in den Mittelpunkt rückt. Hierbei wird bedacht, dass nicht allein objektiv vorhandene Qualitätsmerkmale das Urteil des Kunden beeinflussen. Die subjektive Urteilsbildung des Kunden erfolgt hier vielmehr über die Wahrnehmung der für ihn als wichtig erachteten Eigenschaften (Bruhn & Henning, 1993).

Weiterhin bietet Garvin (1984) eine Definition des Qualitätsbegriffes an, der den produktbezogenen und kundenbezogenen Ansatz noch weiter differenziert. Er versucht bei seiner Zusammenstellung, die Vielfalt der Qualitätsdefinitionen zu systematisieren. Schließlich unterscheidet er fünf verschiedene Sichtweisen in Bezug auf Qualität, auf die sich die in der Literatur auffindbaren konkreteren Definitionen zurückführen lassen:

1. Transzendental orientierte Qualitätsbegriffe
Hierbei wird Qualität als eine dem Gut innewohnende, allgemein feststehende Exzellenz begriffen, die nicht weiter hinterfragbar ist. Diese Definition ist dem umgangssprachlichen Qualitätsverständnis sehr ähnlich (z.B. »gut«, »mittel«, »schlecht«).

2. Produkt- bzw. angebotsorientierte Qualitätsbegriffe
Diese Definitionen stellen das Produkt in den Mittelpunkt und verstehen dessen Qualität als eine objektiv feststellbare Größe, aufgrund von präzise messbarer, dem Produkt inhärenter Leistungsmerkmale.

3. Herstellungsorientierte Qualitätsbegriffe
Hier liegt das produktionsgeprägte, technologische Qualitätsverständnis zugrunde. Qualität entseht durch die Erstellung einer Leistung, die sich am Prozessdesign, an vorgegebenen Abläufen, deren Spezifikationen und Standards orientiert.

4. Wertorientierte Qualitätsbegriffe
Der Kunde trifft bei diesem praxisorientierten Qualitätsverständnis seine Entscheidung über Qualität anhand eines Preis-Leistungs-Vergleichs. Problematisch ist bei dieser Begriffsabgrenzung, dass einerseits eine Beziehung zwischen Qualität und Preis konstruiert wird, andererseits aber diese Beziehung selbst als Qualität bezeichnet wird.

5. Kundenorientierte Qualitätsbegriffe
Bei diesen Ansätzen werden die individuellen Bedürfnisse des Kunden berücksichtigt. Qualität ist hier das Ergebnis eines Beurteilungsprozesses aus der Kundenperspektive und ergibt sich erst, wenn die Leistung den Anforderungen des Kunden entspricht. Qualität ergibt sich in diesen Definitionen durch die Erfüllung individueller Präferenzen (Garvin, 1984).

Diese letzte Perspektive als wichtigste zu erachten und folglich Qualität einseitig aus der Kundenperspektive heraus zu definieren würde jedoch zu einer eindimensionalen Qualitätssicht führen.

Zusammenfassend kann angemerkt werden, dass sich Qualität nicht nur an den Anforderungen von Kunden messen sollte, sondern sich vielmehr in einem Spannungsfeld ergibt, das aus der Sicht der Kunden, der Wettbewerber und des eigenen Unternehmens entsteht.

Aus der Kundenperspektive, als zentralem Maßstab, müssen Erwartungen von aktuellen Kunden absolut erfüllt und von potenziellen Kunden antizipiert werden.

Aus der Wettbewerbssicht steht die Frage nach konkurrenzorientierten Qualitätsstrategien und Profilierung eines Dienstleistungsanbieters gegenüber den Konkurrenten im Mittelpunkt.

Aus Unternehmenssicht ergeben sich Anforderungen an die Qualität aus der Fähigkeit und Bereitschaft des Dienstleistungsanbieters, ein bestimmtes Niveau der Dienstleistungsqualität überhaupt anzubieten und zu sichern. Hierzu muss dem Faktor Qualität ein hoher Stellenwert in der Unternehmensstrategie eingeräumt und auf die Leistungsfähigkeit und -bereitschaft der Mitarbeiter geachtet werden (Bruhn, 1997).

3. Theoretischer Hintergrund: Dienstleistung

3.1 Der Bergriff der Dienstleistung

Aufgrund des wirtschaftlichen Wandels von der Industriegesellschaft hin zur Dienstleistungsgesellschaft und des damit verbundenen Bedeutungsgewinns des tertiären Sektors sollte das Instrument speziell für den Dienstleistungsbereich konstruiert werden.

Gegenüber Sachleistungen (z. B. Konsumgütern) gibt es spezifische Charakteristika, welche die Besonderheit von Dienstleistungen deutlich machen. So hat Corsten (1985) Merkmale von Dienstleistungen zusammengestellt:

1. Immaterialität
Die angebotene Dienstleistung hat grundsätzlich immateriellen Charakter, d.h., es werden keine fassbaren Objekte, sondern Fähigkeiten angeboten. Jedoch ist meist ein Sachleistungsanteil untrennbar mit dem Dienstleistungsanteil verbunden.

2. Unteilbarkeit
Dienstleistungen sind zum einen unteilbar, zum anderen vergänglich, dies impliziert eine Gleichzeitigkeit von Herstellung und Verbrauch (»Uno-Actu-Prinzip).

3. Integration des externen Faktors
Die Integration des externen Faktors bedeutet die Einbeziehung des Kunden selbst oder eines von ihm bereitgestellten Verfügungsobjektes. Bei der Leistungserstellung muss der Kunde nicht nur anwesend sein, sondern die Dienstleistung erfordert seine Beteiligung (z.B. Urlaubsreise). Dadurch entstehen zwei weitere charakteristische Bedingungen, nämlich die hohe Individualität und die Standortgebundenheit der Dienstleistung.

3.2 Die theoretischen Dimensionen der Dienstleistungsqualität

Eine weitere Beschreibung der Dienstleistungsqualität, in Abgrenzung zur Produktqualität, bietet das Drei-Dimensionen-Modell von Donabedian (1980). Dieses Modell verdeutlicht, dass Kunden nicht nur am Ergebnis eines Leistungserstellungsprozesses interessiert sind, sondern dass der prozesshafte Charakter einer Dienstleistung drei Qualitätsdimensionen umfasst.

1. Potenzialdimension
Aufseiten des Dienstleistungsanbieters müssen sachliche, persönliche und organisatorische Leistungsvoraussetzungen bestehen, und dem Nachfrager müssen hierzu Zugangs- und Nutzungsmöglichkeiten bereitgestellt werden.

2. Prozessdimension
Die Prozessdimension betrachtet die Gesamtheit aller Aktivitäten, die im tatsächlichen Verlauf des Leistungserstellungsprozesses der Dienstleistung stattfinden. Hierbei werden die bereitstehenden Elemente der Potenzialdimension zusammen mit dem externen Faktor zum Zwecke der Dienstleistungserstellung beleuchtet.

3. Ergebnisdimension
Die Ergebnisdimension nimmt auf das tatsächliche Resultat des Leistungserstellungsprozesses Bezug. Dabei wird die Wahrnehmung des Dienstleistungsergebnisses durch den Kunden betrachtet.

3.3 Das GAP-Modell der Dienstleistungsqualität (Parasuraman et al., 1985)

Diese theoretischen Qualitätsdimensionen können durch empirisch ermittelte Dimensionen ergänzt werden:

1. Annehmlichkeit des tangiblen Umfeldes
2. Zuverlässigkeit
3. Reaktionsfähigkeit
4. Leistungskompetenz
5. Einfühlungsvermögen (Parasuraman et al., 1986)

Diese Dimensionen geben uns Hinweise, welche Erwartungen der Kunde an eine Dienstleistung stellt. Einen guten Ansatz, um die Entstehung der Qualitätswahrnehmung durch den Kunden in einem geschlossenen Modell zu beschreiben, stellt das GAP-Modell der Dienstleistungsqualität dar. Es betrachtet dabei die Entstehung der Dienstleistung im Kontakt zwischen Kunde und Dienstleister und zeigt fünf Lücken (»gaps«) in der Kommunikation auf, welche gleichzeitig auch die Einflussmöglichkeiten des Unternehmens auf die Dienstleistungsqualität darstellen.

Gap 1
Bereits in der Erfassung der Kundenwünsche durch das Management bestehen Schwierigkeiten. Die Kundenerwartungen müssen den durch das Management wahrgenommenen Kundenerwartungen entsprechen. Da Gap 1 das Ausmaß der übrigen Gaps determiniert, ist exakte Erfassung der Kundenanforderungen Grundvoraussetzung für eine hohe Dienstleistungsqualität.

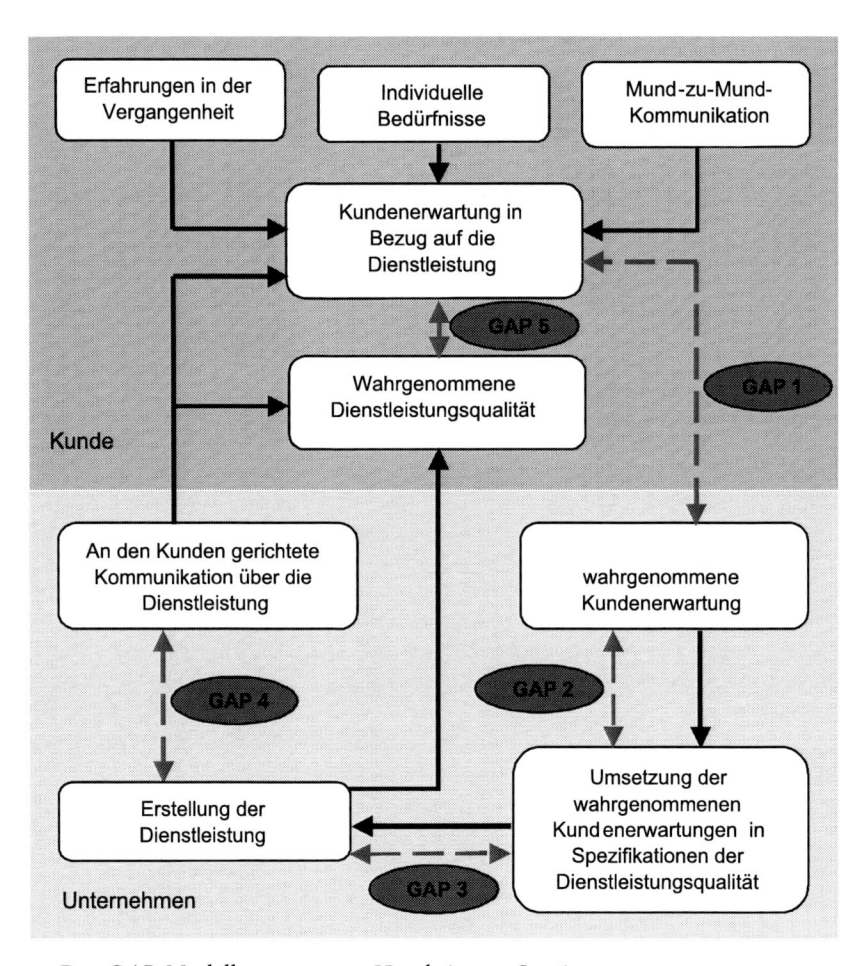

Entwicklung eines Fragebogens zur Messung des Qualitätsbewusstseins

1. Das GAP-Modell, entnommen Hoeth (1997, S. 16)

Gap 2
Die durch das Management wahrgenommenen Kundenerwartungen müssen nun durch Umsetzung der erfassten Kundenwünsche in unternehmensinterne Spezifikationen der Dienstleistungsqualität konkretisiert werden.

Gap 3
Durch die Spezifikationen der Dienstleistungserstellung entsteht nun die tatsächlich erstellte Leistung. Mangelhafte Personalqualifikation bzw. -motivation und technische Gegebenheiten können eine spezifikationsgemäße Realisierung verhindern.

Gap 4
Dieses Gap bezeichnet die Diskrepanz zwischen der tatsächlich erstellten Leistung und der an den Kunden gerichteten Kommunikation.

Gap 5
Aus den Gaps 1 bis 4 ergibt sich schließlich Gap 5, welches auch als zentrale Lücke des Modells bezeichnet wird. Diese Lücke bezieht sich auf die Diskrepanz zwischen der erwarteten und der real erlebten Dienstleistung. Bei Übereinstimmung von Erwartung und Wahrnehmung wird der Kunde zufrieden sein, bei einer Verfehlung des Qualitätsniveaus jedoch ein Urteil in Richtung »Idealqualität« oder »nicht akzeptable Qualität« abgeben (Parasuraman et al., 1986).

Parasuraman et al. (1986) bieten durch ihr Modell einen guten Ansatz, Dienstleistungsqualität zu operationalisieren und dadurch messbar zu machen. Anhand der genaueren Analyse der Lücken im Dienstleistungsprozess bietet es somit vielfältige Möglichkeiten, Schwachstellen bei der Leistungserstellung zu beseitigen.

Nach der definitorischen Abgrenzung der Begriffe Qualität und Dienstleistung folgte hieraus eine Ableitung der Entstehung von Dienstleistungsqualität unter Zuhilfenahme des GAP-Modells. Im Folgenden soll darauf eingegangen werden, wie die Gewährleistung dieser Dienstleistungsqualität durch ein ganzheitliches Managementkonzept erreicht werden kann.

4. Theoretischer Hintergrund: Total Quality Management
4.1 Definition des Begriffes TQM

TQM ist ein ganzheitliches Managementkonzept, das definiert werden kann als »auf der Mitwirkung aller ihrer Mitglieder beruhenden Führungsmethode einer Organisation, die Qualität in den Mittelpunkt ihrer Bemühungen stellt und durch Zufriedenstellung der Kunden auf langfristigen Geschäftserfolg sowie auf Nutzen für die Mitglieder der Organisation und für die Gesellschaft zielt« (Kamiske & Malorny, 1994, S. 1).«

Gemäß dieser Definition werden die Kundenwünsche in den Mittelpunkt der Bemühungen eines Unternehmens gerückt. Das Verständnis verschiebt sich weg von den Kontrollstrategien zur Sicherung der Qualität hin zu einem kundenorientierten, unternehmensweiten Konzept. Das Management steht vor der Aufgabe, ein gemeinsames neues Bewusstsein innerhalb des Unternehmens zu schaffen.

4.2 Elemente eines ganzheitlichen Qualitätsmanagement-Ansatzes

Aus der oben angeführten Definition des TQM kann man die Inhalte eines TQM-Konzeptes ableiten. Betrachtet man TQM als ein ganzheitliches, unternehmensübergreifendes Konzept, müssen folgende Elemente unbedingt berücksichtigt werden:

4.2.1 Das Element: Kundenorientierung

Die bisher erarbeiteten Definitionen der Qualität und der Dienstleistungsqualität zeigen, dass Qualität aus der Perspektive der Kundenanforderungen gesehen werden muss. Kundenorientierung bedeutet in diesem Zusammenhang die konsequente Ausrichtung des Unternehmens an den Kundenanforderungen und -erwartungen.

Zusammenfassend kann an dieser Stelle nochmals eine erweiterte Zusammenstellung von Qualitätsdimensionen genannt werden, die ein Unternehmen mit umfassender Kundenorientierung auszeichnen:

1. Optimale Gestaltung des materiellen Umfeldes (»tangibles«)
2. Gute Erreichbarkeit bzw. Kontaktbequemlichkeit (»access«)
3. Zuverlässigkeit (»reliability«) in Bezug auf die Leistungserstellung
4. Entgegenkommen (»responsivness«) der Mitarbeiter
5. Kompetenz (»competence«) der Mitarbeiter
6. Zuvorkommenheit (»courtesy«) und Höflichkeit beim Kundenkontakt
7. Bereitschaft und Fähigkeit zur Kommunikation (»communication«)
8. Vertrauenswürdigkeit (»credibility«) und Glaubwürdigkeit
9. Sicherheit (»security«) in physischer, finanzieller und vertraulicher Hinsicht
10. Kundenverständnis (»understanding/knowig customers«), das den individuellen Kundenwünschen entgegengebracht wird (Zeithaml et al., 1992, S. 34 ff.).

Definiert man Kundenorientierung nach diesen Dimensionen, wird die immense Bedeutung der Mitarbeiter nochmals deutlich. Abgesehen von den ersten beiden Dimensionen, ist ihr Bewusstsein und ihre Verantwortungsübernahme ausschlaggebend für die Erfüllung der von den Kunden gestellten Anforderungen.

4.2.2 Das Element: Mitarbeiterorientierung

Einen weiteren wichtigen Faktor im Rahmen eines TQM-Konzeptes stellt die Mitarbeiterorientierung dar. Alle Mitglieder einer Organisation müssen Verantwortung für die Qualität übernehmen, angefangen bei den Führungskräften bis hin zu jedem einzelnen Mitarbeiter. Gerade im Dienstleistungsbereich ist die Bedeutung des Kundenkontaktpersonals augenscheinlich. Deswegen ist es von besonderer Wichtigkeit, dass sich jeder Mitarbeiter vollständig mit den Zielen und Prinzipien des TQM identifizieren kann. Weiterhin soll durch die aktive Einbeziehung der Mitarbeiter ein bisher weitgehend ungenutztes Erfahrungswissen und Problemlösepotenzial zugänglich gemacht werden.

Zu fordern ist deswegen ein Konzept, das alle Mitglieder aktiv in das Qualitätsmanagement mit einbezieht. Nach Oess (1993) ist bei jedem Mitarbeiter die grundsätzliche Bereitschaft und der Wille zur Kooperation und zur Mitgestaltung vorhanden, sodass die Forderung an ein TQM-Konzept nur lauten kann, einen mitarbeiterorientierten, partizipativen Führungsstil zu schaffen, der status- und hierarchiebetonende Verhaltensweisen vermeidet und eine offene, vertrauensvolle Atmosphäre schafft sowie eine mitarbeitergerechte Arbeitsplatzgestaltung berücksichtigt.

4.2.3 Das Element: Prozessorientierung

TQM muss immer von einer unternehmensweiten, funktions- und hierarchieübergreifenden Sichtweise aus begriffen werden, die alle Abteilungen und Ebenen mit einbezieht. Die Organisationsstruktur hat einen nicht zu vernachlässigenden Einfluss auf die Realisierung der geforderten Kundenorientierung. Endziel des TQM ist eine Umgestaltung der Ablauforganisation, weg von funktionalen Organisationsstrukturen tayloristischer Arbeitsteilung hin zu einer prozessualen Gestaltung der Abläufe (Boverman, 1997). Dies soll im Endeffekt zu schlankeren und effizienteren Organisationen führen, da Doppelarbeit, Kommunikationsprobleme und Abteilungsschnittstellen reduziert werden.

TQM fordert Denken und Handeln in ganzheitlichen, funktionsübergreifenden Leistungsprozessen. Alle Aktivitäten der im Unternehmen ablaufenden Leistungserstellungsprozesse müssen konsequent an den Anforderungen des Marktes ausgerichtet werden, da alle im Unternehmen ablaufenden Prozesse Einfluss auf die Qualität des Endergebnisses haben. Die Optimierung der Unternehmensleistung entsteht nur durch die Schaffung von Transparenz der einzelnen Prozesse und durch die optimale Gestaltung des gesamtern Leistungserstellungsprozesses (Bruhn, 1997).

Durch das Element der Prozessorientierung ergeben sich zwei weitere Elemente, die die Prävention und die kontinuierliche Verbesserung betreffen.

4.2.4 Das Element: Prävention

Durch die Prozessorientierung soll Qualität nicht erst am Ende des Prozesses erprüft werden. Stattdessen soll sie im Sinne einer präventiven, prozessorientierten Qualitätssicherung möglichst frühzeitig realisiert werden. Die Prozesse an sich müssen befähigt werden, die an sie gestellten Anforderungen zu erfüllen. Das Gebot der Prävention gilt besonders für Dienstleistungen, da durch die Gleichzeitigkeit von Erstellung und Konsum keine Möglichkeit zur Nachbesserung besteht (Hoeth, 1997). Die Forderung »do it right the first time« bzw. das Stichwort »Null-Fehler-Prinzip« stellen den Charakter dieses Elementes deutlich heraus.

4.2.5 Das Element: Kontinuierliche Verbesserung

Mit dem ständigen Streben nach der Eliminierung von Fehlerquellen ist auch das Streben nach einer ständigen Verbesserung verbunden. Dies bedeutet eine Absage an traditionelle Konzepte, die einen »acceptable quality level« propagieren, welches eine bestimmte Fehlerquote als tolerabel erachtet. Oess (1993) sieht darin nur Selbstschutzinstrumente des Managements, die vor weiteren, arbeitsintensiven Qualitätsverbesserungsmaßnahmen schützen sollen. TQM ist aber als permanenter Qualitätsverbesserungsprozess in kleinen Schritten angelegt.

4.3 Zusammenfassung

Zusammenfassend sollen oben genannte Elemente nochmals verdeutlichen, dass es sich bei einem TQM-Konzept nicht um einen Bestandteil eines Unternehmensführungskonzeptes handelt. Vielmehr stellt es die Basis einer »sämtliche Managementaktivitäten dominierenden Qualitätsphilosophie bzw. Qualitätskultur« (Döttinger & Klaiber, 1994, S.258) dar. Diese Grundsätze können als Fundament für ein umfassendes Qualitätsmanagement-System angesehen werden, welches die verschiedenen Methoden und Instrumente des Qualitätsmanagements in eine sinnvolle Struktur bringt. Das Qualitätsmanagement-System gibt somit einen Rahmen für die Tätigkeiten vor und beschreibt die Organisationsstruktur, Verantwortlichkeiten, Prozesse und Mittel zur Verwirklichung des Qualitätsmanagements (Eversheim, 1997).

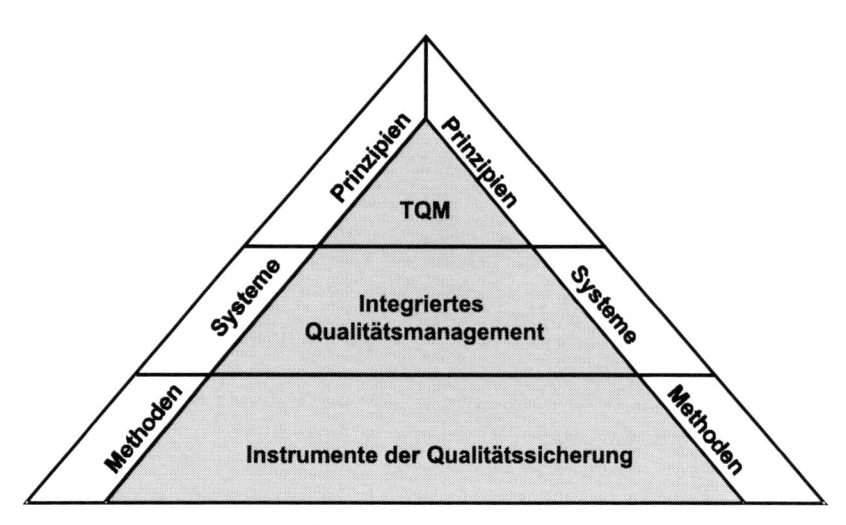

Abb. 2. Die Qualitätspyramide, entnommen Bruhn (1997, S. 118)

5. Theorie des Qualitätsbewusstseins

Im vorangegangenen Kapitel zum Thema TQM wurden Grundgedanken vorgestellt, die im Unternehmen die Basis eines umfassenden, ganzheitlichen Qualitätsmanagements darstellen. Des Öfteren wurde auf die Wichtigkeit des qualitätsbewussten Mitarbeiters hingewiesen, der über eine hohe intrinsische Qualitätsmotivation verfügt, der eigenverantwortlich handelt, der selbst kontrolliert Aufgaben ausführt, der dem Gesamtthema Qualität eine hohe Bedeutung beimisst und der über ein breites Wissen zum Begriffskomplex Qualitätsmanagement verfügt. Der Begriff des Qualitätsbewusstseins ist somit sehr breit angelegt und bedarf der genaueren Eingrenzung.

Als erster wichtiger Faktor im Rahmen der Eingrenzung des Begriffes Qualitätsbewusstsein soll die **Qualitätsmotivation** erläutert werden.

Qualitätsbewusste Mitarbeiter zeichnen sich dadurch aus, dass sie dem Thema Qualität eine hohe Bedeutung zumessen, d. h., dass sie über eine hohe **Qualitätszielbindung** verfügen.

Innerhalb des Prozesses des qualitätsbewussten Leistungshandelns sollte auch der Aspekt der Handlungskontrolle der Mitarbeiter bedacht werden, was im Folgenden mit dem Begriff **Qualitätskontrolle** umschrieben wird.

Da im Qualitätsmanagement-Prozess auf das Potenzial in den Köpfen der Mitarbeiter, also verstärkt auf deren fachliche, methodische und soziale Kompetenzen, zurückgegriffen werden muss, soll als weiterer Faktor des Qualitätsbewusstseins das **Qualitätswissen** Berücksichtigung finden.

5.1 Qualitätsmotivation

Das persönliche Wollen soll innerhalb der klassischen Arbeitsmotivationsansätze näher erklärt werden. Diese werden auch als Inhaltstheorien bezeichnet, da sie von Bedürfnissen bzw. daraus resultierenden Inhaltsklassen von Zielen ausgehen und daraus Leistungsergebnisse erklären wollen. Arbeitsinhalte müssen demnach ein Bedürfnisbefriedigungspotenzial aufweisen, um motivieren zu können (von Rosenstiel, 1988).

5.1.1 Das Motivationsmodell der Arbeitscharakteristika

Hackman & Oldham (1976) bieten in ihrem Modell der Arbeitscharakteristika einen Erklärungsansatz des Zusammenhangs der Kerndimensionen der Arbeit und der Arbeitsmotivation. Dabei nennen sie Aspekte der Arbeitstätigkeit (Kerndimensionen der Arbeit), Vorstellungen und Wahrnehmungen, die diese bei den arbeitenden Personen erzeugen (kritische psychische Empfindungen), und Auswirkungen auf der Verhaltensebene (persönliche und Arbeitsergebnisse).

Die Kerndimensionen der Arbeit sind:

1. Anforderungsvielfalt der Aufgabe
2. Ganzheitlichkeit der Aufgabe
3. Bedeutsamkeit der Aufgabe
4. Autonomie
5. Feedback

Diese Kerndimensionen sollen innerhalb des arbeitenden Menschen folgende drei psychische Empfindungen hervorrufen:

1. Erlebte Bedeutsamkeit/Sinnhaftigkeit der eigenen Aufgabe
2. Erlebte Verantwortung für die Arbeitsergebnisse
3. Wissen über die Arbeitsergebnisse

Aus diesen drei psychischen Empfindungszuständen resultiert eine hohe intrinsische Motivation, gleichermaßen entsteht hierdurch in den Modellannahmen Arbeitsleistung von hoher Qualität, hohe Arbeitszufriedenheit und eine niedrige Ausprägung der Größen Absentismus und Fluktuation.

```
┌─────────────────┐    ┌─────────────────┐    ┌─────────────────┐
│  Kerndimensionen│───▶│    Kritische    │───▶│ Auswirkungen der│
│    der Arbeit   │    │    psychische   │    │     Arbeit      │
│                 │    │   Empfindungen  │    │                 │
└─────────────────┘    └─────────────────┘    └─────────────────┘
```

Anforderungsvielfalt   ⎫   Hohe intrinsische
                           ⎬   Erlebte Bedeutsamkeit   Motivation
Ganzheitlichkeit der Aufgabe ⎬   der eigenen Aufgabe
                           ⎪   Hohe Qualität der
Bedeutsamkeit der Aufgabe ⎭   Arbeitsleistung

                           ⎫   Erlebte Verantwortung
Autonomie   ⎬   für die Ergebnisse der   Hohe Arbeitszu-
                           ⎭   eigenen Arbeit   friedenheit

                           ⎫   Wissen über die
Feedback   ⎬   aktuellen Arbeits-   Niedrige Abwesenhe
                           ⎭   ergebnisse   und Fluktuation

         ▲   ▲
         └────────┬─────────────────────────────────────┬────────┘
                  │ Bedürfnis nach persönlicher Entfaltung │
                  └───┘

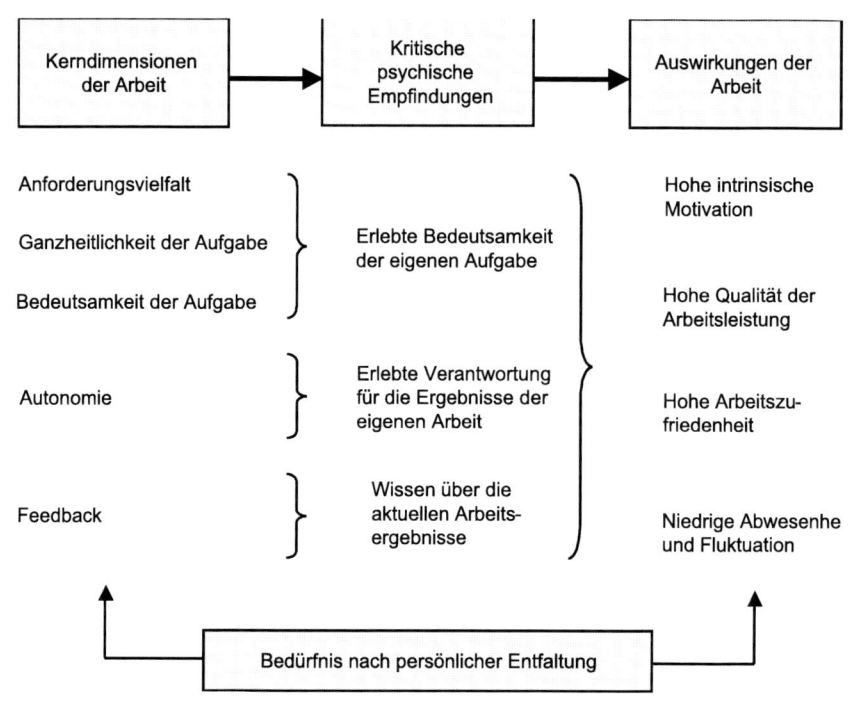

Abb. 3. Job Charakteristics Modell, entnommen Nerdinger (1995, S. 58)

Um einen motivationsfördernden Arbeitsinhalt anzubieten, müssen die Kerndimensionen gleichermaßen verwirklicht werden. Die Kerndimensionen stellen somit Mindestanforderungen an eine Arbeitsgestaltung innerhalb eines Qualitätsmanagement-Systems dar.

5.2 Qualitätszielbindung und Qualitätskontrolle

Die inhaltstheoretischen Ansätze sind zwar in der Lage, Gründe für das »Warum« menschlichen Verhaltens anzubieten, vernachlässigen dabei aber Fragen, »wie« das konkrete Verhalten zustande kommt.

Im Folgenden steht die Frage im Mittelpunkt, wie Ziele beschaffen sein müssen, um Leistungshandeln zu unterstützen. Dies ist gerade im organisatorischen Kontext von Bedeutung, da hier fremdgesetzte Ziele von den Mitarbeitern zu eigenen Zielen umdefiniert werden müssen.

5.2.1 Die Zielsetzungstheorie von Locke & Latham

Locke & Latham (1990) postulieren innerhalb ihrer Zielsetzungstheorie, dass die Leistung einer Person über Ziele beeinflusst wird. Ziele unterscheiden sich in zwei Merkmalen: Zielinhalt und Zielintensität.

Ziele unterscheiden sich unter dem **Inhaltsaspekt** auf mehreren Dimensionen, wobei der Zielschwierigkeit und Zielspezifität die meiste Beachtung geschenkt wurde. Laut Latham & Locke (1991) wurde der Zusammenhang von schwierigen und spezifischen Zielen und hoher Leistung in mehr als 400 empirischen Studien überprüft und bestätigt.

Der Begriff **Zielintensität** beschreibt die Tatsache der Zielbindung bzw. des Commitments. Locke & Latham (1990, S. 132) definieren Zielbindung als »Übereinstimmung zwischen zugewiesenen und persönlichen Zielen«.

Qualitätszielbindung

Der hohe Stellenwert der Zielbindung verdeutlicht sich einmal durch direkte Einflussnahme dieser Variable und auch durch ihre Wirkung als Moderatorvariable in Bezug auf die Leistung. Betrachtet man den ersten Fall und hält bei Aufgaben den Schwierigkeitsgrad konstant, so sieht man den direkten Zusammenhang von Zielbindung und Leistung. Die Autoren sprechen hier von einem direkten Einfluss der Zielbindung im Gegensatz zu Moderatoreffekten, bei denen die Zielbindung den Zusammenhang zwischen Schwierigkeitsgrad der Ziele und Leistung nur moderiert. So besteht bei hoher Zielbindung ein enger Zusammenhang zwischen Schwierigkeitsgrad und Leistung, während bei wenig gebundenen Menschen dieser Zusammenhang nicht besteht.

Hier stellt sich die interessante Frage, wie eine hohe Zielbindung sichergestellt werden kann. Als entscheidender Mechanismus der leistungsfördernden Wirkung ist die Umsetzung von betrieblichen Zielen in persönliche Ziele anzusehen, die durch Zielvorgabe, -vereinbarung und Belohnung gleichermaßen erreicht werden kann.

Wichtig ist bei der Zielvorgabe, dass Ziele nicht nur vom Vorgesetzten bestimmt, sondern dass deren Wichtigkeit für den Mitarbeiter und das Unternehmen erläutert werden. Gleichzeitig räumen die Autoren der Autorität, die Ziele vorgibt, einen hohen Einfluss auf die Zielbindung ein.

Als letzten zielbindungsfördernden Aspekt führen die Autoren Zustimmung zu Zielen in der Öffentlichkeit an.

Qualitätskontrolle

Bandura (1986) hat im Rahmen seiner sozialkognitiven Theorie vielfach nachweisen können, dass sowohl persönliche Ziele als auch Leistungsverhalten durch

eine Variable beeinflusst werden, die er Selbstwirksamkeit nennt. Hierbei handelt es sich um Überzeugungen einer Person, wie gut sie mit ihren eigenen Handlungen in der Lage sein wird, angemessen mit zukünftigen Situationen umzugehen.
Durch die Selbstwirksamkeitsvariable lassen sich viele Effekte finden. So zeigen Studien, dass die Selbstwirksamkeit:

- die Wahl von Zielen in Leistungssituationen
- die gewählte Anstrengung und Ausdauer
- den erlebten Stress
- die Anfälligkeit für Depression beeinflusst (Bandura, 1991).

Personen mit hohem Selbstwirksamkeitsempfinden wählen häufig schwierigere Leistungsziele als Personen mit niedrigem Selbstvertrauen. Hohes Selbstvertrauen hat zusätzlich einen direkten und positiven Einfluss auf Leistungen, da unabhängig von persönlichen Leistungszielen besonders effektive Aufgabenstrategien zum Einsatz kommen.

Nach der Theorie von Locke & Latham (1990) sind fremdgesetzte Ziele in der Lage, die Selbstwirksamkeit zu erhöhen und somit zu höheren Leistungsergebnissen zu führen. Dieser Zusammenhang besteht, da nachvollziehbar begründete Ziele, die herausfordernd sind, einen Vertrauensbeweis durch die Person darstellen, die diese Ziele setzt. Der Mediator Selbstwirksamkeit kann so über hohe zugewiesene Ziele zu besseren Leistungsresultaten führen.

5.3 Qualitätswissen

Abschließend soll noch auf Qualitätswissen als wichtigen Faktor des qualitätsbewussten Menschen innerhalb einer Organisation eingegangen werden. Betrachtet man die Forderung der Einbeziehung aller Organisationsmitglieder innerhalb eines TQM-Konzeptes, wird leicht ersichtlich, dass hier ein hoher Wissensanspruch gefordert wird und ein hoher Qualifizierungsbedarf entsteht.

Ein adäquates fachliches, methodisches und auch soziales Wissen kann auch als Grundlage einer qualitätsorientierten und qualitätsbewussten Belegschaft angesehen werden.

5.3.1 Dimensionen des Wissens
Eine Einteilung des Wissens in Dimensionen erscheint sinnvoll, um daraus eine Grundlage für die Vermittlung von Handlungskompetenz zu schaffen. Für qualitätsbewusstes Handeln in Organisationen müssen nach Zink (1997) folgende Dimensionen des Wissens beachtet werden:

Fachliche Kompetenz
Hierunter können anwendungsbereite Kenntnisse, Fähigkeiten und Fertigkeiten für qualitätsgerechtes Arbeitshandeln subsumiert werden.

Methodenkompetenz
Methodenkompetenz kann als die Befähigung zur ziel-, inhalts- und situationsadäquaten Auswahl und Nutzung von Methoden individuellen und kollektiven Lernens sowie zur Erstellung und Verwendung von Medien als Grundlage für qualitätsgerechtes Arbeiten definiert werden.

Sozialkompetenz
Unter Sozialkompetenz werden diejenigen situationsübergreifenden und persönlichkeitsförderlichen Kenntnisse, Fähigkeiten und Fertigkeiten verstanden, die sich auf den zwischenmenschlichen Umgang und auf das Erleben und Verhalten des Einzelnen gegenüber den anderen innerhalb qualitätsgerechten Arbeitens beziehen.

Betrachtet man diese drei Dimensionen des Wissens, sollten diese dem Mitarbeiter integrativ vermittelt werden, da fachliche Kompetenz zwar als eine Grundlage für qualitätsorientiertes Verhalten gegenüber Kunden, Lieferanten und innerhalb des Unternehmens angesehen und gefördert wird, im Rahmen eines Qualitätsmanagement-Systems aber soziale und fachliche Kompetenz nicht vernachlässigt werden dürfen. Sozialkompetenz (Kommunikationsverhalten, Führung, Mitarbeitermotivation, Kenntnis von Gruppenprozessen, Konfliktmanagement) ist gerade unter dem Aspekt der Gruppenarbeit (»Qualitätszirkel«) ein wesentlicher Bestandteil von Handlungskompetenz und stützt sich dabei auf Methodenkompetenz zur zielgerichteten Einbeziehung aller Mitglieder der Organisation in Problemlösungsprozesse.

6. Empirie

6.1 Ziel der Studie

Ziel der Studie war es, einen Fragebogen zu entwickeln, mit dem zuverlässig das Qualitätsbewusstsein von Menschen, die in Dienstleistungsunternehmen arbeiten, gemessen werden kann. Somit sollten wichtige Bedingungsfaktoren für qualitätsbewusstes Handeln empirisch nachgewiesen werden können.

6.2 Vorgehen

Ausgehend von den in Kapitel 5 dargelegten theoretischen Modellen, musste zunächst ein Itempool gebildet werden, der inhaltlich in der Lage sein sollte, die

Sachverhalte der Theorien widerzuspiegeln. Als logischer nächster Schritt sollten Probanden die verschiedenen Items zum Qualitätsbewusstsein vorgegeben werden und anschließend mittels einer explorativen Faktorenanalyse untersucht werden. Als Ergebnis sollten aus den Items des Fragebogens Faktoren extrahiert werden, die als die gesuchten Dimensionen des Qualitätsbewusstseins angesehen werden können. Diese Dimensionen des Instrumentes sollten dann noch auf ihre Reliabilität geprüft werden, um eine Aussage über die Zuverlässigkeit ihrer Messung ableiten zu können.

Anschließend sollten über Mittelwertsvergleiche noch Unterschiede der verschiedenen Teilgruppen der Untersuchungsstichprobe aufgezeigt werden können.

6.3 Gütekriterien eines Fragebogens

Bei der Konstruktion eines Fragebogens steht für den Entwickler und für zukünftige Nutzer die Qualität und die Güte des Instrumentes im Mittelpunkt. »Die Qualität eines Tests bzw. eines Fragebogens läßt sich an drei zentralen *Kriterien der Testgüte* festmachen: Objektivität, Reliabilität und Validität« (Lienert, 1969, S. 12).

Objektivität
Die Objektivität betrifft die Anwenderunabhängigkeit eines Fragebogens, d.h. die Unabhängigkeit der Testergebnisse vom Testanwender. Bei der vorliegenden Studie wurden **Durchführungs- und Auswertungsobjektivität** durch einen Fragebogen in schriftlicher Form mit einer Instruktion zur Bearbeitung und geschlossenem Antwortformat gewährleistet.

Validität
Die Validität stellt die Frage, ob ein Test überhaupt den Gegenstand misst, den er zu messen vorgibt (Rost, 1996). Hierbei muss zwischen Konstrukt- und Inhaltsvalidität differenziert werden.

Die **Konstruktvalidierung** ist im vorliegenden Fall der Versuch, im Datenmaterial gewisse Dimensionen nachzuweisen, die ihrerseits als Merkmale des Qualitätsbewusstseins gelten sollen. Dieser Nachweis sollte statistisch mittels einer explorativen Faktorenanalyse geführt werden.

Kriteriumsvalidität liegt dann vor, wenn die Messung der latenten Variablen oder des Konstrukts (hier Qualitätsbewusstsein) mit der Messung eines korrespondierenden Außenkriteriums übereinstimmt. In dieser Studie ist das Außenkriterium das Vorhandensein eines TQM-Prozesses. Ist bereits ein TQM-Prozess vorhanden, hat dies einen positiven Einfluss auf das Qualitätsbewusstsein der

Mitarbeiter. Da sich das Deutsche Jugendherbergswerk Rheinland-Pfalz/Saarland e.V. in einem solchen Prozess befindet, ist von einem Unterschied im Qualitätsbewusstsein im Vergleich zu Gruppen auszugehen, welche sich nicht in TQM-Prozessen befinden. Wenn die Durchführung von Mittelwertsvergleichen zu signifikanten Unterschieden zwischen den Gruppen führt, kann von einer hinreichenden Validität ausgegangen werden.

Reliabilität
Die Reliabilität bezeichnet den Grad der Genauigkeit, mit der ein Test das zu prüfende Merkmal misst (Rost, 1996). Zur Bestimmung der internen Konsistenz wird hier Cronbachs Alpha-Test herangezogen.

6.4 Das Instrument

6.4.1 Die Dimensionen
Die Dimensionen sollten unter anderem Aspekte der Qualitätsmotivation erfassen können, da die **Qualitätsmotivation** als eine Grundlage von qualitativ hochwertigem Arbeitsverhalten angesehen wird.

Eine weitere Dimension sollte die **Qualitätszielbindung** erfassen können und somit die subjektiv eingeschätzte persönliche Wichtigkeit der fremdgesetzten unternehmerischen Qualitätsziele darstellen können.

Ein dritte Dimension sollte die subjektive Einschätzung der Selbstwirksamkeit innerhalb des qualitätsorientierten Arbeitsverhaltens erfassen können und somit aufzeigen können, inwieweit Personen **Qualitätskontrolle** empfinden.

Die vierte Dimension sollte das **Qualitätswissen** erfassen und somit Aspekte der Handlungskompetenz aufgrund von Wissen abbilden können.

6.4.2 Der Itempool
Aus diesen Überlegungen heraus musste ein Itempool gebildet werden, dessen Items die Einstellungen der Personen auf den unterschiedlichen Dimensionen des Test messen sollten. Bei der Formulierung der Items stand der Anspruch, ein Instrument zu konstruieren, das für verschiedenste Dienstleistungsorganisationen eingesetzt werden kann, im Vordergrund. Dies wurde auch durch eine Befragung von Experten gewährleistet, denen die konstruierten Items vorgelegt wurden, um diese nochmals nach Gesichtspunkten der Verständlichkeit und Angepasstheit zu prüfen. Hierbei wurde auf Qualitätsspezialisten aus der Wissenschaft, aber auch aus der Wirtschaft zurückgegriffen.

Um eine Überforderung der Probanden zu vermeiden, was bei einem zu langen Test auch Probleme in Bezug auf Positionierungseffekte der Items mit sich bringen würde, wurde der Test schließlich auf 48 Items ausgelegt.

Die exakte Zuordnung der Items zu den oben genannten Skalen sollte empirisch erfolgen.

6.5 Die Stichprobe

Die Stichprobe zur Entwicklung des Instrumentes umfasste 116 Personen. Die Zusammensetzung dieser Stichprobe unterteilt sich in folgende Personengruppen: zwei Kreditinstitute (zusammen 54 Personen), Mitarbeiter des Deutschen Jugendherbergswerkes (im Folgenden DJH) (45 Personen), eine Bausparkasse (9 Personen), eine Steuer- und Rechtsberatungsgesellschaft (5 Personen) und ein Internetdienstleister (4 Personen).

Da die Antwortbereitschaft der Personen möglichst hoch gehalten werden sollte, wurden als soziodemographische Daten lediglich noch das Geschlecht und das Alter (in vier Kategorien) erhoben.

52% der Befragten waren männlich (60 Personen), 48% weiblich (56 Personen).

Hinsichtlich der Altersverteilung gaben 36% (42 Personen) an, unter 30 Jahren alt zu sein, 37% (43 Personen) waren zwischen 30 und 39 Jahren, 22% (25 Personen) zwischen 40 und 49 Jahren und 5% (6 Personen) waren 50 Jahre und älter.

6.6 Hypothesen

In einem ersten Schritt sollte durch das statistische Verfahren der Faktorenanalyse die Konstruktvalidität des Instrumentes belegt werden, in einem zweiten Schritt sollte dann die Kriteriumsvalidität nachgewiesen werden. Von Interesse ist in diesem Zusammenhang, ob durch die Gruppierungsvariable Organisation (DJH, Kreditinstitut 1, Kreditinstitut 2) ein Unterschied in der Ausprägung des Qualitätsbewusstseins und seiner Dimensionen nachgewiesen werden kann.

Da der Qualitätsmanagement-Prozess des DJH als Außenkriterium herangezogen wird, wird von signifikanten Unterschieden in den Variablen Qualitätsbewusstsein, Qualitätsmotivation, Qualitätszielbindung, Qualitätskontrolle und Qualitätswissen ausgegangen. Zur weiteren Analyse sollen folgende Definitionen vorgenommen werden:

DJH	= Gruppe 1	= Mittelwert 1 (M_1)
Kreditinstitut 1	= Gruppe 2	= Mittelwert 2 (M_2)
Kreditinstitut 2	= Gruppe 3	= Mittelwert 3 (M_3)

Hieraus leiten sich folgende Hypothesen ab:

Hypothese 1:
In der Variable Qualitätsbewusstsein ist der Mittelwert der Gruppe 1 größer als die Mittelwerte der Gruppen 2 und 3, wobei die Mittelwerte der Gruppen 2 und 3 gleich sind.

Hypothese 2:
In der Variable Qualitätsmotivation ist der Mittelwert der Gruppe 1 größer als die Mittelwerte der Gruppen 2 und 3, wobei die Mittelwerte der Gruppen 2 und 3 gleich sind.

Hypothese 3:
In der Variable Qualitätszielbindung ist der Mittelwert der Gruppe 1 größer als die Mittelwerte der Gruppen 2 und 3, wobei die Mittelwerte der Gruppen 2 und 3 gleich sind.

Hypothese 4:
In der Variable Qualitätskontrolle ist der Mittelwert der Gruppe 1 größer als die Mittelwerte der Gruppen 2 und 3, wobei die Mittelwerte der Gruppen 2 und 3 gleich sind.

Hypothese 5:
In der Variable Qualitätswissen ist der Mittelwert der Gruppe 1 größer als die Mittelwerte der Gruppen 2 und 3, wobei die Mittelwerte der Gruppen 2 und 3 gleich sind.

7. Ergebnisse

7.1 Itemanalyse

Vor der Auswertung mittels Faktorenanalyse wurden negativ formulierte Items recodiert. Anschließend wurde der Datensatz aus Überlegungen zur Itemschwierigkeit auf 27 Items reduziert.

7.2 Faktorenanalyse

Faktorenextraktion
Durch das Verfahren der Hauptkomponentenanalyse wurden innerhalb der Faktorenanalyse nun die Faktoren extrahiert. Durch die Inspektion der Ergebnisse zur erklärten Gesamtvarianz und des Screeplots konnte die theoretisch angenommene Zahl von vier Faktoren bestätigt werden.

So wird im Folgenden von vier Faktoren ausgegangen, die zusammen 42,9% der Gesamtvarianz erklären können. Der erste Faktor band 16,4% der Varianz (Eigenwert = 4,4), der zweite Faktor 11,8 % (Eigenwert = 3,2), der dritte Faktor 7,8% (Eigenwert = 2,1) und der vierte Faktor 6,8% (Eigenwert = 1,8) der Varianz.

Faktorrotation
Da die Faktorladungsmatrix inhaltlich nur schwer zu interpretieren ist, schloss sich nun eine Faktorrotation nach der Varimaxmethode an. Durch die Rotation der Achsen ergab sich ein eindeutigeres Bild, da durch erhöhte Faktorladungen eine bessere Interpretation der Faktoren ermöglicht wird.

Auf den ersten Faktor laden 7 Variablen, 6 davon hoch (> .5). Der zweite Faktor konstituiert sich aus 6 Variablen, 5 davon korrelieren hoch. Der dritte Faktor setzt sich ebenfalls aus 6 Variablen zusammen, hohe Korrelationen auf den Faktor weisen 4 Variablen auf. Der vierte Faktor setzt sich aus 4 Variablen zusammen, die alle hoch auf den Faktor laden. Durch dieses eindeutige Bild konnte nun die Faktorinterpretation vorgenommen werden.

Faktorinterpretation
Faktor 1:
1. Ideen, die ich zur Qualitätssteigerung einbringe, werden auch umgesetzt.
2. Durch die mangelnde Möglichkeit etwas zu bewegen, fühle ich mich frustriert.
3. Da oft das Feedback für meine Arbeit fehlt, fühle ich mich demotiviert.
4. Mir kommt es so vor, als ob meine Qualitätsbemühungen als nicht so wichtig eingeschätzt werden.
5. Oft gibt man uns gar nicht die Gelegenheit zur Qualitätssteigerung.
6. Ich habe die Freiräume, die ich brauche, um die Qualität zu verbessern.

Nach der Betrachtung der Items fiel auf, dass diese eindeutig Aspekte der Motivation betreffen. Während Item 3 direkt das Motivationspotenzial der Arbeit anspricht, sind die restlichen fünf Items in Zusammenhang des »Motivationsmodells der Arbeitscharakteristika« interpretierbar (Hackman & Oldham, 1976). So kann Item 1 als das Wissen über Arbeitsergebnisse durch Feedback gedeutet werden. Item 2, Item 5 und Item 6 betreffen das Vorhandensein von Autonomie und erlebter Verantwortung. Item 4 kann in Verbindung mit der erlebten Bedeutsamkeit gesehen werden.

Dieser Faktor kann als Dimension »**Qualitätsmotivation**« bezeichnet werden.

Faktor 2:
1. Es gibt einige Abläufe, die einfach nicht mehr verbessert werden können.
2. Gewisse Fehler muss man einfach akzeptieren, da sie nicht zu vermeiden sind.
3. Man kann nicht immer nur die Qualitätsaspekte in den Vordergrund rücken.
4. Bestimmte Merkmale sind nicht eindeutig festlegbar und damit auch nicht messbar.
5. Unter Kostenaspekten muss auf höchste Qualität teilweise verzichtet werden.

Dieser Faktor sprach Aspekte zu Grundannahmen des Qualitätsmanagements an. Gemäß Abschnitt 5.3.1, »Dimensionen des Wissens«, können alle Items eindeutig im Gebiet des Fachwissens eingeordnet werden. Diese Grundannahmen sind Teil einer Wissensbasis und somit für ein gemeinsames Verständnis von Qualitätsmanagement wichtig. Die Items betreffen im einzelnen Prozessorientierung (Item 1), Prävention (Item 2 und Item 4), Qualität als Unternehmensziel (Item 3) und Qualitätskosten (Item 5). Dieser Faktor wird im Folgenden als Dimension »**Qualitätswissen**« bezeichnet.

Kritisch ist bei diesem Faktor anzumerken, dass es sich ausschließlich um negativ formulierte Items handelt und somit die Möglichkeit eines methodischen Artefakts nicht auszuschließen ist.

Faktor 3:
1. Bei bestimmten Prozessen in unserer Organisation hätte ich gerne mehr Information, um sie besser zu verstehen.
2. Qualität wird nur durch klare und verbindliche Absprachen erreicht.
3. In Qualitätsfragen möchte ich meine Meinung mehr einbringen können.
4. Die neuen Qualitätsziele bringen für mich interessante Aufgaben mit sich.

Die Analyse der Items 1 bis 4 zeigt, dass Personen, die diesen Items zustimmen, Informationen, verbindliche Absprachen und die Möglichkeit der Mitsprache wünschen. Außerdem schätzen sie die Aufgaben, die durch das Qualitätsmanagement entstehen, als interessant ein. Aufgrund dieser Inhalte sollte für diese Personen das Thema Qualitätsmanagement eine hohe Bedeutsamkeit haben. Dieser Faktor sollte deswegen mit dem Begriff »**Qualitätszielbindung**« umschrieben werden.

Faktor 4:
1. Mir fällt es leicht zu erkennen, wo man Qualität noch verbessern kann.
2. Ich weiß genau, wie ich eine qualitativ hochwertige Dienstleistung anbieten kann.
3. Ich weiß genau, wie eine hochwertige Dienstleistung zu erstellen ist.
4. Qualität ist ein Schlagwort, von dem keiner so genau weiß, wie es umzusetzen ist.

Dieser Faktor gruppierte eindeutig Items, die einen Bezug zu Kontrolle, Selbstwirksamkeit und Kontrollerwartungen herstellten. Eine Zustimmung auf diesen Items ist mit einer hohen Erwartung verbunden, qualitativ hochwertige Dienstleistungen erstellen zu können. Personen erwarten, bei hoher Zustimmung innerhalb ihrer Arbeit Qualitätsverbesserungs-Potenzial zu erkennen (Item 1), gleichzeitig sind sie der Überzeugung zu wissen, welche Merkmale die qualitativ hochwertige Dienstleistung auszeichnet (Items 2 und 3) und wie diese Merkmale schließlich umgesetzt werden (Item 4).

Dieser Faktor sollte im Folgenden als »**Qualitätskontrolle**« bezeichnet werden.

7.3 Reliabilitätsanalyse

Das durch die Faktorenanalyse angestrebte Ziel, eine Struktur im Datenmaterial aufzuzeigen, war vorerst erreicht. Die 4 Faktoren stützen die Gültigkeit der im Theorieteil angenommenen Dimensionen, die zur Erklärung des Qualitätsbewusstseins zugrunde gelegt wurden. Die Dimensionen wurden jetzt als Skalen des Instruments betrachtet und weitere Analysen bezüglich der Reliabilität ihrer Messung durchgeführt. Die 4 Subskalen Qualitätsmotivation, Qualitätswissen, Qualitätszielbindung und Qualitätskontrolle wurden mit Cronbachs Alpha-Test auf ihre instrumentelle Reliabilität hin geschätzt. Die Werte sollen in Tabelle 7.1 aufgeführt werden:

Skala	M	α	N
Motivation	3.35	.78	6
Wissen	3.22	.66	5
Zielbindung	3.85	.65	4
Kontrolle	3.56	.76	3

M = Mittelwert; N = Anzahl der Items

Tabelle 7.1, Alpha-Koeffizienten

Entwicklung eines Fragebogens zur Messung des Qualitätsbewusstseins 61

Die Alphawerte liegen bei .78 für die Skala Qualitätsmotivation, bei .66 für die Skala Qualitätswissen, bei .65 für die Skala Qualitätszielbindung und bei .76 für die Skala Qualitätskontrolle. Bei der Skala Qualitätskontrolle wurde Item 4 aus der Skala entfernt, da dadurch die Reliabilität der Skala gesteigert werden konnte. Laut Kähler (1993) sollten Skalen einen Alpha-Wert von mindestens 0.7 aufweisen. Dabei ist aber zu beachten, dass Cronbachs Alpha die untere Grenze der Reliabilität angibt. Die beiden Skalen Qualitätsmotivation(.78) und Qualitätskontrolle (.76) liegen hier auf einem zufrieden stellenden Niveau. Die beiden Skalen Qualitätswissen (.66) und Qualitätszielbindung (.65) liegen knapp unterhalb dieser Grenze.

7.4 Mittelwertsvergleiche

Da die Reliabilitätswerte ausreichend hoch für die weiteren Analysen waren, wurden aus den zu einer Skala gehörenden Items neue Variablen kreiert, um Mittelwertsvergleiche mit diesen Skalenvariablen durchzuführen.

Zur Übersicht die Tabelle 7.2 Mittelwerte der Skalen:

Organisation	Stichproben-größe	Qualitäts-bewusstsein	Qualitäts-motivation	Qualitäts-kontrolle	Qualitäts-wichtigkeit	Qualitäts-wissen
DJH	45	3,65	3,66	3,80	4,09	3,19
Kreditinstitut 1	36	3,21	2,82	3,45	3,80	3,13
Kreditinstitut 2	17	3,37	3,17	3,44	3,64	3,30

Tabelle 7.2, Mittelwerte der Skalen

Die Mittelwertsvergleiche wurden gemäß den Hypothesen durchgeführt. Als Signifikanzniveau wird $\alpha = 5\%$ verwendet.

Vergleich		Qualitäts-bewusstsein	Qualitäts-motivation	Qualitäts-kontrolle	Qualitäts-wichtigkeit	Qualitäts-wissen
		p	p	p	p	p
DJH	Kreditinstitut 1	<.001	<.001	.019	.054	.380
DJH	Kreditinstitut 2	.023	.029	.001	.029	.338
Kreditinstitut 1	Kreditinstitut 2	.185	.172	.933	.420	.482

Tabelle 7.3, p-Werte: Ergebnisse im Sinne der Hypothesen grau hervorgehoben.

Die Hypothesentestung ergab ein eindeutiges Bild. So fielen alle Ergebnisse zu den Dimensionen Qualitätsbewusstsein, Qualitätsmotivation, Qualitätskontrolle und Qualitätszielbindung im Sinne der Hypothesen aus. Dies bedeutet, dass das DJH, im direkten Vergleich mit den Kreditinstituten, auf allen vier Dimensionen signifikant höhere Werte aufweist. Die Kreditinstitute, die sich beide nicht in Qualitätsmanagement-Prozessen befinden, unterscheiden sich auf diesen vier Dimensionen untereinander nicht.

Auf die Dimension Qualitätswissen sind diese Aussagen nicht übertragbar. Hier können keine signifikanten Unterschiede zwischen DJH und den Kreditinstituten nachgewiesen werden. Somit mussten die Hypothesen verworfen werden. Diese Skala umfasste im Sinne des Kapitels 5.3, »Qualitätswissen«, ausschließlich fachliche Aspekte, die offensichtlich nicht in der Lage sind, die Gruppen zu trennen.

Hierauf sollte bei einer Überarbeitung des Fragebogens geachtet werden.

Durch das statistische Verfahren der Mittelwertsvergleiche und der dadurch erhaltenen Ergebnisse der Dimensionen Qualitätsbewusstsein, Qualitätsmotivation, Qualitätskontrolle und Qualitätszielbindung kann die Prüfung der Kriteriumsvalidität als erfolgreich betrachtet werden.

8. Diskussion

Das Ziel dieser Arbeit war die Konstruktion eines Fragebogens, welcher in der Lage ist, das Qualitätsbewusstsein von Menschen, die in Dienstleistungsorganisationen tätig sind, zu erfassen.

Abschließend soll in dieser Diskussion betrachtet werden, ob dieses Ziel unter **methodischen Gesichtspunkten** erreicht wurde.

Weiter ist die Frage zu stellen, welchen Nutzen oder welches Potenzial dieses Instrument hat, wobei **inhaltliche Aspekte** im Vordergrund stehen.

Unter **methodischen Gesichtspunkten** ist das Ziel erreicht. Es ist gelungen, einen Fragebogen zu entwickeln, der die vier Skalen Qualitätsmotivation, Qualitätszielbindung, Qualitätskontrolle und Qualitätswissen enthält und über diese Skalen das Qualitätsbewusstsein bestimmen kann.

Die Kriterien Objektivität und Konstruktvalidität, die für die Qualitätseinschätzung des Instrumentes heranzuziehen sind, können als erfüllt betrachtet werden.

Bei der Überprüfung der Kriteriumsvalidität ergibt sich ein ähnliches Bild. Gemessen am Außenkriterium »Qualitätsmanagement-Prozess«, weisen die Gruppen in den Dimensionen Qualitätsbewusstsein, Qualitätszielbindung und Qualitätsmotivation signifikante Unterschiede gemäß den Hypothesen auf. Die Hypothesen zur Dimension Qualitätswissen konnten nicht bestätigt werden.

Bei Betrachtung der Reliabilität (wobei die Reliabilität als Voraussetzung der Validität angesehen werden muss), die in diesem Fall auf die Prüfung der internen Konsistenz beschränkt war, ergaben sich Werte auf akzeptablem (Qualitätsmotivation, Qualitätskontrolle) bzw. mäßigem (Qualitätszielbindung, Qualitätswichtigkeit) Niveau, wodurch Schlüsse auf ungeeignete Items bezüglich Inhalt und Formulierung nahe liegen. Bei diesen Dimensionen besteht noch Verbesserungspotenzial.

Unter **inhaltlichem Aspekt** soll der Fragebogen nun aus der Nutzerperspektive betrachtet werden. Betrachtet man die zugrunde liegenden Theorien des Fragebogens, stellt er ein sinnvolles Instrument dar, welches in der Lage ist, Dimensionen zu erfassen, die als Grundvoraussetzungen für qualitätsbewusstes Verhalten angesehen werden können.

Somit ist der Fragebogen ein geeignetes diagnostisches Instrument für den Einsatz innerhalb von Organisationen.

Der Fragebogen ermittelt einen Gesamtscore »Qualitätsbewusstsein«, die Subskalen erfassen im Einzelnen »Qualitätsmotivation«, »Qualitätszielbindung«, »Qualitätskontrolle« und »Qualitätswissen«.

Die Skalen »Qualitätsmotivation«, »Qualitätszielbindung« und »Qualitätskontrolle« erfassen subjektive Einschätzungen der Personen, die aufgrund ihrer Attributionen zustande kommen. Weisen Personen niedrige Werte auf diesen

Dimensionen auf, ist dies ein Anzeichen für die Dringlichkeit von Organisationsentwicklung und Veränderung. Gerade im Qualitätsmanagement-Prozess, der von der Teilnahme aller Mitarbeiter lebt, ist dies zu beachten. Durch weitere diagnostische Methoden kann im organisatorischen Kontext nun nach Ursachen für das negative subjektive Erleben geforscht werden und somit Veränderungspotenzial auf organisatorischer oder individueller Ebene entdeckt werden.

Die Skala »Qualitätswissen« erfasst in ihrer vorliegenden Form Aspekte des Fachwissens. Wird das Instrument um Aspekte des Methodenwissens und der sozialen Kompetenz erweitert, könnte der Fragebogen ein geeignetes Evaluationsinstrument für Trainingsmaßnahmen darstellen. Hierbei muss von den Inhalten einer solchen Skala jedoch eine hohe Angepasstheit an die jeweilige Situation gefordert werden.

Das Instrument eignet sich unter dieser Perspektive zur Zeit als Diagnoseinstrument zur einmaligen Situationserfassung, aber auch für Mehrfacherhebungen (beispielsweise vor, während und nach einer Qualitätsmanagement-Systemimplementierung). Zudem könnte der Fragebogen unter Adaption an Trainingsinnhalte auch als Evaluationsinstrument für Trainingsmaßnahmen zu mehreren Messzeitpunkten eingesetzt werden.

Unter dieser Perspektive kann der entwickelte Fragebogen als sinnvolle Erweiterung innerhalb der organisatorischen Diagnoseinstrumente angesehen werden.

9. Literatur

Bandura, A. (1986). *Social Foundations of Thought and Action. A Social Cognitive Theory.* Engelwood Cliffs, N.Y.: Prentice-Hall.

Bandura, A. (1991). *Social Cognitive Theory of Self-Regulation.* Organizational Behaviour and Human Decision Processes, 50, S. 248-287.

Bovermann, A. (1997). *Dienstleistungsqualität durch Total Quality Management.* Wiesbaden: Gabler.

Bruhn, M. (1997). *Qualitätsmanagement für Dienstleistungen: Grundlagen, Konzepte, Methoden* (2. Aufl.). Heidelberg: Springer.

Bruhn, M. & Hennig, K. (1993). *Selektion und Strukturierung von Qualitätsmerkmalen. Auf dem Weg zu einem umfassenden Qualitätsmanagement für Kreditinstitute,* Teil 1 und 2. In Jahrbuch der Absatz- und Verbraucherforschung, 39. Jhg., Nr. 3 und 4, S. 214-238; S. 334-337.

Corsten, H. (1985). *Die Produktion von Dienstleistungen. Grundzüge einer Produktionswirtschaftslehre des tertiären Sektors.* Berlin: Springer.

Donabedian, A. (1980). *The Definition of Quality and Approaches to it's Assessment and Monitoring,* Vol. 1, Ann Arbor.

Döttinger, K. & Klaiber, E. (1994). *Realisierung eines wirksamen Qualitätsmanagementsystems im Sinne des TQM.* In B. Stauss (Hrsg.), Qualitätsmanagement und Zertifizierung (S. 255–273). Wiesbaden: Gabler.

Eversheim, W. (1997). *Qualitätsmanagement für Dienstleister: Grundlagen, Selbstanaslyse, Umsetzungshilfen.* Berlin: Springer.

Garvin, D. A. (1984). *What does Product Quality really mean.* Sloan Management Review, Vol. 25, Fall, S. 25–43.

Hackman, J. R. & Oldham, G. R. (1976). *Motivation through the Design of Work.* Organizational Behaviour and Human Performance, 16, S. 250–279.

Hoeth, U. (1997). *Qualitätstechniken für die Dienstleistung.* München, Wien: Hanser.

Kamiske, G. & Malorny, C. (1994). *Total Quality Management.* In G. Kamiske (Hrsg.), *Die hohe Schule des Total Quality Managements.* Berlin: Springer.

Latham, G. P. & Locke, E. A. (1991). *Self-Regulation through Goal Setting.* Organizational Behaviour and Human Decision Processes, 50, S. 212–247.

Lienert, G. A. (1969). *Testaufbau und Testanalyse.* Weinheim: Beltz.

Locke, E. A. & Latham, G. P. (1990). *A Theory of Goal Setting and Task Performance.* Engelwood Cliffs, N. Y.: Prentice-Hall.

Nerdinger, F. W. (1995). *Motivation und Handeln in Organisationen: Eine Einführung.* Stuttgart: Kohlhammer.

Oess, A. (1993). *Total Quality Management. Die ganzheitliche Qualitätsstrategie* (3. Auflage). Wiesbaden: Gabler.

Parasuraman, A., Zeithaml, V. A. & Berry, L. L. (1985). *A conceptual model of Service Quality and its implication for future research.* Journal of Marketing, Vol. 49, No. 1, S. 41–50.

Parasuraman, A., Zeithaml, V. A. & Berry, L. L. (1986). *SERVQUAL. A multiple-Item Scale for Measuring Consumer Perceptions of Service Quality.* Marketing Science Institute, Report 86–108. Cambridge.

Rosenstiel, L. v. (1988). *Motivationsmanagement.* In M. Hoffmann & L. v. Rosenstiel (Hrsg.), *Funktionale Managementlehre* (S. 214–264). Berlin: Springer.

Rost, J. (1996). *Lehrbuch Testtheorie, Testkonstruktion.* Bern: Huber.

Zeithaml, V. A., Berry, L. L. & Parasuraman, A. (1992). *Qualitätsservice. Was ihre Kunden erwarten – was sie leisten müssen.* Frankfurt/Main.

Zink, K. J. (1997). *Qualitätswissen: Lernkonzepte für moderne Unternehmen.* Berlin: Springer.

Das Integrative Lückenmodell der Finanzdienstleistungsqualität (INFIDIQUAL) im Kontext traditioneller Qualitätsdimensionen und -modelle

Jürgen Abendschein, Institut für Wirtschaftswissenschaft und Wirtschaftspädagogik

In der Literatur zur kundenorientierten Dienstleistungsqualität wird vielfach der Begriff der Qualitätsdimension synonym zu dem Begriff des Qualitätsmodells verwendet, woraus eine Verwischung der Grenzen beider Begrifflichkeiten resultiert. Mit dem vorliegenden Aufsatz versucht der Verfasser, einem Ansatz von Hüttinger (1995, S. 68) folgend, ein Systematisierungsangebot in die wissenschaftliche Diskussion einzubringen und damit einer einheitlichen Verwendung der Begriffe den Weg zu bereiten. Bei diesen Bemühungen wird jedoch deutlich, dass sich einige der in der Dienstleistungstheorie am stärksten diskutierten Qualitätsdimensionen zu den zentralen Qualitätsmodellen sinnvoll in Beziehung setzen lassen, woraus sich der Wissenschaft weiter gehende Interpretationsmöglichkeiten eröffnen. Dieser Schritt kann durch die Einführung des INtegrativen Lückenmodells der FInanzDIenstleistungsQUALität, im Folgenden kurz INFIDIQUAL genannt, in die Dienstleistungstheorie vollzogen werden (vgl. hierzu Abbildung 1).

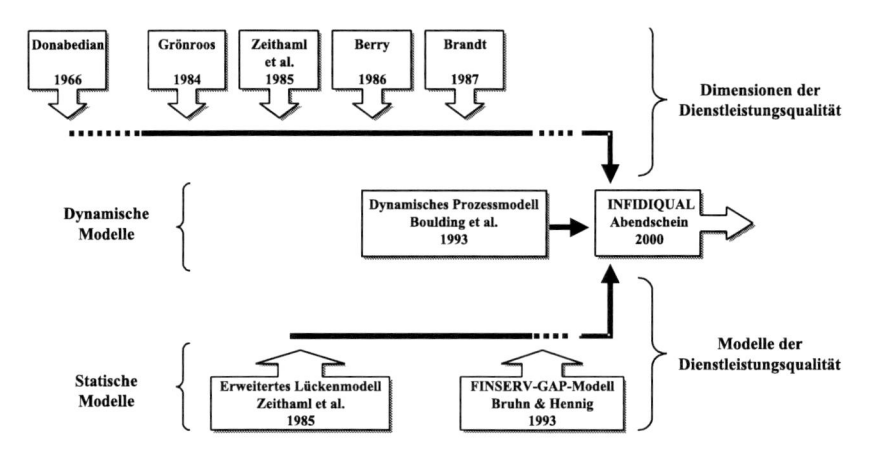

Abb. 1. INFIDIQUAL im Kontext traditioneller Qualitätsdimensionen und -modelle (Quelle: Eigene Darstellung)

1. Qualitätsdimensionen und -modelle
Versuch einer Systematisierung

Eine Qualitätsdimension kann als spezifischer Oberbegriff mit umfassendem Gültigkeitsanspruch gesehen werden, zu dem sich einzelne Qualitätsmerkmale verdichten lassen (vgl. ähnlich Hentschel, 1992, S. 88; Bergmann, 1997, S. 25). Diese Klassifizierung kann sowohl branchenübergreifend als auch branchenspezifisch vorgenommen werden (Bruhn, 1995, S. 25). Unter dem Begriff Qualitätsmodell soll der Versuch verstanden werden, die Kundenerwartungen einerseits und die durch das Unternehmen angebotene Dienstleistung andererseits in Zusammenhang zu bringen, wobei aus diesem Versuch »erste Implikationen beziehungsweise Ansatzpunkte für Maßnahmen des Qualitätsmanagements einer Dienstleistungsunternehmen abgeleitet werden [können]« (Meffert & Bruhn, 1997, S. 236).

2. Dimensionen der Dienstleistungsqualität

Bedingt durch die Heterogenität des Dienstleistungssektors, ist die Zahl wissenschaftlicher Publikationen zu groß, als dass eine umfassende Analyse aller Ansätze möglich wäre. Die Ausführungen hinsichtlich der branchenübergreifenden Dimensionen der Dienstleistungsqualität sollen daher auf eine Kurzdarstellung der in der Wissenschaft am stärksten diskutierten Dimensionen sowie auf eine Isolation der relevanten Erkenntnisse dieser Ansätze für INFIDIQUAL reduziert werden. Hentschel (1992, S. 89 ff.) analysiert diese Ansätze umfassend, sodass auf eine weitere Diskussion mit Verweis darauf verzichtet werden kann. Einer ähnlichen Einschränkung ist die Darstellung der branchenspezifischen Dimensionen der Finanzdienstleistungsqualität unterworfen.

2.1 Branchenübergreifende Dimensionen der Dienstleistungsqualität

Die wissenschaftliche Diskussion branchenübergreifender Dimensionen der Dienstleistungsqualität wird insbesondere von fünf Ansätzen dominiert. Von zentraler Bedeutung in der Literatur zur Dienstleistungsqualität ist zunächst die Trichotomie der Dienstleistungserstellung, welche eine Unterscheidung in Potenzial-, Prozess- und Ergebnisdimension vornimmt. Diese Trichotomie geht auf Donabedian (1966) zurück und wurde in mehr oder weniger modifizierter Form von einer Reihe weiterer Autoren aufgegriffen. Von Bedeutung auch der Ansatz von Grönroos (1984), der die Zerlegung der Dienstleistungsqualität in eine technische und eine funktionale Dimension in die wissenschaftliche Diskussion einbringt. Viel beachtet sind auch die Bemühungen von Zeithaml, Parasuraman & Berry aus dem Jahre 1985, welche die wesentlichen Bewertungsdimensionen der Dienstleistungsqualität aus Sicht des Kunden zu ermitteln suchen. Bedeutungsvoll insofern auch der Ansatz von Berry (1986), der eine Differenzierung der Dienstleistungsqualität in eine Routine- und eine Ausnahmekomponente vorschlägt. Die von Brandt (1987) vorgenommene Unterscheidung der Dienstleistung in Minimumdimension und Werterhöhungsdimension weist zwar eine hohe Übereinstimmung mit dem Konzept von Berry auf, ist mit diesem aber nicht identisch.

Kriterien \ Autor(en)	Donabedian (1966)	Grönroos (1984)	Zeithaml et al. (1985)	Berry (1986)	Brandt (1987)
Einfachheit	+	+	+	+	+
Eindeutigkeit	ø	ø	ø	ø	ø
Theoretische Begründung	+	ø	+	ø	+
Empirische Fundierung	–	–	+	–	ø
Aussagegehalt	+	+	++	+	+

Legende: » – « = gering/schlecht
» ø « = mittel
» + « = hoch/gut

Tabelle 1. Stärken und Schwächen der fünf wichtigsten Dimensionenkataloge im Überblick (Quelle: Eigene Darstellung in Anlehnung an Hentschel, 1992, S. 102)

Wenngleich, wie Tabelle 1 zu entnehmen ist, keine der vorgestellten Dimensionen der Dienstleistungsqualität frei von Nachteilen ist, finden sich in allen Katalogen positive Erklärungsansätze. So erscheint die Trichotomie der Dienstleistungserstellung nach Donabedian geeignet für die grundlegende Strukturierung eines Qualitätsmanagements. In diesem Zusammenhang konstatiert auch Schmitz (1995, S. 36), dass sich

> »gerade auch für die Gegebenheiten in Kreditinstituten eine Differenzierung der Gesamtleistung einer Bank in die drei Teildimensionen der Potential-, Prozeß- und Ergebnisdimension« anbietet.

Die von Grönroos in die wissenschaftliche Diskussion eingebrachte Zerlegung der Dienstleistungsqualität in eine technische und eine funktionale Dimension eignet sich für die grundlegende Kategorisierung von Qualitätsmerkmalen. Die fünf »Basisdimensionen« (Tangibles Umfeld, Verlässlichkeit, Reagibilität, Leistungskompetenz und Einfühlungsvermögen) nach Zeithaml, Parasuraman & Berry sind für die folgenden Überlegungen insofern von zentraler Bedeutung, als sie auf den Bereich der Finanzdienstleistungen zugeschnitten sind (Meffert & Bruhn, 1997, S. 240). Obgleich die Ansätze von Berry und Brandt jeweils den Anspruch auf Unabhängigkeit und Eigenständigkeit erheben, sind eine Reihe von Parallelen nicht zu übersehen, sodass sie im Folgenden gemeinsam betrachtet werden sollen. Bevor jedoch diese positiven Erklärungsansätze der vorgestellten Dimensionen der Dienstleistungsqualität Eingang in die weiteren Überlegungen finden können, gilt es zunächst, kurz die branchenspezifischen Dimensionen der Finanzdienstleistungsqualität zu beleuchten.

2.2 Branchenspezifische Dimensionen der Finanzdienstleistungsqualität

Auf die Frage, von welchen Erwartungen der Kunden an Finanzdienstleistungsunternehmen auszugehen ist, können zum einen allgemein angelegte Marktforschungsuntersuchungen Auskunft geben. Zum anderen haben sich in der Literatur einige zentrale Anforderungen herauskristallisiert, von denen angenommen werden kann, dass sie typischerweise von Privatkunden an Finanzdienstleistungsunternehmen gestellt werden (vgl. Becker, Herges & Steitz, 1991, S. 24; Brunner, 1993, S. 449; Meyer & Dornach, 1996, S. 28). Von zentraler Bedeutung ist der Ansatz von Bergmann (1997, S. 37), der auf Grundlage einer »Zusammenstellung aller bislang in der Literatur festgehaltenen Ansätze zur Ermittlung kredit-wirtschaftlicher Qualitätsmerkmale« einen umfassenden Katalog solcher Merkmale vorlegt. Mit Schmitz lassen sich die in der Literatur genannten Kundenerwartungen wie folgt zusammenstellen: »Qualifizierte und verständliche Beratung, Schnelligkeit der Geschäftsabwicklung, höfliche und freundliche Bedienung, Flexibilität, hilfsbereites und verständnisvolles Personal, Bequemlichkeit bei der Leistungsabnahme – und vor allem Verläßlichkeit, Vertrauenswürdigkeit und Sicherheit« (1995, S. 76).

3. Modelle der Dienstleistungsqualität

Unter einem Modell kann eine vereinfachte Abbildung eines Ausschnitts der Wirklichkeit durch ein abstraktes System verstanden werden, wobei es nur einen auf das Wesentliche reduzierten Teil eines Originalsachverhaltes darstellt, der aus der »Totalinterdependenz der Realität herausgelöst und abgegrenzt ist« (Deppe, 1992, S. 150). Dabei sind Modelle stets zweckorientiert, da die zugrunde liegende spezifische Fragestellung als Selektionsprinzip zur Abgrenzung von der Realität dient und subjektiv durch das Interesse des »Modellbauers« (Deppe, 1992, S. 151) begründet ist. Gegenüber der Vielfalt branchenübergreifender und -spezifischer Qualitätsdimensionen nimmt sich die Zahl der in der Wissenschaft diskutierten Modelle der Dienstleistungsqualität eher bescheiden aus. Insoweit sind insbesondere das branchenübergreifende »Erweiterte Lückenmodell« der Dienstleistungsqualität nach Zeithaml, Parasuraman & Berry (1985) sowie das branchenspezifische »FINSERV-GAP-Modell« nach Bruhn & Hennig (1993) von Interesse. Beide Qualitätsmodelle verfolgen das Ziel, die realen Erscheinungen der Dienstleistungsqualität durch wenige zentrale Aspekte zu erfassen. Neben der Differenzierung in branchenübergreifend und branchenspezifisch lässt sich nach dem Grad der Berücksichtigung dynamischer Aspekte des Prozesses der Dienstleistungserstellung zwischen statischen und dynamischen Modellen der Dienstleistungsqualität unterscheiden (Meffert & Bruhn 1997, S. 236).

3.1 Branchenübergreifende Modelle der Dienstleistungsqualität

3.1.1 Statische Qualitätsmodelle
Statische Modelle der Dienstleistungsqualität setzen sich insbesondere mit der Differenzierung unterschiedlicher Qualitätsdimensionen auseinander. Sie sind statisch, weil sie diese Dimensionen ausschließlich zu einem bestimmten Zeitpunkt betrachten. Als zentrales statisches Qualitätsmodell muss das in den achtziger Jahren entwickelte »Erweiterte Lückenmodell« der Dienstleistungsqualität nach Zeithaml, Parasuraman & Berry gewertet werden, dem »in der Literatur zur Dienstleistungsqualität [...] die derzeit fortgeschrittenste theoretische Fundierung und weiteste Verbreitung [...] attestiert [wird]« (Gierl & Spazal, 1998, S. 507). Die Autoren legen hierbei ihrem Modell eine Qualitätsauffassung zugrunde, die Qualität als ein globales einstellungsähnliches Konstrukt, basierend auf einem Konzept des Vergleichs zwischen erwarteter und wahrgenommener Leistung, versteht (Bruhn & Hennig, 1993a, S. 229). Das Urteil über die Qualität einer Dienstleistung fällt somit nicht das Unternehmen, sondern der Kunde selbst, indem er seine persönlichen Erwartungen im Rahmen der Interaktion mit seinen Wahrnehmungen vergleicht, was die stark kundenorientierte Konzeption dieses

Das Integrative Lückenmodell der Finanzdienstleistungsqualität

Modells unterstreicht. Neben den endogenen Faktoren »Bisherige Erfahrungen« und »Persönliche Bedürfnisse« mit Dienstleistungen« fließen mit den »Mündlichen Empfehlungen« auch die Erfahrungen Dritter als exogener Faktor in die individuelle Erwartungsbildung der Kunden mit ein. Die Dienstleistungsqualität der Vergangenheit wirkt somit in der Zukunft weiter. Zusätzlich hat die »Kundengerichtete Kommunikation«, als weiterer exogener Faktor, Auswirkungen auf die von den Kunden erwartete Leistung. Wird den Kundenerwartungen entsprochen oder gelingt es sogar, sie zu übertreffen, spricht man von einem zufriedenen Kunden (Zeithaml, Parasuraman & Berry, 1992, S. 50 f.). Ist dies nicht der Fall, so liegt eine Diskrepanz oder so genannte »Lücke« vor (Zinnagl, 1995, S. 115 f.). Vor diesem Hintergrund unterscheiden Zeithaml, Parasuraman & Berry fünf potenzielle Lücken, die es zu überwinden gilt, um von den Kunden als qualitativ hochwertig wahrgenommene Dienstleistungen zu erstellen (1995, S. 134):

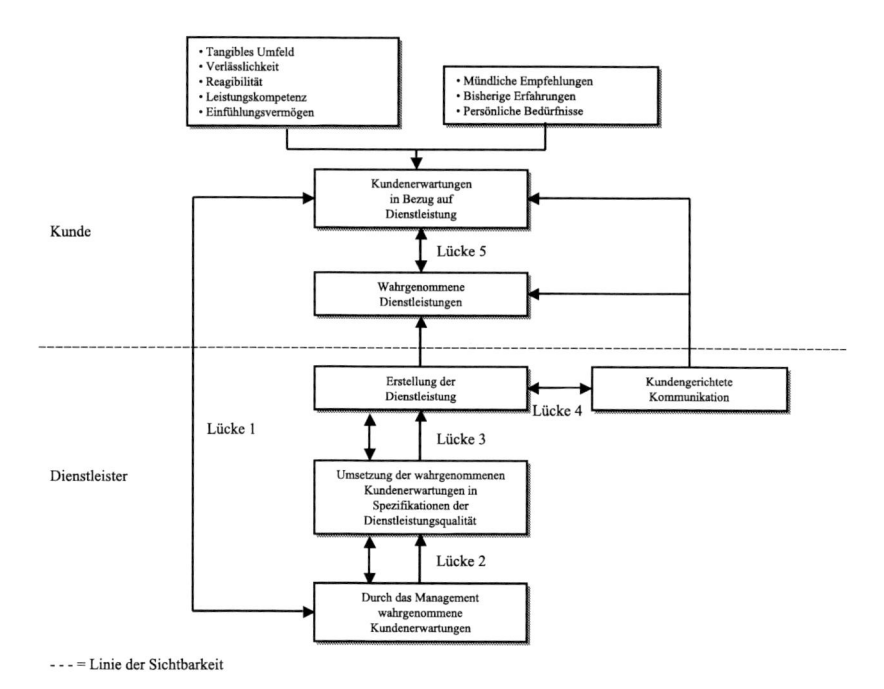

Abb. 2. Das »Erweiterte Lückenmodell« der Dienstleistungsqualität (Quelle: Eigene Darstellung in Anlehnung an Zeithaml, Parasuraman & Berry 1995, S. 62 und S. 155; Meyer, 1998, S. 227)

Die in Abbildung 2 dargestellten fünf Lücken werden von innerbetrieblichen Faktoren determiniert, die somit Wegweiser zu Maßnahmen sind, mit denen die Dienstleistungsqualität verbessert werden kann (Zeithaml, Parasuraman & Berry, 1992, S. 148). Die meisten dieser Faktoren betreffen Kommunikations- und Kontrollverfahren zur Personalführung in Unternehmen. Weitere Faktoren beinhalten die potenziellen Auswirkungen dieser Verfahren auf die Erstellung der Dienstleistungsqualität (Meffert & Bruhn, 1997, S. 238). Mängel bei den insgesamt 16 Bestimmungsfaktoren tragen zu den Lücken 1 bis 4 bei, diese wiederum zur zentralen Lücke 5. Vom Kunden wird die Lücke 5 zwischen erwarteter und wahrgenommener Dienstleistung bei dem Unternehmen in den weiter oben erwähnten fünf Basisdimensionen »Tangibles Umfeld«, »Verlässlichkeit«, »Reagibilität«, »Leistungskompetenz« und »Einfühlungsvermögen« empfunden.

3.1.2 Dynamische Qualitätsmodelle

Im Unterschied zu statischen Qualitätsmodellen berücksichtigen dynamische Qualitätsmodelle den Prozesscharakter der Leistungserstellung. Von der Vielzahl der Modelle, die dynamische Aspekte berücksichtigen, soll vorliegend lediglich das 1993 vorgestellte »Dynamische Prozessmodell« von Boulding, Kalra, Staelin & Zeithaml (vgl. Abbildung 3) berücksichtigt werden, da es unmittelbar Bezug auf das »Erweiterte Lückenmodell« der Dienstleistungsqualität nimmt. Das »Dynamische Prozessmodell« von Boulding et al. basiert auf der Grundüberlegung, dass sich Erwartungen und Wahrnehmungen eines Kunden in Bezug auf die Dienstleistungsqualität im Zeitablauf ändern, womit variierende Verhaltensmuster gegenüber dem Dienstleistungsunternehmen verursacht werden können (vgl. im Folgenden Meffert & Bruhn, 1997, S. 240ff.). Vor diesem Hintergrund wird die vom Kunden wahrgenommene Dienstleistungsqualität von den folgenden Faktoren determiniert:

- den »Wird-Erwartungen« bezüglich der Qualität der Dienstleistung (*was wird passieren?*)
- den »Soll-Erwartungen« in Bezug auf die Dienstleistungsqualität (*was sollte passieren?*)
- der gerade erstellten Dienstleistung während der Interaktion mit dem Unternehmen.

Der Kunde besitzt vor der Interaktion konkrete Vorstellungen über seine Wird- und seine Soll-Erwartungen hinsichtlich einer jeden Dimension der Dienstleistungsqualität. Diese ursprünglichen Erwartungen und die tatsächlich erstellte Leistung führen zu einer kumulierten Wahrnehmung der Qualitätsdimensionen. Die Addition der wahrgenommenen Dimensionen, die sich auf die fünf Basis-

Das Integrative Lückenmodell der Finanzdienstleistungsqualität 75

dimensionen des »Erweiterten Lückenmodells« der Dienstleistungsqualität beziehen, ergibt eine globale Bewertung der Qualität des Dienstleistungsunternehmens. Diese löst bei dem Kunden bestimmte Verhaltensweisen aus, wie beispielsweise Loyalität gegenüber dem Unternehmen. Die Erwartungen des Kunden hinsichtlich der Dienstleistungsqualität sind nach Boulding et al. somit von entscheidender Bedeutung für seine Wahrnehmung. Er kann seine Erwartungen durch Berücksichtigung endogener und exogener Faktoren im Zeitablauf revidieren, neu bilden oder auch bestätigen.

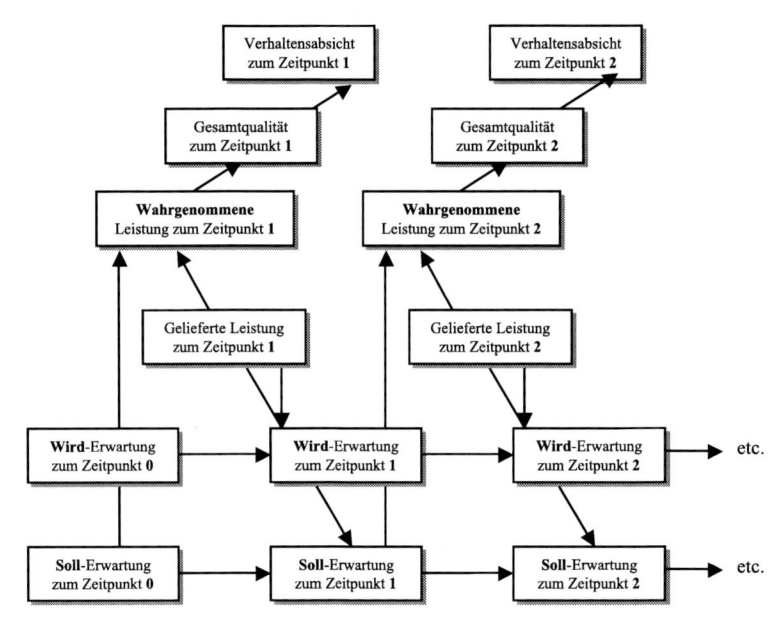

Interpretations- Der Kunde besitzt zum Zeitpunkt 0 vor dem Prozess der Dienst-
beispiel: leistungserstellung konkrete Soll- und Wird-Erwartungen hinsichtlich einer jeden der fünf Basisdimensionen. Die Gegenüberstellung dieser ursprünglichen Erwartungen mit der wahrgenommenen Leistung zum Zeitpunkt 1 führt zu einer Bewertung der Gesamtqualität zum Zeitpunkt 1, die in eine Verhaltensabsicht zu ebendiesem Zeitpunkt mündet. Die wahrgenommene Leistung zum Zeitpunkt 1 determiniert darüber hinaus die Soll- und Wird-Erwartungen zum Zeitpunkt 1, die ihrerseits die Grundlage für die wahrgenommene Leistung zum Zeitpunkt 2 bilden usw.

Abb. 3. Das »Dynamische Prozessmodell« (Quelle: Eigene Darstellung in Anlehnung an Meffert & Bruhn 1997, S. 241)

Durch die Annahme, dass jeder Kunde über unterschiedliche Erwartungen in Bezug auf die Dienstleistungsqualität verfügt, ist das Modell in der Lage, eine Erklärung für die unterschiedlichen Wahrnehmungen ein und derselben Dienstleistungsqualität aus Sicht verschiedener Kunden zu liefern.

3.1.3 Diskussion

Obgleich das »Erweiterte Lückenmodell« der Dienstleistungsqualität die realen Erscheinungen der Dienstleistungsqualität mit wenigen zentralen Aspekten erfasst und damit von elementarer Bedeutung sowohl für wissenschaftliche als auch für praxeologische Fragestellungen ist, bleibt es in der wissenschaftlichen Diskussion nicht unumstritten. Dabei entzündet sich die Kritik an diesem Modell vornehmlich an der Operationalisierung der Lücke 5 durch den SERVQUAL-Ansatz. So wird diese Lücke zwar als einstellungsorientiertes Konstrukt interpretiert, mittels SERVQUAL aber zufriedenheitsorientiert gemessen (Meffert & Bruhn, 1997, S. 240). Darüber hinaus stellt sich die Frage, inwieweit der von Zeithaml, Parasuraman & Berry (1992) erhobene Anspruch auf branchenübergreifende Gültigkeit des Modells tatsächlich gerechtfertigt erscheint. Einer noch weiter gehenden Einschränkung unterliegt das »Dynamische Prozessmodell« nach Boulding et al. Da der Erkenntniswert dieses Modells insbesondere »*in den Aussagen über die Prozesse der Erwartungsbildung und Wahrnehmung von Kunden hinsichtlich der Qualität von Dienstleistungen*« (Meffert & Bruhn, 1997, S. 243) liegt, und es – im Gegensatz zum »Erweiterten Lückenmodell« der Dienstleistungsqualität – keine konkreten Umsetzungsstrategien für das Qualitätsmanagement liefert, soll dieses Modell für die weiteren Überlegungen keine Berücksichtigung finden. Als zentraler Kritikpunkt muss jedoch vorliegend gelten, dass keines der vorgestellten branchenübergreifenden Modelle explizit die positiven Erkenntnisbeiträge branchenübergreifender Dimensionen der Dienstleistungsqualität berücksichtigt.

3.2 Branchenspezifische Modelle der Finanzdienstleistungsqualität

Wenngleich das als branchenübergreifend deklarierte »Erweiterte Lückenmodell« der Dienstleistungsqualität relativ schnell Aufnahme in Wissenschaft und Praxis gefunden hat (Bruhn & Hennig, 1993a, S. 229) und »*die im Modell implizit unterstellten Dienstleistungsprozesse vor allem auf den empirisch erprobten Bereich der Finanz- und Reparaturdienstleistungen ‚zugeschnitten' [sind]*« (Meffert & Bruhn, 1997, S. 240), haben die bisherigen Ausführungen doch gezeigt, dass dieses Qualitätsmodell Einschränkungen aufweist, welche die Untersuchung eines weiteren, branchenspezifischen Modells erforderlich erscheinen lassen. Dabei soll die bereits vorgenommene Differenzierung in »Statische Qualitätsmodelle« und »Dynamische Qualitätsmodelle« sowie die festgelegte Begriffsbestimmung aus systematischen Überlegungen beibehalten werden.

3.2.1 Statische Qualitätsmodelle
Vor dem Hintergrund der Überlegungen und feststehenden Diskrepanzen des Lückenmodells der Dienstleistungsqualität nach Zeithaml, Parasuraman & Berry (1992) nahmen Bruhn & Hennig (1993b, S.317) Spezifikationen dieses Modells für Finanzdienstleistungsunternehmen vor. Als Grundlage für die Identifikation der Lücken sowie der diese determinierenden Einflussfaktoren dienten Experten- und Gruppeninterviews mit Vertretern von Finanzdienstleistungsunternehmen unterschiedlicher hierarchischer Ebenen. Das »FINSERV-GAP-Modell« (vgl. Abbildung 4) unterscheidet zwischen den vier Ebenen der Beziehungsstruktur, »Zentrale«, »Geschäftsstelle«, »Kundenkontaktpersonal« und »Kunde«, die voneinander durch »Linien der Sichtbarkeit« (Zeithaml, Parasuraman & Berry, 1992, S.181) getrennt sind. Vergleichbar dem »Erweiterten Lückenmodell« sind für die Ebene des »Kunden« sowohl die kundengerichtete Kommunikation als auch die tatsächlich erbrachte Finanzdienstleistung erkennbar. Weitere endogene oder exogene Faktoren finden im Modell keine explizite Berücksichtigung. Für die beiden Beziehungsstrukturebenen »Geschäftsstelle« und »Kundenkontaktpersonal« sind lediglich die Kundenerwartungen sowie die Spezifikation der Finanzdienstleistung durch die »Zentrale« unmittelbar wahrnehmbar. Die vierte Ebene, die »Zentrale«, verfügt demgegenüber ausschließlich über weitgehend mittelbare Informationen bezüglich der Kundenerwartungen, die sie von den vorgelagerten Ebenen des Modells bezieht. Innerhalb der geschilderten vier Ebenen der Beziehungsstruktur im »FINSERV-GAP-Modell« ergeben sich somit sechs Lücken, welche die Erstellung einer kundenseitig als hochwertig wahrgenommenen Finanzdienstleistung erschweren (Bruhn & Hennig, 1993b, S.320 ff.). Insgesamt 13 innerbetriebliche Faktoren verdeutlichen, wie unzureichende Dienstleistungsqualität in Form der Lücken 1 bis 6 entsteht, und betreffen, wie das zugrunde liegende »Erweiterte Lückenmodell«, insbesondere Kommunikations- und Kontrollverfahren zur Personalführung sowie die potenziellen Auswirkungen dieser Verfahren auf das Erstellen der Dienstleistungsqualität.

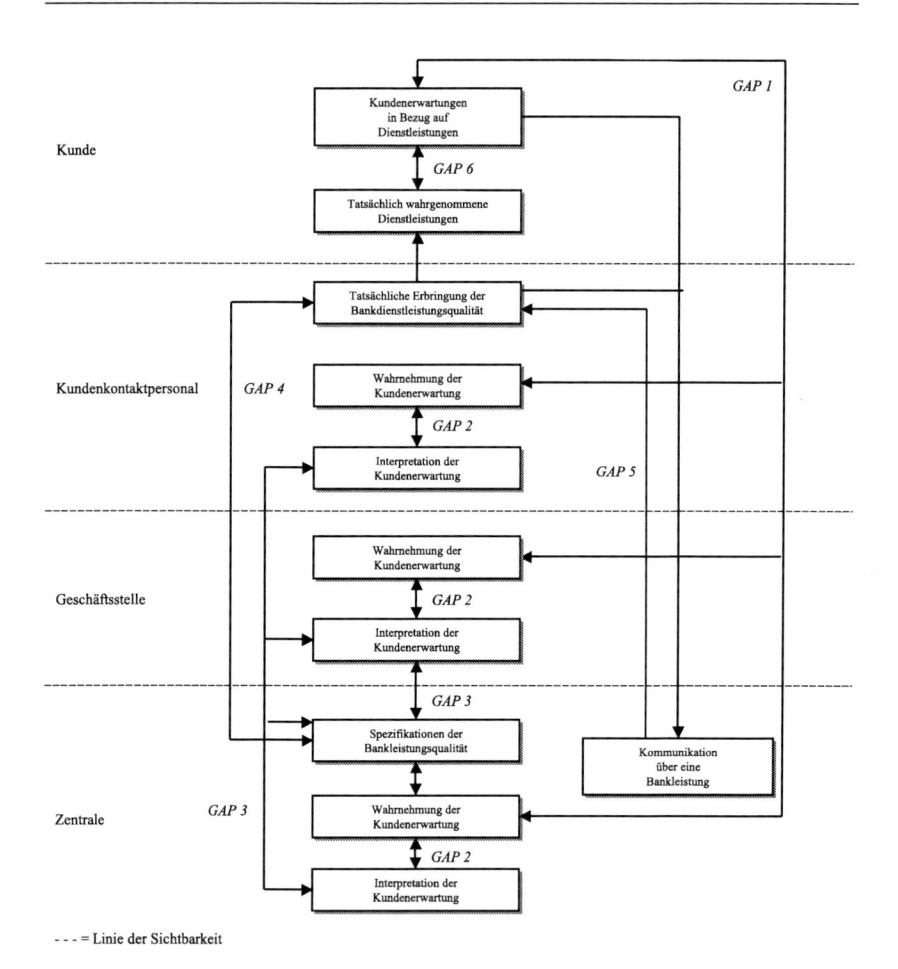

Abb. 4. Das »FINSERV-GAP-Modell« (Quelle: Bruhn & Hennig 1993b, S. 318)

3.2.2 Diskussion

Da das »FINSERV-GAP-Modell« auf dem Fundament der Überlegungen und feststehenden Diskrepanzen des »Erweiterten Lückenmodells« der Dienstleistungsqualität aufbaut, unterliegt es insoweit den dort getroffenen Vorbehalten, als dass es ebenso wie das Ursprungsmodell von Zeithaml, Parasuraman & Berry keinen der dargelegten positiven Erkenntnisbeiträge branchenübergreifender Dimensionen der Dienstleistungsqualität berücksichtigt. Diese Einschränkung mutet umso erstaunlicher an, als Hentschel bereits 1992 konstatierte, dass nahezu alle branchenübergreifenden Qualitätsdimensionen zu dem zentralen Modell von Zeithaml, Parasuraman & Berry »*sinnvoll in Beziehung gesetzt werden können und sich hierdurch weitergehende Interpretationsmöglichkeiten eröffnen*« (Hentschel, 1992, S. 107), womit er auf ein »*Anregungspotential für zukünftige Forschungsarbeiten*« (ebd.) verwies. Trotz dieses offensichtlichen Forschungsbedarfs fand die Forderung bislang nur geringen Niederschlag in der wissenschaftlichen Diskussion, sodass es darum gehen muss, die gesammelten positiven Erkenntnisbeiträge der bislang diskutierten Qualitätsdimensionen mit den erklärenden Elementen des »Erweiterten Lückenmodells« der Dienstleistungsqualität in der Grundstruktur des »FINSERV-GAP-Modells« im Rahmen eines zu entwickelnden Integrationsmodells zusammenzufassen. Da mit dem originären »FINSERV-GAP-Modell« bereits ein statisches branchenspezifisches Modell existiert, werden bei der Gestaltung von INFIDIQUAL die Überlegungen von Boulding et al. bezüglich eines dynamischen Moments berücksichtigt, auf die jedoch vorliegend nicht eingegangen werden soll.

3.2.3 Entwicklung eines Integrativen Lückenmodells (INFIDIQUAL) als branchenspezifisches dynamisches Modell der Finanzdienstleistungsqualität

Für die folgende Integration von Qualitätsdimensionen und Qualitätsmodellen soll ein neues branchenspezifisches Lückenmodell der Finanzdienstleistungsqualität (INFIDIQUAL) generiert werden (vgl. Abbildung 5), das aus der Verschmelzung und partiellen Weiterentwicklung der Erkenntnisse der bisher diskutierten und dargestellten Konzepte gewonnen wird. Zentraler Ansatzpunkt des Modells ist dabei das »FINSERV-GAP-Modell«. Mit den Modellen von Zeithaml, Parasuraman & Berry sowie Bruhn & Hennig liegen vom Zweck her Erfassungsmodelle in Form von Idealmodellen vor, die aus der Notwendigkeit einer allgemeingültigen, abstrahierenden Darstellung heraus geboren wurden. Bei INFIDIQUAL geht es allerdings nicht mehr ausschließlich um die Erfassung eines realexistierenden Zustandes; vielmehr soll ein Analysemodell entstehen, das mit der Integration der vorangegangenen Modelle der Dienstleistungsqualität einerseits und den Erklärungsansätzen relevanter Dimensionen der Dienstleistungsqualität andererseits ein »*holistisches Qualitätsbild*« (Meyer & Hüttinger, 1996, S. 227) liefert, welches die Ableitung konkreter Ansatzpunkte zur Qualitätsverbesserung für die unternehmerische Praxis dezentral strukturierter Finanzdienstleistungsunternehmen erlaubt, indem es die Vielzahl von Einzelmaßnahmen der Messung und Sicherstellung der Finanzdienstleistungsqualität zusammenführt, bündelt und koordiniert (Bruhn, 1994, S. 14 f.).

Der Zweck eines Integrationsmodells lässt sich in der Erarbeitung eines Soll-Konzepts in Gestalt eines konditionalen normativen Denkmodells charakterisieren (Deppe, 1992, S. 151). Bei INFIDIQUAL handelt es sich zwar um ein realisierbares Konstrukt, das sich insbesondere für die Analyse der Qualität dezentral strukturierter Sparkassen eignet. Aufgrund seines Abstraktionsgrades weist es jedoch auch in hohem Maße idealtypischen Charakter auf, womit seine Übertragbarkeit auf andere dezentral geprägte Finanzdienstleistungsunternehmen grundsätzlich denkbar und seine Generalisierbarkeit damit sichergestellt ist. INFIDIQUAL muss als Partialmodell gesehen werden, da nur bestimmte Aspekte betrachtet und mit der Ceteris-paribus-Klausel andere Einflussfaktoren generell ausgeschlossen werden.

Die einzelnen Elemente von INFIDIQUAL lassen sich wie folgt beschreiben: Den Kern des Integrationsmodells bildet unter Punkt ❶ das »FINSERV-GAP-Modell«, da es, ebenso wie das Modell von Zeithaml, Parasuraman & Berry, auf dessen Grundüberlegungen und feststehenden Diskrepanzen es basiert, aufgrund *seiner inhaltlichen Bestimmtheit [...] als grundlegendes Strukturierungskonzept besonders gut geeignet [erscheint]*« (Hentschel, 1992, S. 101). Als erste wesentliche Veränderung des Ursprungsmodells erfolgt eine Zusammenlegung der zwei Ebenen »Geschäftsstelle« und »Kundenkontaktpersonal« zu einer gemeinsamen Ebene und damit eine Verkürzung der von Bruhn & Hennig vorgeschlagenen vier Ebenen der Beziehungsstruktur auf drei. Diese Entscheidung trägt dabei der Geschäftsstellenstruktur dezentral strukturierter Finanzdienstleistungsunternehmen Rechnung, welche die von Bruhn & Hennig vorgenommene Differenzierung in zwei Ebenen nicht sinnvoll erscheinen lässt. Dies lässt sich am Beispiel der Sparkassenorganisation verdeutlichen: Im Jahre 1993 handelte es sich bei 28,4 Prozent der 19.402 Geschäftsstellen deutscher Sparkassen (Güde, 1995, S. 363) um »*Kleinstlösungen*«, also um Einmanngeschäftsstellen mit wöchentlich nur wenigen Stunden Öffnungszeiten. Weitere 8.106 Geschäftsstellen (41,8 Prozent aller Geschäftsstellen) waren mit einem Personalstamm von 2 bis 5 Personen besetzt. Lediglich 29,8 Prozent aller Geschäftsstellen wiesen somit eine Besetzung von 6 Personen und mehr auf, womit von einem hohen Grad an Übereinstimmung zwischen »Geschäftsstelle« und »Kundenkontaktpersonal« ausgegangen werden kann (Güde, 1995, S. 362 f.).

Die zunehmenden Auswirkungen moderner Technologien machen eine weitere Differenzierung des ursprünglichen »FINSERV-GAP-Modells« erforderlich: Obwohl sich Finanzdienstleistungsunternehmen auch schon in der Vergangenheit der Technik zur Abwicklung und Rationalisierung des Innenbereichs bedient haben, erlangt die Technisierung an der Schnittstelle Kunde/Unternehmen zunehmende Bedeutung. Während Bruhn & Hennig (1993b, S. 318) noch von der singulären Dienstleistungserstellung durch das Kundenkontaktpersonal ausgingen, ergänzt INFIDIQUAL, eingebettet in das tangible Umfeld, die personalbezogene Interaktion an der »Linie der Sichtbarkeit«, welche die Grenze zwischen den für den Kunden sichtbaren Bestandteilen der Dienstleistung und den unsichtbaren Elementen verdeutlicht (Bruhn, 1994b, S. 11), um die nicht personalbezogene Komponente (Stauss, 1991, S. 96) der technischen Einrichtungen. Diese Ergänzung entspricht neuesten Erkenntnissen der Forschung. Denen zufolge wünschen 80 Prozent der Kunden von Finanzdienstleistungsunternehmen die persönliche Interaktion in Kombination mit modernen Zugangswegen (Heitmüller, 1997, S. 578) wie Telefon, PC-Homebanking, Internet, Digitalfernsehen sowie Selbstbedienung an Multifunktionsterminals (Hoppenstedt, 1999, S. 16; Salmony & Denck, 1999, S. 68). Dabei ist von einer teilweise substitutionalen Wirkung der Technik und damit dem Ersatz der personalbezogenen Leistungserstellung auszugehen. Darüber hinaus trägt diese Differenzierung der 1995 erschienenen DIN EN ISO 8402 Rechnung, die zum Begriff »Schnittstelle« feststellt: »*Der Lieferant oder der Kunde können an der Schnittstelle durch Personal oder durch Einrichtungen vertreten sein*« (Deutsches Institut für Normung e. V., 1995, S. 7, Nr. 1.5).

Ihre Erweiterung findet diese Grundlage bei Punkt ❷ durch die Hinzufügung zentraler Komponenten des »Erweiterten Lückenmodells«, die durch die Berücksichtigung exogener Faktoren (mündlicher Empfehlungen) und endogener Faktoren (bisheriger Erfahrungen mit Dienstleistungen und persönlicher Bedürfnisse) einen wichtigen Erklärungsbeitrag zum Zustandekommen der Erwartungshaltung liefern.

Eine weitere Differenzierung des somit entstandenen Grundmodells erfolgt unter Punkt ❸: Während sowohl Zeithaml, Parasuraman & Berry als auch Bruhn & Hennig ganz allgemein von »Erwartungen« sprechen, wird vorliegend, in Anlehnung an die Ansätze von Berry und Brandt, die Erwartungshaltung in »Erwartungen des Kunden an die Finanzdienstleistungsqualität in Routinesituationen« und »Erwartungen des Kunden an Dienstleistungen in Ausnahmesituationen« zerlegt.

Durch die unter Punkt ❹ vorgenommene Projektion des Grundmodells auf die Trichotomie der Dienstleistungserstellung nach Donabedian wird der nächste Integrationsschritt vollzogen und damit die Zuweisung organisatorischer Zuständigkeiten und Verantwortlichkeiten auf die beiden Beziehungsstrukturebenen »Zentrale« und »Geschäftsstelle« zur Beseitigung der Lücken im Integrationsmodell ermöglicht. Wie Abbildung 5 entnommen werden kann, lassen sich nun die Lücken 1 bis 5 der Potenzialdimension, die Lücken 6.1 und 6.2 der Prozessdimension zuordnen; das Verhältnis der beiden Dimensionen zueinander lässt sich dabei mit 80:20 bestimmen (Malorny, Hummel & Schinka, 1996, S. 9).

In Ergänzung der im »Erweiterten Lückenmodell« erstmals vorgeschlagenen und im »FINSERV-GAP-Modell« aufgegriffenen »Linie der Sichtbarkeit« wird dem Integrationsmodell in Anlehnung an Gogoll (1995, S. 11) die »Linie der Interaktion« hinzugefügt, deren Aufgabe es ist, die Handlungen des Kunden und des Personals bzw. der technischen Einrichtungen im Kundenkontakt gegeneinander abzugrenzen. Diese Erweiterung trägt der zentralen Bedeutung der Prozessdimension insoweit Rechnung, als sie die »*Schnittstelle zum Kunden*« (Deutsches Institut für Normung e.V., 1992; S. 21) in den Mittelpunkt des Integrationsmodells rückt, da sie »*für die Dienstleistungsqualität, wie sie vom Kunden wahrgenommen wird, von entscheidender Bedeutung [ist]*« (ebd., 1992, S. 21). Darüber wird durch Berücksichtigung der »Linie der Interaktion« eine eingehende Analyse erforderlicher Maßnahmen der informellen externen Kommunikation zur Schließung der Lücke 5 erst ermöglicht.

Die unter ❾ vorgenommene Differenzierung der Ergebnisdimension nach der Art der Wahrnehmung spiegelt die von Grönroos vorgeschlagene Unterscheidung in die beiden Kategorien »Funktionale Qualität« und »Technische Qualität« wider. Im Ergebnis erhält man INFIDIQUAL, das als normatives Denkmodell wie folgt interpretiert werden kann: Mit dem Ziel, eine primäre Bankleistung zu erhalten, tritt der Kunde auf der Ebene der »Geschäftsstelle« mit dem dezentral strukturierten Finanzdienstleistungsunternehmen in eine Interaktion ein. Dabei werden die Erwartungen des Kunden innerhalb der Ergebnisdimension sowohl durch die exogenen Faktoren mündlicher Empfehlungen Dritter und externer Kommunikation des Unternehmens als auch durch seine endogen determinierten persönlichen Bedürfnisse sowie seine bisherigen Erfahrungen mit dem Finanzdienstleistungsunternehmen bestimmt. An der »Linie der Interaktion« trifft der Kunde im Rahmen der Prozessdimension auf die personalbezogenen sowie die nicht personalbezogenen Inputfaktoren des Finanzdienstleistungsunternehmens; weitere Potenziale des Unternehmens bleiben für ihn – mit Ausnahme der Gestaltung des tangiblen Umfelds – hinter der »Linie der Sichtbarkeit« verborgen. Im Rahmen einer Interaktion mit den Inputfaktoren des Unternehmens kommt es zur direkten Leistungserstellung an dem externen Faktor. Entspricht dabei die wahrgenommene Leistung den Erwartungen des Kunden an die technische bzw. funktionale Qualität in Routinesituationen, so führt das prozessuale Endergebnis der Interaktion zur Indifferenz; eine Unterschreitung seiner Erwartungen löst demgegenüber Unzufriedenheit aus und führt zu der Entstehung einer Lücke 6.1.

Das Integrative Lückenmodell der Finanzdienstleistungsqualität 83

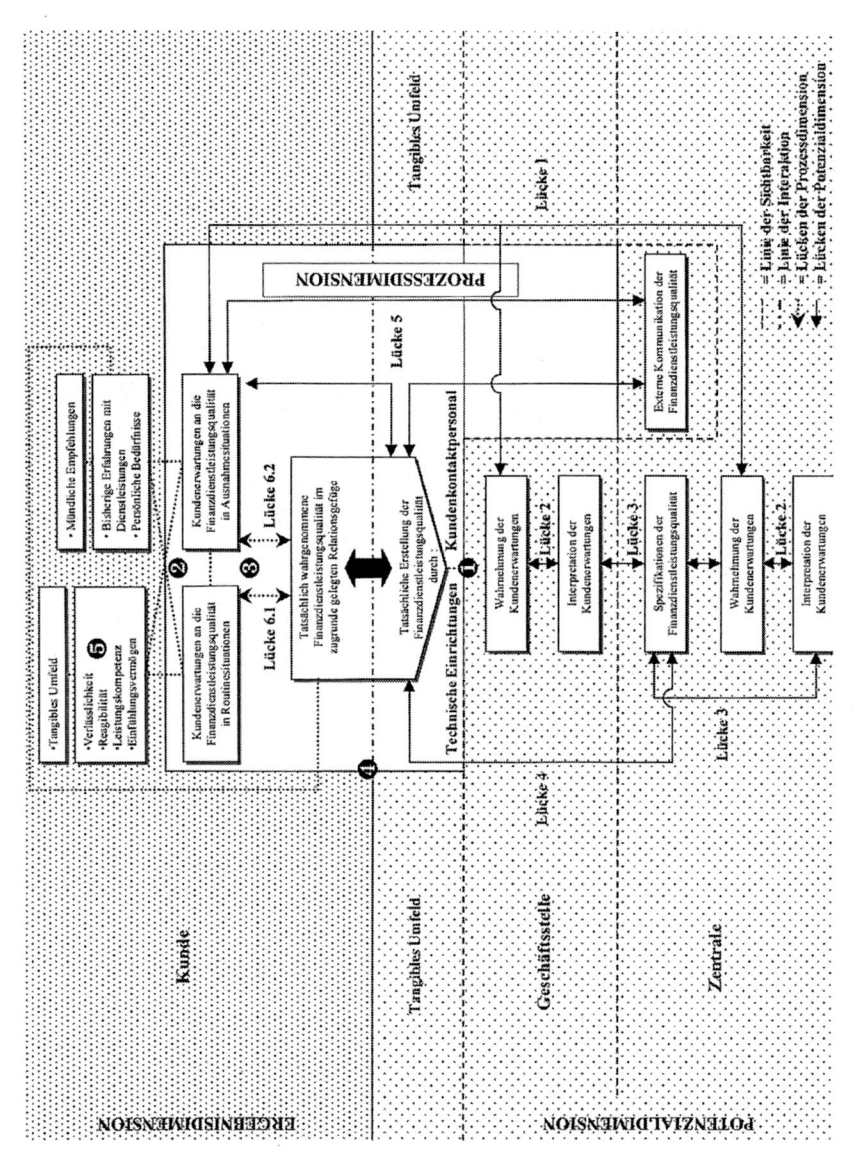

Abb. 5. Das Integrative Lückenmodell der Finanzdienstleistungsqualität (INFI-DIQUAL) (Quelle: Eigene Darstellung)

Ursächlich für eine solchermaßen entstandene Lücke der Prozessdimension können eine Reihe von Diskrepanzen sein, die entweder unmittelbar in den personalbezogenen Inputfaktoren (z. B. intraindividuelle bzw. interindividuelle Schwankungen des Kundenkontaktpersonals), den nicht personalbezogenen Faktoren (z. B. technische Störungen der Multifunktionsterminals) oder in den fünf Lücken der Potenzialdimension

Lücke 1: Diskrepanz zwischen der von Kunden erwarteten Finanzdienstleistungsqualität und deren Wahrnehmung durch das Unternehmen

Lücke 2: Diskrepanz zwischen der Wahrnehmung der Kundenerwartungen und der Interpretation dieser Erwartungen durch das Unternehmen

Lücke 3: Diskrepanz zwischen der Interpretation der Kundenerwartungen durch das Unternehmen und der Spezifikation der Finanzdienstleistungsqualität

Lücke 4: Diskrepanz zwischen der Spezifikation der Finanzdienstleistungsqualität und deren tatsächlicher Erstellung durch das Kundenkontaktpersonal sowie den technischen Einrichtungen des Unternehmens

Lücke 5: Diskrepanz zwischen der an die Kunden gerichteten externen Kommunikation der Finanzdienstleistungsqualität und deren tatsächlicher Erstellung durch das Kundenkontaktpersonal sowie den technischen Einrichtungen des Unternehmens

auf den beiden Ebenen der Beziehungsstruktur »Geschäftsstelle« und »Zentrale« des Unternehmens gründen. Dabei ist von einer eindeutigen Dominanz der »Zentrale« gegenüber der »Geschäftsstelle« auszugehen. Beispielhaft sei hier auf die Lücke 5 verwiesen, bei deren Existenz im Rahmen der Potenzialdimension durch die »Zentrale« Werbeaussagen getroffen werden, die unmittelbar den Verlauf des Prozesses an der »Linie der Interaktion« auf der »Geschäftsstelle« determinieren. Bei einer Übererfüllung der Kundenerwartungen bezüglich funktionaler Qualität wandelt sich die Routinesituation in eine Ausnahmesituation und bewirkt ceteris paribus die Begeisterung des Kunden durch positive Diskonfirmation seiner Erwartungen bei gleichzeitiger Prophylaxe der Entstehung einer Lücke 6.2. Vor diesem Hintergrund werden die Lücken der Prozessdimension 6.1 (Diskrepanz zwischen den Erwartungen der Kunden an die Finanzdienstleistungsqualität in Routinesituationen und der tatsächlich wahrgenommenen Finanzdienstleistungsqualität) und 6.2 (Diskrepanz zwischen den Erwartungen der Kunden an die Finanzdienstleistungsqualität in Ausnahmesituationen und der tatsächlich wahrgenommenen Finanzdienstleistungsqualität) vom Kunden im Rahmen der fünf Basisdimensionen »Tangibles Umfeld«, »Verlässlichkeit«, »Reagibilität«, »Leistungskompetenz« und »Einfühlungsvermögen« wahrgenommen.

4. Fazit

Die vorangegangenen Ausführungen haben gezeigt, dass zwar jede der dargestellten branchenübergreifenden bzw. branchenspezifischen Dimensionen der Dienstleistungsqualität einen positiven Erklärungsbeitrag für die pointierte Gestaltung eines Qualitätsmanagements liefert, sich jedoch keines der dargestellten Konzepte für sich genommen für einen umfassenden Ansatz zum Management der Dienstleistungsqualität eignet. Demgegenüber erweisen sich die in der wissenschaftlichen Diskussion vorfindlichen Lückenmodelle – das branchenübergreifende »Erweiterte Lückenmodell« der Dienstleistungsqualität sowie das branchenspezifische »FINSERV-GAP-Modell« – zwar als geeignet für eine umfassende Abbildung realer Erscheinungen der Finanzdienstleistungsqualität, berücksichtigen jedoch nicht die genannten positiven Erklärungsbeiträge. Mit der Entwicklung von INFIDIQUAL konnte vorliegend ein Beitrag zur Auflösung dieses Dilemmas erbracht werden.

5. Literatur

Becker, H. P., Herges, P. & Steitz, M. (1991). *Was erwarten Kunden von der Bank?* In bank und markt, (Nr. 2), S. 23–25.

Bergmann, M. (1997). *Qualitätsmanagement in Kreditinstituten. Verfahren zur Messung und Steuerung der Dienstleistungs-Qualität und deren Implementierung* (2. Auflage). Frankfurt/Main: Fritz Knapp.

Bruhn, M. (1994). *Messung der Anforderungen an die Dienstleistungsqualität.* In W. Hansen & G. F. Kamiske (Hrsg.), Qualitätsmanagement im Unternehmen – Grundlagen, Methoden und Werkzeuge, Praxisbeispiele (Loseblatt-Sammlung, Sektion 09.02). Berlin: Springer.

Bruhn, M. (1994). *Techniken und Methoden zur Sicherung und Förderung der Dienstleistungsqualität.* In W. Hansen & G. F. Kamiske (Hrsg.). Qualitätsmanagement im Unternehmen – Grundlagen, Methoden und Werkzeuge, Praxisbeispiele (Loseblatt-Sammlung, Sektion 09.03). Berlin: Springer.

Bruhn, M. (1995). *Qualitätssicherung im Dienstleistungsmarketing – eine Einführung in die theoretischen und praktischen Probleme, Erster Teil: Grundlagen der Dienstleistungsqualität.* In M. Bruhn & B. Stauss (Hrsg.). Dienstleistungsqualität, Konzepte – Methoden – Erfahrungen (S. 21–46). Wiesbaden: Gabler.

Bruhn, M. & Hennig, K. (1993a). *Selektion und Strukturierung von Qualitätsmerkmalen – auf dem Weg zu einem umfassenden Qualitätsmanagement für Kreditinstitute, Teil I.* In GfK Nürnberg (Hrsg.), Jahrbuch der Absatz- und Verbrauchsforschung (Nr. 3, S. 214–238).

Bruhn, M. & Hennig, K. (1993b). *Selektion und Strukturierung von Qualitätsmerkmalen – auf dem Weg zu einem umfassenden Qualitätsmanagement für Kreditinstitute, Teil II.* In GfK Nürnberg (Hrsg.), Jahrbuch der Absatz- und Verbrauchsforschung (Nr. 4, S. 314–337).

Brunner, W. L. (1993). *Beratungsqualität ist Schlüsselfaktor im Total Quality Management.* Die Bank, Nr. 8, S. 447–452.

Deppe, J. (1992). *Quality Circle und Lernstatt. Ein integrativer Ansatz* (3. Auflage). Wiesbaden: Gabler.

Deutsches Institut für Normung e.V. (Hrsg.), (1992). *DIN ISO 9004-2 – Qualitätsmanagement und Elemente eines Qualitätssicherungssystems; Leitfaden für Dienstleistungen.* Berlin: Beuth.

Deutsches Institut für Normung e.V. (Hrsg.), (1995). *DIN EN ISO 8402 – Qualitätsmanagement und Qualitätssicherung; Begriffe.* Berlin: Beuth.

Gierl, H. & Spazal, P. (1998). *Analyse der Dienstleistungsqualität mit dem Gap-Modell.* Die Bank, Nr. 8, S. 507–510.

Güde, U. (1995). *Geschäftspolitik der Sparkassen* (6. Auflage). Stuttgart: Deutscher Sparkassenverlag.

Heitmüller, H.-M. (1997). *Sparkassen vor neuen Herausforderungen in der Personalpolitik.* Sparkasse, Nr. 12, S. 578–583.

Hentschel, B. (1992). *Dienstleistungsqualität aus Kundensicht. Vom merkmals- zum ereignisorientierten Ansatz.* Wiesbaden: Deutscher Universitäts Verlag.

Hoppenstedt, D. H. (1999). *Aktuelle Fragen und Ziele der Sparkassenorganisation.* Sparkasse, Nr. 1, S. 16–20.

Hüttinger, S.(1995). *Total Quality Management bei Kreditinstituten. Probleme, Konzepte, empirische Ergebnisse.* München: Verlag der Fördergesellschaft Marketing (FGM) e.V. an der Ludwig-Maximilians-Universität.

Malorny, C., Hummel, T. & Schinka, R. (1996). *Strategische und operative Ziele im Konsens entwickeln – der qualiätsförderliche Zielplanungsprozeß.* In W. Hansen & G. F. Kamiske (Hrsg.), Qualitätsmanagement im Unternehmen – Grundlagen, Methoden und Werkzeuge, Praxisbeispiele (Loseblatt-Sammlung, Sektion 02. 11). Berlin: Springer.

Meffert, H. & Bruhn, M. (1997). *Dienstleistungsmarketing. Grundlagen – Konzepte – Methoden. Mit Fallbeispielen* (2. Auflage). Wiesbaden: Gabler.

Meyer, A. (Hrsg.), (1998). *Handbuch Dienstleistungsmarketing.* Stuttgart: Schäffer-Poeschel.

Meyer, A. & Dornach, F. (1996). *Banken im Test: Das Klima ist eher kühl als freundlich.* Bank Magazin, Nr. 5, S. 26–30.

Salmony, M. & Denck, M. A. (1999). *Multibanking: Auf dem Weg zur neuen Bank.* Harvard Business Manager, Nr. 1, S. 66–74.

Schmitz, G. (1995). *Qualitätsmanagement im Privatkundengeschäft von Banken, Konzeption und aufbauorganisatorische Verankerung.* Wiesbaden: Gabler.

Stauss, B. (1991). *Dienstleister und die vierte Dimension.* Harvard Manager, Nr. 2, S. 81–89.

Zeithaml, V A., Parasuraman, A. & Berry, L. (1992). *Qualitätsservice. Was Ihre Kunden erwarten – was Sie leisten müssen.* Frankfurt/Main; New York: Campus.

Zinnagl, E. (1995). *Qualitätsbarrieren im Bankbetrieb.* In: W. Bühler (Hrsg.), Quality Banking – Modewort oder neue Wettbewerbsphilosophie? (S. 111–129). Wien: Service.

Teil 2:
Anwendung

Multiattributive Messung und Analyse der Kundenzufriedenheit in Kreditinstituten

Jürgen Abendschein, Sparkasse Südliche Weinstraße

1. Grundlegende Problematik der Messung von Kundenzufriedenheit

Die Messung der Dienstleistungsqualität und damit der Kundenzufriedenheit soll unterschiedliche Qualitäten möglichst valide, präzise und objektiv auf Skalen abbilden. Diese Forderung stellt jedoch ein Problem dar, da Dienstleistungsqualität als theoretisches Konstrukt nicht direkt, sondern allenfalls indirekt gemessen werden kann, was die Erfassung der Qualität anhand von Konstruktindikatoren, also anhand einzelner Qualitätsmerkmale, erforderlich macht (Bauer, Grether & Schlieder, 2000, S. 4). Eine derartige Messung kann jedoch nur dann als valide gelten, wenn anhand der Merkmale tatsächlich das gemessen wird, was nach der begrifflichen Abgrenzung der Dienstleistungsqualität gemessen werden soll (Berekoven, Eckert & Ellenrieder, 1999, S. 88). Die Güte der Qualitätsmessung hängt damit entscheidend von der Generierung geeigneter Qualitätsmerkmale ab, die wiederum zu einer Qualitätsdimension, einem vergleichsweise abstrakten Oberbegriff mit umfassendem Gültigkeitsanspruch, zusammengefasst werden können (Hentschel, 1992, S. 88).

2. Qualitätsdimensionen und -merkmale der Sparkassenorganisation

Geeignete Dimensionenkataloge lassen sich sowohl aufgrund empirischer Untersuchungen (induktive Methode) als auch durch Übernahme und Modifizierung anerkannter Dimensionen (deduktive Methode) generieren (Bauer, Grether & Schlieder, 2000, S. 4 f.).

Der Verfasser bediente sich der induktiven Methode, indem er das wissenschaftliche Fundament für die Ermittlung eines Dimensionenkataloges auf den Ergebnissen einer Studie aus dem Jahre 1993, Erkenntnissen des Instituts für Kreditwirtschaft der Wirtschaftsuniversität Wien sowie Analysen der Stadtsparkassen Köln und München gründete (Bruhn & Hennig, 1993, S. 231). Im Vordergrund stand bei diesen Untersuchungen die Ermittlung spezifischer Erwartungen von Sparkassenkunden (Zinn & Stark, 1996, S. 65). Im Ergebnis führte dies zur Formulierung von zunächst 11 Qualitätsdimensionen durch den Deutschen Sparkassen- und Giroverband (DSGV), die als relativ abstrakte, theoretische Konstrukte auf einem hohen Aggregationsniveau durch 46 differenzierte Qualitätsmerkmale operationalisiert und damit messbar gemacht wurden (Deutscher Sparkassen- und Giroverband e.V., 1996, S. 16 f.):

30 Merkmale funktionaler Qualität (subjektiv beurteilbar)

1. Beratung durch die Mitarbeiter
   1.1 Fachkompetenz und Fachwissen
   1.2 Klare und verständliche Ausdrucksweise
   1.3 Beratungskompetenz

2. Angebotsorientierung
   2.1 Eigeninitiative und Entgegenkommen der Mitarbeiter
   2.2 Im Beratungsgespräch auf günstige Angebote verweisen
   2.3 Angebotsorientierung durch aktive Marktbearbeitung der Sparkasse

3. Zuverlässigkeit der Geschäftsstelle
   3.1 Einhaltung zugesagter Leistungen
   3.2 Kulanz
   3.3 Sofortige Erfüllung der Aufträge
   3.4 Aufträge fehlerfrei
   3.5 Genauigkeit bei Durchführung sonstiger Transaktionen
   3.6 Vermittlung aktueller Informationen
   3.7 Fester Ansprechpartner
   3.8 Diskretion

4. Verhalten bei Beschwerden
   4.1 Zugänglichkeit/Offenheit der Mitarbeiter
   4.2 Reaktion der Mitarbeiter auf Beschwerden
   4.3 Zugänglichkeit der Geschäftsstellen-/Abteilungsleiter
   4.4 Schnelligkeit bei der Abwicklung

5. Preis-Leistungs-Verhältnis
   5.1 Gebühren
   5.2 Zinsen
   5.3 Konditionen (u.a. Wertstellung)

6. Verhaltensweisen und Eigenschaften der Mitarbeiter
   6.1 Freundlichkeit/Höflichkeit
   6.2 Namentliche Ansprache
   6.3 Hilfsbereitschaft
   6.4 Rücksichtnahme bei Problemen
   6.5 Glaubwürdigkeit
   6.6 Ehrlichkeit
   6.7 Seriosität
   6.8 Verlässlichkeit
   6.9 Verschwiegenheit

16 Merkmale technischer Qualität (objektiv messbar)

7. Erscheinungsbild der Geldinstitute und der Mitarbeiter
   7.1 Gestaltung der Geschäftsräume (Einrichtung, Farbe, Licht)
   7.2 Aufteilung der Geschäftsräume (Übersichtlichkeit)
   7.3 Gepflegtes Äußeres der Mitarbeiter

8. SB-Geräte
   8.1 Betriebsbereitschaft GAA und KAD
   8.2 Wartezeit GAA und KAD

9. Erreichbarkeit
   9.1 Parkmöglichkeit
   9.2 Öffnungszeiten
   9.3 Öffnung in der Mittagszeit
   9.4 Auftragsabgabe außerhalb der Öffnungszeiten
   9.5 Telefonische Erreichbarkeit

10. Wartezeiten
   10.1 Kasse
   10.2 Schalter

11. Verbraucherorientierung
   11.1 Wichtige Informationen (für den Kunden) übersichtlich/transparent darstellen
   11.2 Verträge ohne versteckte Klauseln (z. B. im Kleingedruckten)
   11.3 Präventive Verbraucherinformationen
   11.4 Hilfe bei Überschuldung

Mit Zinn & Stark (1996, S. 65) stellen diese Qualitätsmerkmale »*ein Meßkonzept dar, welches die Kundenerwartungen an die Sparkassenqualität auf der einen Seite und das Erleben der Dienstleistungsqualität durch die Kunden auf der anderen Seite zu erfassen sucht.*« Für den damit verbundenen Wahrnehmungsprozess sind die Kategorien funktionaler und technischer Qualität relevant. Die funktionalen Qualitätskategorien sind dabei von besonderer Bedeutung, da aufgrund der Austauschbarkeit primärer Bankleistungen die Bedeutung der personalbezogenen Inputfaktoren in der Interaktion zunimmt, womit die subjektiv wahrnehmbare Qualität der Interaktion zum zentralen Differenzierungsmerkmal für Kreditinstitute wird (Hüttinger, 1995, S. 44).

Da sich multiattributive Messungen aus Durchführungsgründen auf die wichtigsten Merkmale beschränken müssen (Bauer, Grether & Schlieder, 2000, S. 19), wurden die 16 Merkmale technischer Qualität sowie 3 Merkmale funktionaler Qualität (Qualitätsmerkmale 5.1, 5.2 und 5.3) von den weiteren Untersuchungen ausgenommen. Es verblieben 27 Merkmale funktionaler Qualität (vgl. Abbildung 1), die im Zuge theoretischer Überlegungen auf die fünf Qualitätsdimensionen der Dienstleistungsqualität (»Tangibles Umfeld«, »Verlässlichkeit«, »Reagibilität«, »Leistungskompetenz« und »Einfühlungsvermögen«) nach Zeithaml, Parasuraman & Berry (1992, S. 40) neu zugeordnet wurden. Vor diesem Hintergrund beschränken sich die folgenden Ausführungen auf die exemplarische Darstellung der beiden Qualitätsdimensionen »Leistungskompetenz« und »Einfühlungsvermögen«.

3. Bausteine des Mess- und Analyseverfahrens

3.1 Das Messverfahren

Für die multiattributive Messung diente die einstellungsorientierte, indirekte Variante multiattributiver Kundenbefragungen nach dem Zweikomponentenansatz grundsätzlich als Ausgangspunkt. Aufgrund vielfältiger Schwachpunkte wurde jedoch die von Zeithaml, Parasuraman & Berry (1992, S. 211) vorgeschlagene SERVQUAL-Doppelskala in Anlehnung an die Vorgehensweise bei Bruhn & Hennig durch eine bipolare Einfachskala (vgl. Abbildung 2) ersetzt und damit die von Hentschel (1992, S. 125) konstatierten Anwendbarkeits- und Operationalisierungsprobleme hinsichtlich der Zerlegung in eine Erwartungs- und Wahrnehmungskomponente im Nachhinein vermieden. Die Konzeption der Einfachskala orientierte sich dabei am Vorschlag von Kroeber-Riel & Weinberg (1996, S. 193). Im Gegensatz zur Doppelskala ist die Einfachskala zu einer direkten Abweichungsmessung der untersuchten Diskrepanz gut geeignet, da, abgesehen von einem reduzierten Erhebungsaufwand, die Fehlinterpretationen der SERVQUAL-Doppelskala vermieden werden können.

Entspricht **überhaupt nicht** meinen Erwartungen	Entspricht **eher nicht** meinen Erwartungen	Entspricht **genau** meinen Erwartungen	Übertrifft **eher** meine Erwartungen	Übertrifft meine Erwartungen **voll und ganz**
-2	-1	0	+1	+2

1. Die verwendete bipolare Einfachskala

Darüber fördert es die Urteilsbereitschaft der Befragten, wenn die aus zwei Statements bestehende SERVQUAL-Doppelskala durch eine Einfachskala ersetzt wird. Der ursprünglich hohe Anspruch an die Kunden, die Aspekte der Dienstleistung im Nachhinein in eine relativ abstrakte Erwartungskomponente einerseits und eine Wahrnehmungskomponente andererseits zu zerlegen, entfällt zugunsten der Annahme einer impliziten Erwartungsbewertung durch den Befragten (Bruhn & Hennig, 1993, S. 234; Meffert & Bruhn, 1997, S. 213).

Um den Problemen des von Zeithaml, Parasuraman & Berry verwendeten »*diffusen und unpräzisen Erwartungsbegriffs*« (Bruhn & Hennig 1993, S. 234) entgegenzuwirken, wurde ein Vergleich zwischen idealer und erlebter Leistung vorgenommen. Zu diesem Zweck wurden die Befragten durch den Interviewer ausdrücklich darauf hingewiesen, dass sie ihren individuellen Leistungsvergleich auf eine ideale Dienstleistung zu beziehen hätten: »*Bitte überlegen Sie zunächst, welche Erwartungen Sie idealerweise (nachdrücklich betonen!) bezüglich des jeweiligen Merkmals an eine Bank haben, und sagen Sie mir dann, wie Sie Ihre Geschäftsstelle der Sparkasse diesbezüglich wahrgenommen haben.*« Zur Vermeidung systematischer Verzerrungen hatten die Interviewer eine Verständnisfrage zu stellen: »*Haben Sie zu dieser Vorgehensweise noch Fragen?*« Bei Bejahung dieser Frage durch einen Befragten waren die Interviewer angewiesen, das Erhebungsprocedere nochmals zu erklären und mit dem betreffenden Kunden ein Merkmal beispielhaft durchzugehen. Sämtliche Fragestellungen des Erhebungsbogens wurden standardisiert, um damit sog. Interviewereffekte auszuschalten, die ihrerseits unweigerlich zu Verzerrungen geführt hätten.

Um die Diskriminationsfähigkeit der Befragten nicht zu überfordern, wurde für die Konzeption der Einfachskala eine fünfstufige Rating-Skala auf Intervallniveau gewählt. Streng genommen liefern Rating-Skalen nur ordinal skalierte Daten; durch die in Abbildung 2 gewählte grafische Darstellung werden die Abstände auf der Skala vom Befragten jedoch als gleiche Intervalle wahrgenommen, womit die mathematischen Voraussetzungen für eine Intervallskala erfüllt sind (Berekoven, Eckert & Ellenrieder 1999, S. 74). Die Gefahr einer mangelnden Diskriminationsstärke wird bei dieser Skalierung dadurch umgangen, dass im Zentrum der Skala die erwartete der wahrgenommenen Leistung entspricht. An dieser Stelle wird die Skala von einer »0« durchbrochen, welche die durchschnittlich erwartete Routineleistung und somit den Zustand der Zufriedenheit abbildet. An ihren beiden Polen wird die Skala von »–2« und »+2« begrenzt. Diese Skalenaufteilung erhöht einerseits die visuelle Aussagekraft und erleichtert andererseits dem Befragten die Beantwortung, »*da es generell leichter fällt, negative Werte mit einer Nichterfüllung der Erwartungen und positive Werte mit einer Übererfüllung der Erwartungen gleichzusetzen*« (Bruhn & Hennig, 1993, S. 234). Der an multiattributiven Kundenbefragungen verschiedentlich geübten Kritik (Hentschel, 1992, S. 143 f.; Nader, 1993, S. 152), durch den relativ hohen Abstraktionsgrad der Qualitätsmerkmale würden nicht ausreichend konkrete Informationen (Schmitz, 1995, S. 282) geliefert, wurde in der vorliegenden Untersuchung entgegengewirkt. Dies wurde insbesondere dadurch erreicht, dass die Interviewer gehalten waren, bei einer Beurteilung von »–1« bzw. »–2« den Befragten nach den Gründen seines Urteils zu fragen, um damit konkrete Hinweise für die Problembeseitigung zu erhalten.

Um den Merkmalen eine Prioritätsstufe zuzuordnen und damit einen gezielten Einsatz des Qualitätsmanagements in Bezug auf defizitäre Qualitätsmerkmale zu ermöglichen, musste für jedes Merkmal zusätzlich dessen Wichtigkeit erhoben werden (vgl. Abbildung 3). Die Erfassung der Wichtigkeit muss mit Bauer, Grether & Schlieder (2000, S. 5) zwar als ein Hauptaspekt der Qualitätsmessung gesehen werden, wurde bisher in Kundenzufriedenheitsbefragungen jedoch überwiegend nicht vorgenommen (Zill-Mönck & Bierschwall, 2000, S. 204). Die Bewertung der Wichtigkeit erfolgte vorliegend unter Beibehaltung der fünfstufigen Einfachskala:

Unwichtig	Eher unwichtig	Wichtig	Eher sehr wichtig	Sehr wichtig
-2	-1	0	+1	+2

Abb. 2. *Die verwendete Skala zur Erlangung des Wichtigkeitsurteils*

3.2 Das Analyseverfahren

Zur Identifikation defizitärer Qualitätsmerkmale, die für die negative Diskonfirmation von Kunden verantwortlich sind, wurde auf das Instrument der Strategischen Landkarte, einer speziellen Portfoliotechnik, zurückgegriffen. Die Strategische Landkarte (vgl. Abbildung 4) versetzt Kreditinstitute in die Lage, die unterschiedliche Dringlichkeit von Maßnahmen zur Beseitigung defizitärer Merkmale unter Zuhilfenahme gesetzter Prioritätsstufen zu bewerten. Bei der Strategischen Landkarte werden die Qualitätsmerkmale hinsichtlich dreier Dimensionen betrachtet. Erstens des Grads der Zufriedenheit mit einem Qualitätsmerkmal (als Ergebnis eines durch den Kunden vorgenommenen Leistungsvergleiches der Erwartung mit der Wahrnehmung), zweitens der Bedeutung eines Qualitätsmerkmals (ausgedrückt durch den Grad der Wichtigkeit für den Kunden) und drittens der Auftrittshäufigkeit eines Qualitätsdefizits, ausgedrückt durch die Anzahl seiner Nennungen.

Die Position eines Qualitätsmerkmals auf der Strategischen Landkarte, dargestellt durch Perlen unterschiedlicher Größe, wird festgelegt durch die arithmetischen Mittel des Leistungsvergleiches einerseits und der Wichtigkeit des jeweiligen Merkmals andererseits. Das Volumen einer Perle ergibt sich dabei aus der Anzahl der Nennungen durch die befragten Kunden. Der »*Prioritätenpfad*« (Bühler, 1993, S. 517) der abzubauenden Qualitätsdefizite ist abhängig von der Lage des betreffenden Merkmals auf der Strategischen Landkarte. Ein Qualitätsmerkmal erhält dann eine Prioritätsstufe von $PU_1 - PU_4$ (PU = Priorität für den Unzufriedenheitsbereich), wenn es vom Kunden als eher wichtig bzw. sehr wichtig beurteilt wird (+1 bzw. +2), seine Wahrnehmung aber eher nicht (-1) bzw. überhaupt nicht (-2) den Erwartungen des Kunden entspricht. Korrespondierend hierzu erklären sich die Prioritätsstufen $PU_5 - PU_8$. Qualitätsmerkmale, die im

Bereich der Indifferenz liegen, erhalten je nach Wichtigkeit, die ihnen der Kunde zuordnet, die Prioritätsstufen $PI_1 - PI_5$ (PI = Priorität für den Indifferenzbereich). Qualitätsmerkmale, die sich auf der Strategischen Landkarte östlich der vertikalen Nullachse befinden, können als unbedenklich gelten, da ihre Erfüllung durch das Kreditinstitut – unabhängig von ihrem subjektiven Wichtigkeitsgrad – die Erwartungen des Kunden übertreffen. Durch diese Vorgehensweise wird es in Anlehnung an Weidenmann (1998, S. 60) möglich, defizitäre Qualitätsmerkmale zu visualisieren und damit im Gedächtnis des Kundenkontaktpersonals sog. sensorische Markierungen zu setzen, die eine dauerhafte Präsenz der Kundenerwartungen an Dienstleistungen in Routinesituationen sicherstellen können.

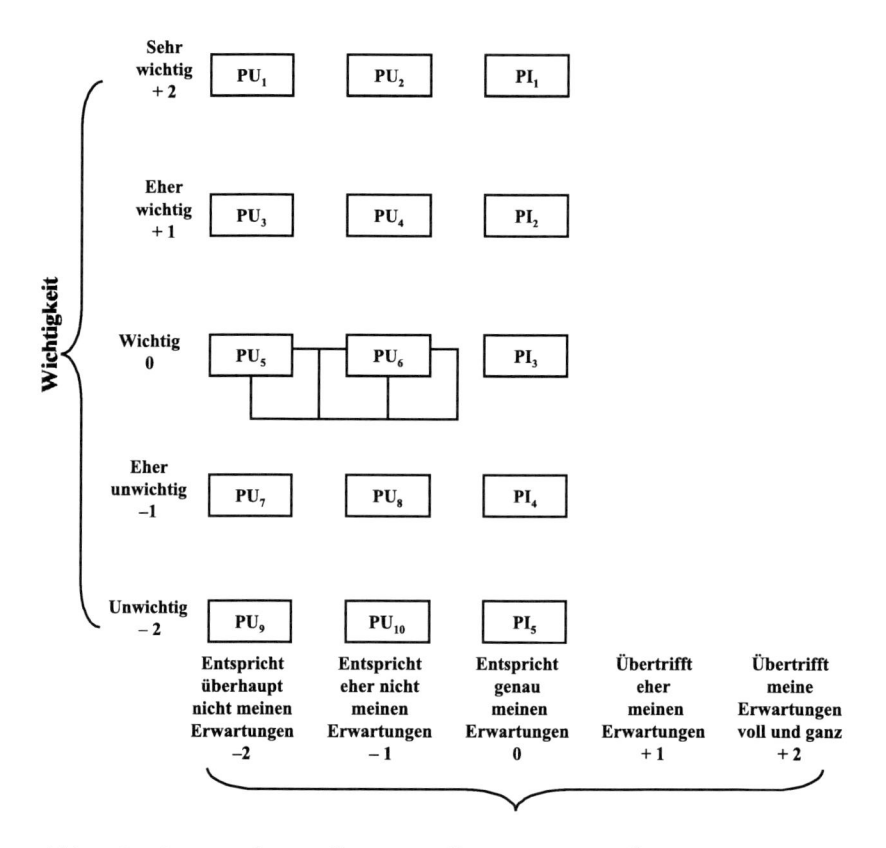

Abb. 3. Die Strategische Landkarte (Quelle: Eigene Darstellung)

Multiattributive Messung und Analyse der Kundenzufriedenheit 99

Da die Auswertung der Ergebnisse eine Konzentration der untersuchten Qualitätsmerkmale auf den Indifferenzbereich und damit auf den Prioritätenbereich PI1 und PI2 ergab, soll bei den weiteren Ausführungen aus Gründen der besseren Darstellung lediglich ein Ausschnitt der Strategischen Landkarte (vgl. Abbildung 5) gewählt werden, der am Beispiel der Qualitätsdimension »Leistungskompetenz« verdeutlicht wird.

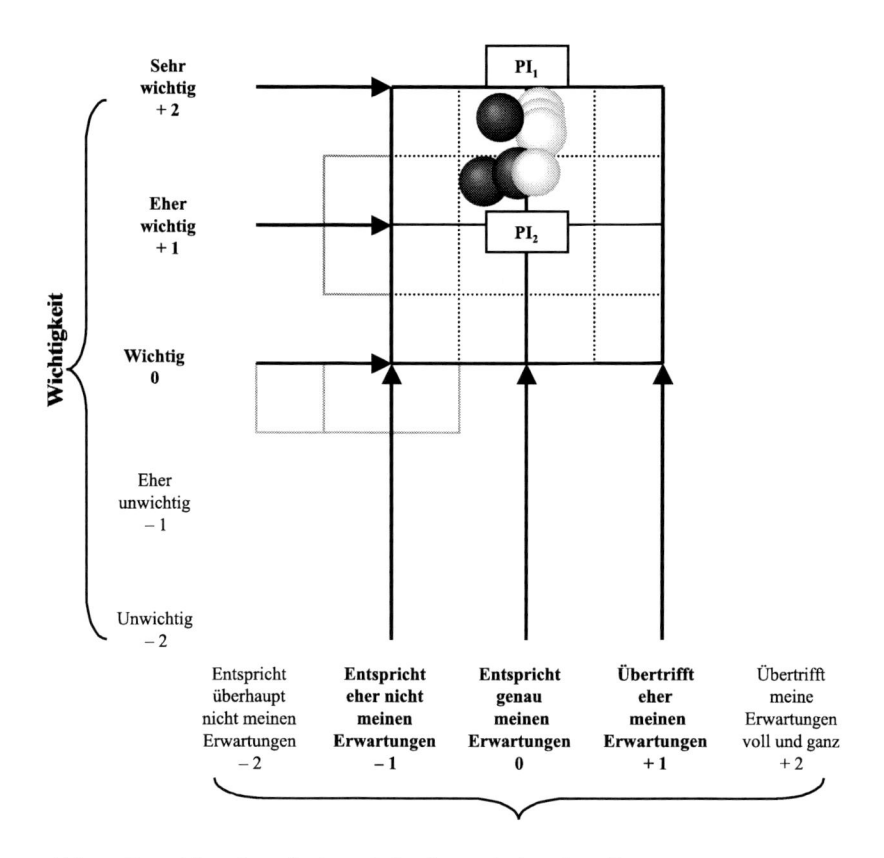

Abb. 4. Gewählter Ausschnitt auf der Strategischen Landkarte (Quelle: Eigene Darstellung)

Wie der Abbildung entnommen werden kann, befinden sich auf der Strategischen Landkarte der Qualitätsdimension »Leistungskompetenz« die 7 Qualitätsmerkmale dieser Dimension. Drei der untersuchten Merkmale lassen sich aufgrund ihrer Position westlich der vertikalen Nullachse als defizitär identifizieren und sind daher schwarz eingefärbt. Die verbleibenden Qualitätsmerkmale können aufgrund ihrer Lage östlich der vertikalen Nullachse zum betrachteten Zeitpunkt als unbedenklich gelten und wurden daher in Weiß gehalten.

3.3 Interpretationsbeispiel anhand der Qualitätsdimension »Leistungskompetenz«

Die gewonnenen Messergebnisse lassen sich wie folgt interpretieren: Statistisch hoch signifikante Korrelationen ($r = .80$, $p < 0{,}001$) der Qualitätsmerkmale 1.1 (Fachkompetenz und Fachwissen) und 1.3 (Beratungskompetenz) lassen zunächst eine Zusammenfassung dieser beiden Merkmale zu dem neuen Qualitätsmerkmal »Kompetenz« für weiterführende Analysen vertretbar erscheinen. Auf dem gleichen Zusammenhang ($r = .59$, $p < 0{,}001$) basieren die Verschmelzungen der Qualitätsmerkmale 2.3 (Angebotsorientierung durch aktive Marktbearbeitung) mit 3.6 (Vermittlung aktueller Informationen) zu dem neuen Qualitätsmerkmal »Angebotsorientierung und Information«.

Die Übertragung aller Qualitätsmerkmale der Qualitätsdimension »Leistungskompetenz« auf die Strategische Landkarte visualisiert deutlich die Existenz defizitärer Merkmale (vgl. Abbildung 6). In der betrachteten Qualitätsdimension kann mit dem Qualitätsmerkmal 2.2 (Im Beratungsgespräch auf günstige Angebote verweisen) ein defizitäres Qualitätsmerkmal mit Prioritätsstufe PI_1 identifiziert werden. Mit Prioritätsstufe PI_2 weist diese Dimension mit dem neuen Qualitätsmerkmal 2.3/3.6 (Angebotsorientierung und Information) sowie dem Merkmal 3.7 (Fester Ansprechpartner) zwei weitere defizitäre Merkmale auf.

Bei dem Merkmal 2.2 (Im Beratungsgespräch auf günstige Angebote verweisen) ist der Mittelwert signifikant von »0« verschieden. Die gleiche Aussage lässt sich für den Mittelwert des neuen Qualitätsmerkmals »Angebotsorientierung und Information« treffen. Auch bei dem dritten defizitären Qualitätsmerkmal, 3.7 (Fester Ansprechpartner), ist der Mittelwert signifikant von »0« verschieden. Ziel muss es nun sein, die identifizierten Defizite zu bereinigen und damit eine Verschiebung der defizitären Qualitätsmerkmale auf der Strategischen Landkarte auf die vertikale Nullachse zu bewirken (vgl. Abbildung 7).

Darüber hinaus lassen das »neue« Qualitätsmerkmal 1.1/1.3 (Kompetenz) sowie das Merkmal 2.1 (Eigeninitiative und Entgegenkommen) eindeutig defizitäre Tendenzen mit hoher Prioritätsstufe erkennen, da bei dem Qualitätsmerk-

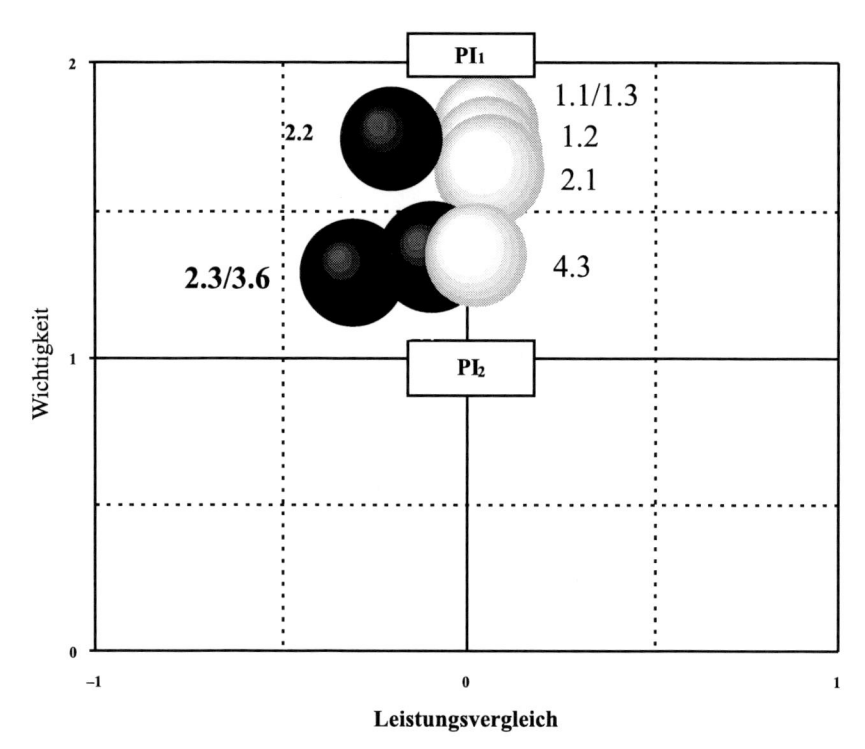

Multiattributive Messung und Analyse der Kundenzufriedenheit 101

Abb. 5. Die Strategische Landkarte der Qualitätsdimension »Leistungskompetenz« (Quelle: Eigene Darstellung)

mal 1.1/1.3 18 Prozent und bei dem Merkmal 2.1 10 Prozent der befragten Kunden angaben, diese Merkmale entsprächen eher nicht bzw. überhaupt nicht ihren Erwartungen. Unter dynamisierter Betrachtung des Modells von Kano et al. (vgl. Abbildung 9) ist auch bei diesen Merkmalen die rechtzeitige Einleitung adäquater Gegenmaßnahmen erforderlich.

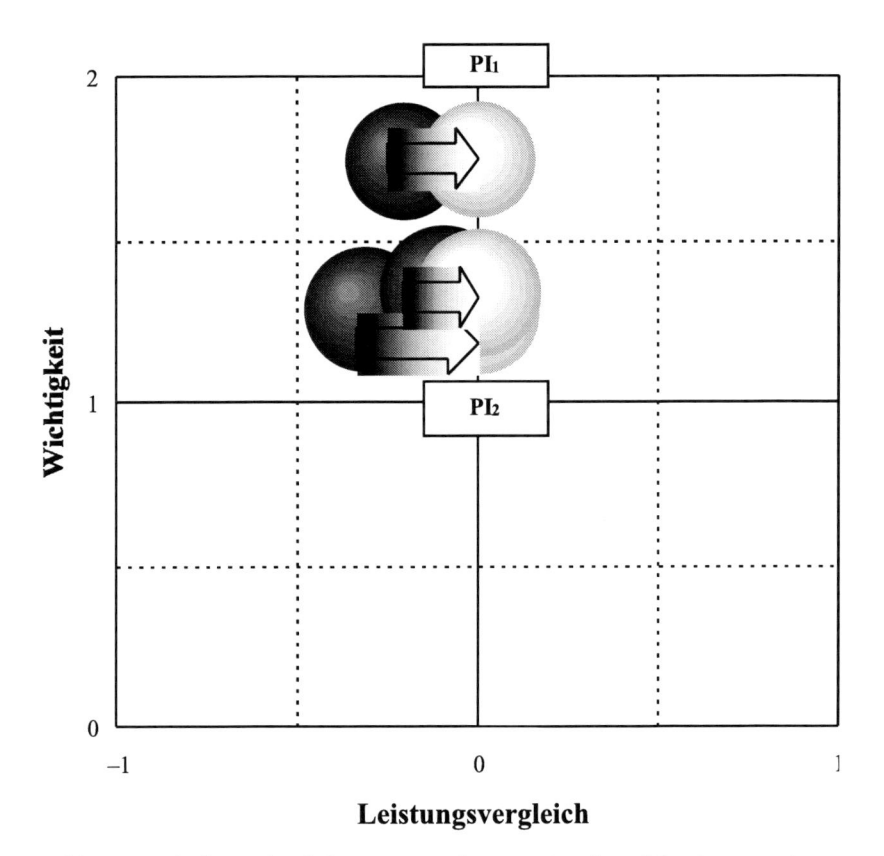

Abb. 6. Verschiebung der defizitären Qualitätsmerkmale auf der Strategischen Landkarte (Quelle: Eigene Darstellung)

3.4 Interpretationsbeispiel anhand der Qualitätsdimension »Einfühlungsvermögen«

Eine andere Interpretation erlaubt die Qualitätsdimension »Einfühlungsvermögen«. Die Positionierung der Merkmale auf der Strategischen Landkarte weist mit Prioritätsstufe PI_2 bei Qualitätsmerkmal 6.2 (Namentliche Ansprache) zunächst auf die Existenz eines defizitären Merkmals hin:

Dieses visuelle Indiz lässt sich allerdings auf Grundlage der Ergebnisse eines t-Tests auf statistisch signifikante Unterschiedlichkeit des Merkmalsmittelwertes

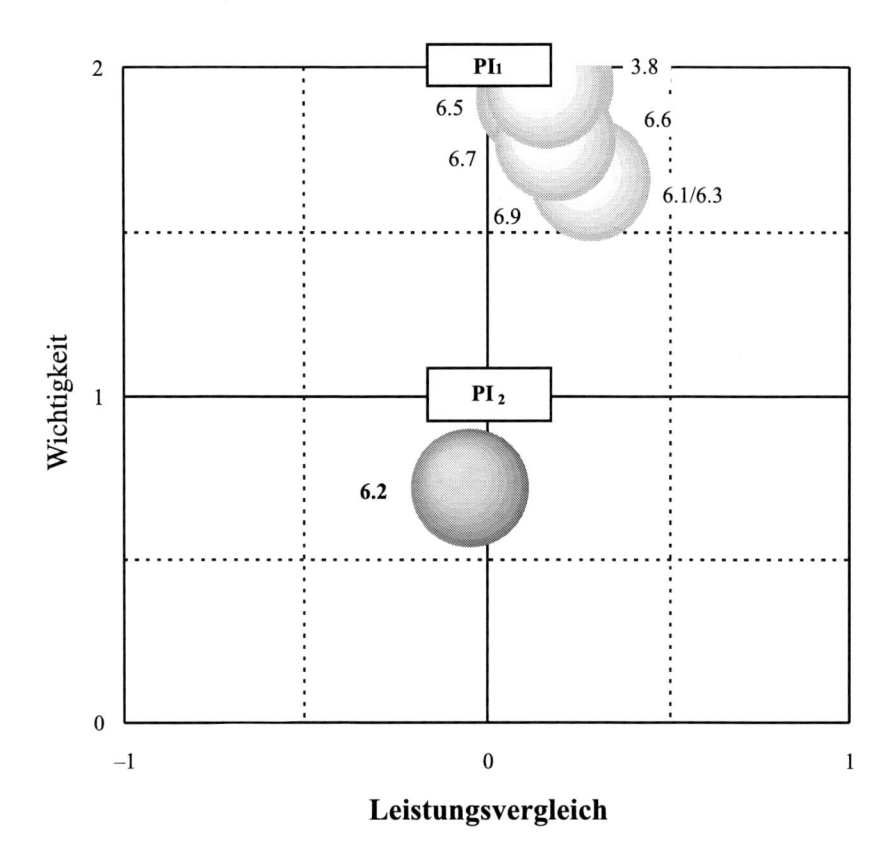

*Abb. 7. Die Strategische Landkarte der Qualitätsdimension
»Einfühlungsvermögen« (Quelle: Eigene Darstellung)*

von »0« nicht erhärten, sodass zum betrachteten Zeitpunkt von keinem Defizit ausgegangen werden kann. Der relativ hohe Grad negativer Diskonfirmation mit diesem Qualitätsmerkmal (14 Prozent der hierzu befragten Kunden gaben an, dieses Merkmal entspreche eher nicht bzw. überhaupt nicht ihren Erwartungen) lässt aber bereits eindeutig defizitäre Tendenzen erkennen, die sich bei einer dynamisierten Betrachtung des Modells von Kano et al. (vgl. Abbildung 9) im Zeitablauf weiter verstärken werden.

So ist unter Rückgriff auf die im Jahre 1954 vorgestellte maslowsche Bedürfnispyramide davon auszugehen, dass Kunden mit ihren Bedürfnissen und subjektiven Qualitätserwartungen sukzessive in anspruchsvollere Dimensionen aufsteigen (Schäfer, 1994, S. 59). Damit muss angenommen werden, dass ehemals begeisternde Qualitätsmerkmale zu erwarteten und schließlich zu stillschweigend vorausgesetzten Anforderungen werden (vgl. Abbildung 9). Ehemals indifferent beurteilte Qualitätsmerkmale können dann sogar Unzufriedenheit induzieren. In diesem Zusammenhang konstatieren auch Hinterhuber, Handlbauer & Matzler (1997, S. 18): »*Was heute den Kunden noch begeistert, kann morgen für ihn schon eine explizite Erwartung sein und übermorgen bereits vorausgesetzt werden.*«

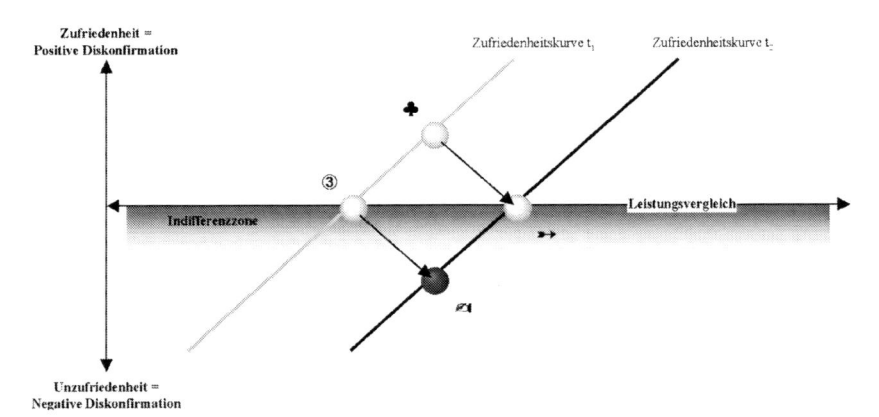

Abb. 8. Dynamisierte Betrachtung des Modells von Kano et al. (Quelle: Eigene Darstellung)

So führt beispielsweise ein Qualitätsmerkmal, das zum Zeitpunkt t_1 auf der Position ① noch Indifferenz erzeugte, zum Zeitpunkt t_2 auf der Position ② bereits zu negativer Diskonfirmation. Ein Qualitätsmerkmal, das zum Zeitpunkt t_1 auf Position ③ positive Diskonfirmation bewirkte, wird zum Zeitpunkt t_2 auf Position ④ lediglich Indifferenz hervorrufen können.

4. Datenerhebung und Kommunikation

Das dargestellte Mess- und Analyseverfahren wurde im Frühjahr des Jahres 1999 anhand einer rheinland-pfälzischen Sparkasse entwickelt. Die für diesen Zweck erforderlichen Interviews führte ein unabhängiges Telefonteam der rheinland-pfälzischen Sparkassenorganisation durch. Der Studie basiert auf einer über Zufallsauswahl ermittelten Grundmenge von 500 Geschäftsstellenkunden.

Bei der Auswahl der Kunden wurden keine sozioökonomischen Segmentierungskriterien verwendet, da die Beurteilung der Dienstleistungsqualität nicht primär von demographischen Merkmalen wie Alter, Beruf oder Einkommen abhängt (Bauer, Grether & Schlieder, 2000, S. 29). Daher waren aus dieser Grundmenge so lange willkürlich Anrufe durchzuführen, bis eine Stichprobe von 200 qualifizierten Kundeninterviews vorlag.

Um eine möglichst hohe Akzeptanz für das Messverfahren sowie die sich aus diesem Verfahren ableitenden Analyseergebnisse zu schaffen, wurden diese im Rahmen verschiedener Präsentationen vor dem Vorstand sowie der zweiten Führungsebene interpretiert und diskutiert. Es schlossen sich Informationsveranstaltungen in allen Teilmärkten, die Durchführung von Qualitätsmanagement-Workshops (vgl. hierzu Punkt 5) sowie ein zentraler Infomarkt für alle Mitarbeiter an, sodass die Penetration der gewonnenen Mess- und Analyseergebnisse gewährleistet werden konnte.

5. Umsetzungskonzept

Zentraler Bestandteil des Umsetzungskonzeptes waren vier Qualitätsmanagement-Workshops, an denen insgesamt 50 Mitarbeiter aus dem Kundenkontaktbereich (Kundenberater und Servicekräfte) aller Teilmärkte teilnahmen. Nach kritischer Diskussion der Strategischen Landkarten unter Anleitung externer Moderatoren wurden Maßnahmenkataloge erarbeitet und diese über den Qualitätsmanagement-Beauftragten (QMB) dem Vorstand zur Entscheidung vorgelegt (vgl. Abbildung 10). Nach Verabschiedung der Maßnahmenkataloge wurden diese zur Weiterbearbeitung an die Qualitätsbeauftragten (QB) der jeweiligen Teilmärkte übergeleitet. Die Qualitätsbeauftragten (QB), die als dezentral »verlängerter Arm« (Kalkowski, 1997, S. 51) des Qualitätsmanagement-Beauftragten (QMB) gesehen werden können, brachten die Arbeitsaufträge in die zuständigen Qualitätsteams der Teilmärkte ein. Unter Berücksichtigung der Erkenntnisse weiterer Instrumente des Qualitätsmanagements (Befragung ehemaliger Kunden, Beschwerdemanagement, Kunden-Impulswochen) wurde somit dezentral, unter Einbeziehung der zuständigen Fachabteilungen, ein kontinuierlicher Verbesserungsprozess (KV-Prozess) eingeleitet. Dieser soll im Ergebnis eine Verschiebung der defizitären Qualitätsmerkmale auf den Strategischen Landkarten des Gesamtunternehmens in Richtung auf die vertikale Nullachse bewirken.

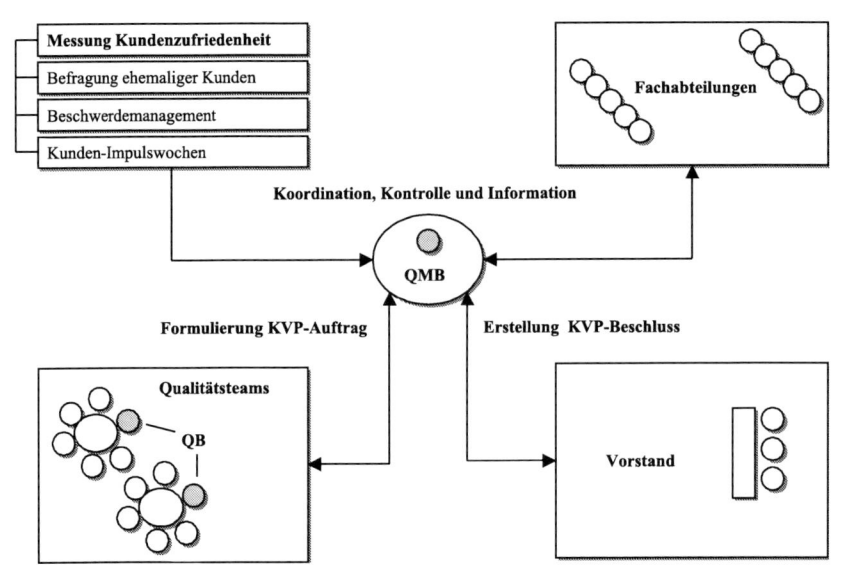

Abb. 9. Der kontinuierliche Verbesserungsprozess (KVP)
(Quelle: Eigene Darstellung)

6. Einbindung in das Zielsystem

Um die geschäftspolitische Bedeutung der Dienstleistungsqualität und damit der Kundenzufriedenheit zu unterstreichen und einen Anreiz für die Mitarbeiter der Teilmärkte zu schaffen, wurde das Instrument der Strategischen Landkarten in das Erfolgsbeteiligungssystem der Sparkasse integriert. Ausgangsbasis waren dabei die bei einer Nullmessung erstellten Strategischen Landkarten eines jeden Teilmarktes. Eine Erhebung auf Ebene der Geschäftsstellen schied schon aufgrund der in diesem Fall erforderlichen zu großen Stichprobe und der damit verbundenen Kosten aus. Um die Zielerreichung zu messen, soll nach Ablauf von 12 Monaten eine erneute Messung stattfinden. Zu diesem Zeitpunkt feststellbare statistisch signifikante Verschiebungen der defizitären Qualitätsmerkmale in Richtung auf die vertikale Nullachse in vorab vereinbarten Intervallen stellen dabei die Zielvereinbarungen dar und erlauben darüber hinaus ein internes Benchmarking der unterschiedlichen Teilmärkte.

7. Fazit

»Miss es oder vergiss es!« (Zill-Mönck & Bierschwall, 2000, S. 207) Bei allen Motivations-, Akzeptanz- und Überzeugungsaktivitäten, die bei der Entwicklung und Einführung eines Qualitätsmanagements erforderlich sind, ist die Festlegung von Qualitätszielen und deren Messung unabdingbar. Nur wenn durch objektive Messverfahren Verbesserungen tatsächlich belegt und visualisiert werden können, wird sich ein umfassendes Qualitätsmanagement auch bei kritischen Mitarbeitern durchsetzen können. Mit dem vorgestellten Mess- und Analyseverfahren liegt ein Instrument vor, das es Kreditinstituten erlaubt, die von Kunden subjektiv wahrgenommene Dienstleistungsqualität objektiv zu erheben, Defizite zu visualisieren und, unter Zugrundelegung von Zielvereinbarungen, Maßnahmen zur Erhöhung der Dienstleistungsqualität und damit der Kundenzufriedenheit zielgerichtet zu operationalisieren.

8. Literatur

Bauer, H.H., Grether, M. & Schlieder, B. (2000). *Die Messung der Servicequalität von Bankfilialen*. Wissenschaftliche Arbeitspapiere. Nr.: W 34. Mannheim: Fakultät für Betriebswirtschaftslehre, Institut für Marktorientierte Unternehmensführung.

Berekoven, L., Eckert, W. & Ellenrieder, P. (1999). *Marktforschung – Methodische Grundlagen und praktische Anwendung* (8. Auflage). Wiesbaden: Gabler.

Bruhn, M. & Hennig, K. (1993). *Selektion und Strukturierung von Qualitätsmerkmalen – Auf dem Weg zu einem umfassenden Qualitätsmanagement für Kreditinstitute, Teil I.* In GfK Nürnberg (Hrsg.), Jahrbuch der Absatz- und Verbrauchsforschung (Nr. 3, S. 214–238).

Bühler, W. (1993). *Kundenzufriedenheit im Privatgeschäft*. Die Bank. Nr. 9, S. 511–519.

Deutscher Sparkassen- und Giroverband e.V. (Hrsg.) (1996). *Qualitätsmanagement in Sparkassen*. Stuttgart: Deutscher Sparkassenverlag.

Hentschel, B. (1992). *Dienstleistungsqualität aus Kundensicht. Vom merkmals- zum ereignisorientierten Ansatz*. Wiesbaden: Deutscher Universitäts Verlag.

Hinterhuber, H.H., Handlbauer, G. & Matzler, K. (1997). *Kundenzufriedenheit durch Kernkompetenzen*. München: Carl Hanser.

Hirsch-Kreinsen, H. (Hrsg.) (1997). *Organisation und Mitarbeiter im TQM*. Berlin: Springer.

Hüttinger, S.(1995). *Total Quality Management bei Kreditinstituten. Probleme, Konzepte, empirische Ergebnisse*. München: FGM-Verlag.

Kalkowski, P. (1997). *Qualitätsproduktion als Aufgabe der Betriebsorganisation*. In H. Hirsch-Kreinsen (Hrsg.), Organisation und Mitarbeiter im TQM (S. 13–61). Berlin: Springer.

Kroeber-Riel, W. & Weinberg, P. (1996). *Konsumentenverhalten* (6. Auflage). München: Franz Vahlen.

Meffert, H. & Bruhn, M. (1997). *Dienstleistungsmarketing. Grundlagen – Konzepte – Methoden. Mit Fallbeispielen* (2. Auflage). Wiesbaden: Gabler.

Nader, G. (1993). *Evaluation der Bankdienstleistungsqualität mit Hilfe von Problementdeckungsverfahren.* der markt, Nr. 3, S. 152–162.

Schäfer, H. (1994). *Information als zentraler Bestandteil der Qualität von Bankdienstleistungen.* Sparkasse, Nr. 2, S. 54–60.

Schmitz, G. (1995). *Qualitätsmanagement im Privatkundengeschäft von Banken. Konzeption und aufbauorganisatorische Verankerung.* Wiesbaden: Gabler.

Weidenmann, B. (1998). *Erfolgreiche Kurse und Seminare. Professionelles Lernen mit Erwachsenen* (2. Auflage). Weinheim: Beltz.

Zeithaml, V. A., Parasuraman, A. & Berry, L. (1992). *Qualitätsservice. Was Ihre Kunden erwarten – was Sie leisten müssen.* Frankfurt/Main; New York: Campus.

Zill-Mönck, I. & Bierschwall, S. (2000). Qualitätsmessung anhand Kunden-Zufriedenheit. *Betriebswirtschaftliche Blätter*, Nr. 4, S. 204–207.

Zinn, B. & Stark, M. (1996). *Qualitätsmanagement in Sparkassen.* Sparkasse, Nr. 2, S. 65–68.

Aktives Beschwerdemanagement: Die Sicherstellung der Kundenzufriedenheit durch aktives Beschwerdemanagement in Kreditinstituten

Tanja Höffle,
Sparkasse Südliche Weinstraße in Landau

1. Einleitung

Das Kreditgewerbe unserer Tage ist gekennzeichnet durch einen stetigen und immer dynamischeren Wandel, der mit Veränderungen auf der Angebots- und der Nachfrageseite des Bankenmarktes einhergeht.

Der Wettbewerb zwischen den Anbietern innerhalb der Kreditwirtschaft hat sich durch das Eindringen der Non-, Near- und Direktbanken in die traditionellen Tätigkeitsfelder der Banken und Sparkassen verschärft. Darüber hinaus gewinnt das Internet mit seinen virtuellen Geschäftsstellen immer mehr an Bedeutung. Die zunehmende Internationalisierung und Globalisierung der Finanzdienstleistungsmärkte erhöhen diesen Konkurrenzdruck noch. Angesichts des Margenverfalls und des nachhaltig zu verzeichnenden Kostenanstiegs sind die Erträge im Bankgewerbe spürbar unter Druck geraten. Die Kreditinstitute versuchen, dieser Entwicklung durch die Fokussierung ihres Provisionsgeschäfts und das Eingehen von Fusionen entgegenzutreten. Eine Ausweitung eigener Marktanteile kann jedoch nur im Rahmen eines Umverteilungsprozesses erreicht werden, bei dem Kunden anderer Anbieter von eigenen Stärken überzeugt werden. Die Gründe hierfür liegen in einer Übersättigung des Bankenmarktes. Eine exponierte Positionierung einzelner Häuser lässt sich durch die Entwicklung neuer Vertriebs- und Produktkonzepte nur schwerlich realisieren. Die Angebotspalette aller Kreditinstitute ist durch die stetige Nachahmung von Produktinnovationen nahezu identisch. Dadurch wird die Qualität einer Bankdienstleistung zu einem immer bedeutenderen Kriterium für die Wahl einer Bankverbindung: Nur auf diesem Weg ist die Abgrenzung zu anderen Finanzinstituten möglich.

Der Bankkunde entwickelt sich immer mehr zu einer kritischen und selbstbewussten Person. Er erwartet von seinem Kreditinstitut Verlässlichkeit, Korrektheit, Transparenz und hohe Qualität in Service und Beratung. Des Weiteren besitzt er eine hohe Sensibilität bezüglich der Konditionen und Preise. Die öffentliche Diskussion von Bankthemen durch Medien und Verbraucherverbände ermuntert den Kunden zusätzlich zu einem kritischen Umgang mit den Instituten. Bedingt durch Internet und Mehrfachbankverbindungen, wird der Markt transparenter. Als Folge all dieser Entwicklungen kommt es zu einer Abnahme der Bankloyalität – der unzufriedene Kunde ist immer schneller bereit, die Geschäftsverbindung zu lösen und zu einem anderen Anbieter zu wechseln.

In dem vorstehend beschriebenen Umfeld gesättigter und wettbewerbsintensiver Märkte gewinnt bei der Entwicklung und Formulierung geschäftspolitischer Ziele die Orientierung am Kunden zunehmend an Bedeutung. Die Eigenpräsentation der Kreditinstitute und das Verhalten ihrer Mitarbeiter gegenüber den Kunden ist dadurch geprägt, dass Neukunden nur durch immense Anstrengungen und einen hohen finanziellen Aufwand gewonnen werden können. Dagegen ist die Bindung bereits bestehender Kunden an das Unternehmen weit weniger kostspielig. Aus diesem Grund wird die Orientierung am Kunden zum entscheidenden Wettbewerbsfaktor. Aufbau und Pflege der Kundenbeziehung haben Priorität, weil sie die Loyalität des Kunden gegenüber seinem Kreditinstitut erhöhen. Damit steht letztendlich die Zufriedenheit des Kunden im Mittelpunkt der Geschäftsbeziehung und nimmt direkten Einfluss auf dessen Treue zu einem Unternehmen (vgl. Polan, 1995, S. 3 ff., vgl. Drewes, 1992, S. 938 f.).

Die vorliegenden Ausführungen sollen deshalb die Sicherstellung der Kundenzufriedenheit durch aktives Beschwerdemanagement erläutern und die aus der Beschwerdebearbeitung resultierenden Chancen für das Unternehmen aufzeigen. Zunächst werden die Entstehung von Kundenzufriedenheit und Kundenunzufriedenheit skizziert und die daraus resultierenden Handlungsmöglichkeiten des Kunden vorgestellt. Die Beschwerde, als mögliche Folge von Unzufriedenheit, wird dabei hervorgehoben. Im Anschluss wird die geschäftspolitische Bedeutung eines aktiven Beschwerdemanagements erläutert. Der Beschwerdemanagement-Prozess wird im vierten Abschnitt in seine direkte und seine indirekte Phase unterteilt, und die einzelnen Bestandteile werden näher beleuchtet. Schließlich wird das Beschwerdemanagement unter Kosten-Nutzen-Aspekten dargestellt.

2. Determinanten der Kundenzufriedenheit/Kundenunzufriedenheit und daraus resultierende Verhaltensalternativen

2.1 Die Entstehung von Kundenzufriedenheit und Kundenunzufriedenheit

Obgleich Kundenzufriedenheit und Kundenunzufriedenheit Gegenstand zahlreicher Forschungsarbeiten sind, konnte bislang keine Einigung über deren konzeptionelles Verständnis erzielt werden. Übereinstimmend ist jedoch zu sagen, dass Zufriedenheit bzw. Unzufriedenheit das Ergebnis eines Vergleichsprozesses ist, bei dem die individuelle Erwartung des Kunden mit der von ihm subjektiv wahrgenommenen Leistung des Anbieters verglichen wird. Ob der Kunde mit der erfahrenen Unternehmensleistung zufrieden ist, wird von ihm ex post beurteilt. Hinsichtlich dieses Beurteilungsprozesses stützen sich die meisten Forscher auf das »disconfirmation paradigm«, nach dem sich der Grad der Zufriedenheit aus der Diskrepanz zwischen Erwartetem und Erfahrenem ergibt. Die Nichterfüllung der Erwartungen führt zur Unzufriedenheit des Kunden. Die Erfüllung verursacht ein neutrales Gefühl und führt zur Indifferenz. Dies hat zur Folge, dass die erfahrene Unternehmensleistung als austauschbar mit den Leistungen der Wettbewerber wahrgenommen wird (vgl. Stauss & Seidel, 1996, S. 37 ff.). Die Assimilations-Kontrast-Theorie geht davon aus, dass bei einer verhältnismäßig geringen Über- oder Unterschreitung der erwarteten Leistung die Abweichungen in eine Indifferenzzone fallen und dort assimiliert werden (vgl. Kiefer & Scharnbacher, 1996, S. 10). Es erfolgt eine Anpassung der aktuellen Erfahrungen an das Anspruchsniveau des Kunden, was dazu führt, dass er die vorhandene Diskrepanz nicht wahrnimmt. In der Regel geschieht dies im Unterbewusstsein der betreffenden Person. In Fällen größerer Abweichung außerhalb dieser Indifferenzzone wird die Diskrepanz zwischen Soll und Ist vom Kunden stärker wahrgenommen, als sie tatsächlich ist (vgl. Handlbauer, Hinterhuber & Matzler, 1997, S. 15 f.). Erst wenn die empfundene Unternehmensleistung die Erwartungen übertrifft, entsteht Kundenzufriedenheit. Diese Zufriedenheit steigert sich in Begeisterung des Kunden, wenn eine Toleranzzone nach oben überschritten wird. So können sogar vom Kunden noch nicht erkannte bzw. unausgesprochene Bedürfnisse befriedigt werden (Bühler, 1993, S. 112).

Die Erwartungen des Kunden (Soll-Komponente) unterliegen einer dynamischen Entwicklung und werden von zahlreichen Faktoren beeinflusst. Beispielsweise sind dies die Marketingaktivitäten des Unternehmens, Empfehlungen durch Dritte, persönliche Bedürfnisse des Konsumenten, bereits vorliegende Erfahrungen und das Wissen um Alternativen. Die jeweilige Nachfragesituation, die grundsätzliche Haltung des Verbrauchers gegenüber dem Unternehmen und sein jeweiliges Verhalten bestimmen die Leistungswahrnehmung (Ist-Komponente) (vgl. Mann & Töpfer, 1996, S. 39).

2.2 Verhaltensalternativen bei Kundenunzufriedenheit

Sind Kunden mit Unternehmensleistungen nicht zufrieden, bieten sich ihnen grundsätzlich alternative Reaktionsformen. Besteht zwischen Erwartungshaltung und erfahrener Behandlung lediglich eine geringe Diskrepanz, betreiben die Kunden »psychischen Dissonanzabbau« (Festinger, 1957). Dieser kann dadurch erfolgen, dass anfängliche Vorstellungen bezüglich der angebotenen Dienstleistung oder des Verhaltens von Mitarbeitern des Unternehmens im Nachhinein einer Minuskorrektur unterzogen werden. Eine weitere Alternative stellt die nachträgliche Beschönigung und Verklärung des Widerfahrenen dar.

Befindet sich ein Kunde in einem Zustand derartig hoher Unzufriedenheit oder Verärgerung, dass er unter keinen Umständen über das Fehlverhalten des Unternehmens hinwegsehen möchte oder kann, so besteht für ihn die Möglichkeit, zwischen vier Alternativen in seinem Reaktionsverhalten zu wählen, wobei es sich bei den einzelnen Varianten nicht um einander ausschließende Verhaltensweisen handelt (vgl. Stauss & Seidel, 1996, S. 44 f.). Der unzufriedene Kunde kann

- abwandern und zu einem anderen Anbieter wechseln,
- Dritten von den gemachten Erfahrungen und der daraus resultierenden Unzufriedenheit berichten,
- trotz Unzufriedenheit inaktiv bleiben oder
- sich bei Drittinstitutionen oder direkt beim Unternehmen beschweren (vgl. Zinnagl, 1994, S. 23 ff.).

In den meisten Fällen von Unzufriedenheit wird der Kunde abwandern und zu einem anderen Anbieter wechseln. Aufgrund der Wettbewerbsintensität des Bankenmarktes wird es einem enttäuschten Kunden erleichtert, sein Kreditinstitut zu wechseln. Potenzielle Neukunden werden von den konkurrierenden Banken und Sparkassen aktiv umworben. Darüber hinaus steigt die Anzahl der Kunden, die mehr als eine Bankverbindung unterhalten, kontinuierlich an, sodass es dem unzufriedenen Kunden erleichtert wird, seine Bankgeschäfte schrittweise auf einen Wettbewerber zu übertragen (stiller Bankwechsel, vgl. Paul & Paul, 1997, S. 875 ff.).

In vielen Fällen kann davon ausgegangen werden, dass der Wechsel des Kreditinstitutes von negativer Mundpropaganda seitens des Kunden begleitet wird. Auch wenn der enttäuschte Kunde seine Unzufriedenheit gegenüber dem Geldinstitut nicht ausspricht, wird er Dritten von den unerfreulichen Erfahrungen berichten. Untersuchungen belegen, dass jeder unzufriedene Kunde mit bis zu 20 Personen über seine negativen Erlebnisse spricht, die ihrerseits das Gehörte im Gespräch mit Dritten kommunizieren (Homburg, 1996, S. 26). Ein zufriedener Kunde dagegen teilt seine positiven Erfahrungen nur etwa drei bis fünf Personen mit (vgl. Ebner & Netzel, 1997, S. 291). Hervorzuheben ist dabei, dass diesen Aussagen weitaus mehr Gewicht zukommt als den Marketingaktivitäten eines Unternehmens. Die auf diesem Weg erhaltenen Informationen besitzen eine höhere Glaubwürdigkeit, weil sie von Personen verbreitet werden, denen man auch im Alltag persönliches Vertrauen entgegenbringt. Auch die im Vergleich zur Unternehmenskommunikation fehlenden finanziellen Absichten erhöhen deren Wirkung (vgl. Kroeber-Riel & Weinberg, 1996, S. 500).

Unzufriedene Kunden zeigen jedoch nicht in jedem Fall ihre Verärgerung: Ein Wechsel des Instituts erscheint oftmals als mit zusätzlichen Kosten verbunden und würde persönliche Initiative und eigenen Aufwand bei der Einrichtung einer neuen Kontoverbindung erfordern. Wenngleich diese Kunden in ihrem persönlichen Umfeld nicht über ihre negativen Erfahrungen sprechen, bleiben empfundene Unzufriedenheit und Verärgerung in ihren Köpfen haften. Jede weitere unerfreuliche Erfahrung wird gedanklich zu diesen latenten Erinnerungen addiert und verstärkt den Gedanken an einen Wechsel des Kreditinstituts. Ihre Haltung gegenüber dem Unternehmen kann keineswegs mehr als loyal bezeichnet werden (vgl. Zinnagl, 1994, S. 24 ff.).

Des Weiteren besteht für den Kunden die Möglichkeit, seine Enttäuschung in Form einer Beschwerde zu äußern. In diesen Fällen artikuliert er seine Unzufriedenheit gegenüber dem Unternehmen oder einem Dritten mit der Absicht, auf ein aus seiner subjektiven Sicht unerfreuliches Ereignis hinzuweisen, Wiedergutmachung zu erlangen und/oder die Behebung seines Problems zu bewirken. Hat der Kunde allerdings die Absicht, seine Beanstandungen an der Unternehmensleistung mit einer kaufrechtlichen Forderung zu verbinden und diese auf gerichtlichem Weg geltend zu machen, spricht man von einer Reklamation (vgl. Stauss & Seidel, 1996, S. 27 f.).

Die Artikulation einer Beschwerde stellt für das Unternehmen die bestmögliche Handlungsalternative dar: Die Beschwerde führenden Kunden teilen ihren Unmut direkt dem Anbieter mit, weisen auf das vorhandene Problem hin und geben dem Unternehmen eine zweite Chance. Sie vertrauen dem Unternehmen weiterhin und bringen ihm Loyalität entgegen (vgl. Ullmann & Peil, 1995, S. 1516).

3. Die geschäftspolitische Bedeutung eines aktiven Beschwerdemanagements

Aktives Beschwerdemanagement umfasst die Planung, Umsetzung und Kontrolle aller Maßnahmen, die in Zusammenhang mit Kundenbeschwerden stehen. Seine strategischen Ziele liegen darin, Kundenzufriedenheit wiederherzustellen und zu sichern, Kundenloyalität zu erhöhen und damit letztendlich die Rentabilität der Kundenbeziehung für das Unternehmen zu steigern. Des Weiteren werden Opportunitätskosten vermieden, die bei den Bemühungen um die Rückgewinnung verlorener Kunden bzw. der Akquisition neuer Kunden entstehen würden (vgl. Hansen, Jeschke & Schöber, 1995, S. 81 f.).

Wird die Beschwerde eines Kunden ernst genommen und zu seiner Zufriedenheit bearbeitet, führt dies zu einer erhöhten Treue und Beständigkeit, die der Kunde dem Unternehmen entgegenbringt (vgl. Riehm, 1996, S. 8). In geringeren Marketingkosten, der besseren Nutzbarkeit von Cross-selling-Potenzialen, reduzierten Vertriebs- und Verwaltungskosten und einer im Zeitablauf sinkenden Preiselastizität liegen weitere Vorteile für das Unternehmen, die von loyalen Kunden ausgehen (vgl. Stauss, 1997, S. 76).

Durch erfolgreiche Beschwerdebearbeitung bietet sich für Kreditinstitute die Chance, sich gegenüber den Wettbewerbern zu profilieren, die Beziehung zum Kunden zu intensivieren und somit zufriedene Kunden als beste Werbeträger ihres Hauses zu gewinnen. Die daraus resultierende positive Mundpropaganda verbessert das Unternehmensimage und erleichtert die Möglichkeit, Neukunden zu akquirieren. Eine kundenorientierte Unternehmensphilosophie wird nach außen hin verdeutlicht und trägt dazu bei, sich gegenüber Wettbewerbern am Markt zu differenzieren. Weiterhin wird dadurch die erreichte Marktstellung gesichert und die Abwanderung eigener Kunden verhindert (vgl. Bailom, Hinterhuber, Matzler & Sauerwein, 1996, S. 117; vgl. Stauss & Seidel, 1996, S. 52 ff.).

Sich beschwerende Kunden werden als Unternehmensberater gesehen, die kostenlos die betrieblichen Schwächen aufdecken, auf erforderliche Qualitätsverbesserungen hinweisen und zum kontinuierlichen Abbau von Fehlerquellen beitragen. Oftmals ist es dem Beschwerdeführer möglich, den problematischen Sachverhalt konkret zu benennen. Die Gründe für die Unzufriedenheit können aufgrund der Beschwerdeinformation im Vorfeld und auf Dauer beseitigt werden, um so künftig nicht mehr Anlass von Beanstandungen zu sein (Drewes & Gillhausen, 1996, S. 70 ff.).

Auch gelten Beschwerden als strategisches Frühwarnsystem. Sie informieren über die Wünsche der Kunden und helfen bei der Aufdeckung und Nutzbarmachung von Marktchancen (vgl. Hansen, Jeschke & Schöber, 1995, S. 81).

4. Der Beschwerdemanagement-Prozess

4.1 Der direkte Beschwerdemanagement-Prozess

4.1.1 *Die Beschwerdestimulation*

Ziel der Stimulation von Beschwerden ist es, den Anteil der enttäuschten Kunden, die sich beschweren, zu maximieren und den Anteil der unausgesprochenen Beschwerden (unvoiced complaints) zu minimieren. Der Anteil der unzufriedenen Kunden, die sich für alternative Reaktionsformen, wie beispielsweise negative Mundkommunikation oder einen Wechsel des Anbieters, entscheiden, muss möglichst gering gehalten werden.

Unter der Beschwerdestimulation versteht man demzufolge alle Aktivitäten eines Unternehmens, die den Kunden motivieren, seine Unzufriedenheit in Beschwerden umzusetzen. Er soll dazu angeregt werden, seine Unzufriedenheit gegenüber dem Kreditinstitut zu äußern und diesen Weg der Problemlösung als selbstverständlich anzusehen. Hemmnisse, die ihn von seiner Unzufriedenheitsäußerung abhalten, müssen entfernt und der mit der Beschwerde verbundene zeitliche und finanzielle Aufwand möglichst gering gehalten werden. Dem Kunden muss verdeutlicht werden, dass das Unternehmen ihn und seine Beschwerde ernst nimmt und sein Problem zu seiner Zufriedenheit lösen möchte.

Viele verärgerte Kunden verzichten darauf, sich direkt beim Anbieter zu beschweren, weil sie nicht wissen, wohin sie sich bei Unzufriedenheit wenden sollen. Die Kreditinstitute müssen deshalb ihren Kunden verschiedene Kommunikationswege anbieten, ihr Interesse für Anregungen und Kritik betonen und zur aktiven Meinungsäußerung auffordern (vgl. Stauss & Seidel, 1996, S. 69 ff.).

In Ergänzung zur Möglichkeit, sich im Gespräch mit dem Servicepersonal oder dem Kundenberater persönlich zu beschweren, werden den unzufriedenen Kunden alternative Beschwerdekanäle angeboten. Damit soll auch Kunden, die einer persönlichen Auseinandersetzung aus dem Wege gehen, eine Möglichkeit geboten werden, sich kritisch gegenüber dem Unternehmen zu äußern.

Eine Variante, Kunden dazu anzuregen, ihre Meinung mitzuteilen, ist die Auslage von Comment-Cards am Bankschalter. Der Aufbau dieser Meinungskarten ist institutsübergreifend nahezu identisch, und auch inhaltlich unterscheiden sich die Beschwerdekarten der einzelnen Kreditinstitute kaum voneinander. In der Regel enthalten sie standardisierte Fragen zu den Themen Kundenzufriedenheit, Dienstleistungsqualität und Umgang mit Beschwerden. Des Weiteren bieten sie dem Kunden Freiraum für schriftliche Anmerkungen in Form von Kritik, Lob und Verbesserungsvorschlägen. In den meisten Fällen ist es dem Kunden freigestellt, Angaben zu seiner Person zu machen oder anonym zu bleiben. Die ausgefüllten Comment-Cards können in eigens dafür aufgestellte Briefkästen eingeworfen, dem Kreditinstitut zugefaxt oder portofrei zugeschickt werden (Stauss & Seidel, 1996, S. 73 ff.).

Eine weitere Möglichkeit des complaints fishing besteht über die Einrichtung eines kostengünstigen oder kostenlosen Beschwerdetelefons. Besonders beachtenswert ist dabei, dass die Kapazität dieser Telefon-Hotline so ausgelegt ist, dass auch in Fällen von erhöhtem Beschwerdeaufkommen eine zügige und damit kundenfreundliche Abwicklung gewährleistet ist. Darüber hinaus sollte die Möglichkeit der Beschwerdeartikulation über die üblichen Öffnungszeiten hinaus gegeben sein. Die Vorteile eines Beschwerdetelefons liegen darin, dass die Negativerfahrungen dem Anbieter unmittelbar nach deren Auftreten auf einem problemlosen und bequemen Weg mitgeteilt werden können. Direkt im Gespräch können Unklarheiten beseitigt, Einzelheiten hinterfragt und Lösungsvorschläge angeboten werden (vgl. Barlow & Möller, 1996, S. 189 ff.). Durch EDV-Einsatz kann die telefonische Beschwerdebearbeitung schneller und effizienter gestaltet werden (vgl. Schreiber & Zimmer, 1996, S. 665).

Ergänzend zum Beschwerdetelefon besteht die Möglichkeit, über die Medien T-Online und Internet Beschwerdekanäle einzurichten. Dies erlaubt dem Kunden, bequem und zeitlich ungebunden mit dem Kreditinstitut in Kontakt zu treten.

4.1.2 Die Beschwerdeannahme

Für die Zufriedenheit bzw. Unzufriedenheit eines Kunden mit der Beschwerdebearbeitung ist in erster Linie das Verhalten der Mitarbeiter bei der Annahme der Beschwerde entscheidend. Der erste Kontakt mit dem Unternehmen nach Auftreten der Beschwerdesituation ist ausschlaggebend dafür, ob die Zufriedenheit des Kunden wiederhergestellt und gemeinsam eine Lösung für das bestehende Problem gefunden werden kann. In den meisten Fällen zeigen Kunden beim Auftreten von Fehlern Verständnis und artikulieren ihre Unzufriedenheit oft nur indirekt in Form von Anmerkungen und Hinweisen. Deswegen ist es die Aufgabe des Beschwerdemanagements, die Mitarbeiter dahin gehend zu sensibilisieren, die Unzufriedenheitsäußerungen der Kunden auch als solche zu erkennen (Stauss & Seidel, 1996, S. 85 ff.).

Um der Unsicherheit vieler Angestellter im Umgang mit Beschwerden zu begegnen, ist es sinnvoll, standardisierte Verhaltensrichtlinien zu formulieren. Dies erscheint umso wichtiger, da Beschwerdesituationen für den Kunden mit Stress und persönlichem Ärger verbunden sind. Kunden können daher aggressiv und misstrauisch reagieren. In dieser Stresssituation ist es wichtig, den Kunden freundlich zu begrüßen, ihn nach Möglichkeit mit seinem Namen anzusprechen und sich selbst höflich vorzustellen. Der Beschwerdeführer ist voller Emotionen, was dazu führen kann, dass selbst minimale Verhaltensfehler des Mitarbeiters über Gebühr wahrgenommen werden. Der Kunde fühlt sich betrogen und in der Position des unterlegenen Konsumenten (vgl. von Brockdorff, 1990, S. 21 ff.).

Der Sparkassen- oder Bankmitarbeiter sollte deshalb dem Beschwerdeführer seine Gesprächsbereitschaft signalisieren und ihm anbieten, die Unterhaltung in einem diskreten Umfeld zu führen. Ein ruhiges Beratungszimmer abseits vom Kundenverkehr bietet dafür die besten Voraussetzungen. Dem Beschwerdeführer sollte es ermöglicht werden, seiner Unzufriedenheit und Enttäuschung erst einmal Luft zu machen. Sämtliche Reaktionen des Mitarbeiters müssen dem Kunden signalisieren, dass man ihn und sein Anliegen ernst nimmt. Es muss deutlich werden, dass man Verständnis für sein Problem hat, dieses beseitigen möchte und um Wiedergutmachung bemüht ist. Der Mitarbeiter sollte dem Beschwerdeführer aktiv zuhören, nicht ins Wort fallen und nicht versuchen, ihn abzuwehren. Des Weiteren sollte das Gespräch in einem moderaten und sachlichen Ton geführt werden, und der Angestellte sollte sich immer wieder in die Lage seines Gegenübers versetzen.

Nachdem der Kunde seine Aggressionen abgeladen und sein gesamtes Pulver verschossen hat, kann der Grund für die vorgebrachte Beschwerde genauer hinterfragt werden. Das Auflisten von Gesprächsnotizen ist dabei von Vorteil. Spontane Schuldzuweisungen und Sofortdiagnosen sind zu vermeiden. Der Beschwerdeführer sollte so lange inhaltlich befragt werden, bis der Grund seiner Unzufriedenheit eindeutig analysiert ist.

Der Mitarbeiter sollte sich für das Auftreten des Fehlers entschuldigen und das Bemühen aussprechen, künftig derartige Fehler zu vermeiden. Auch sollte sich das Kreditinstitut gegenüber dem Kunden dafür bedanken, dass er seinen Unmut und seine Enttäuschung in Form einer Beschwerde vorgebracht hat (vgl. Ebner & Netzel, 1997, S. 294; vgl. von Brockdorff, 1990, S. 25 ff.; vgl. Stumpenhausen, 1997, S. 190).

4.1.3 Die Beschwerdebearbeitung und die Beschwerdereaktion
Grundsätzlich ist der Mitarbeiter für die Erledigung der Beschwerde verantwortlich, der sie entgegennimmt (complaint owner). Ist das vom Kunden artikulierte Problem Teil seines Kompetenzbereichs, obliegt es ihm, eine schnelle und umfassende Lösung herbeizuführen. Können komplexere Probleme vom Beschwerdeeigentümer nicht unmittelbar gelöst werden, leitet er die Beschwerde umgehend an die Kollegen weiter, in deren Aufgaben- und Kompetenzbereich die Problembehebung fällt (vgl. Drewes & Klee, 1994, S. 45).

Übergeordnetes Ziel muss es dabei im Unternehmen sein, bei Mitarbeitern ein Verantwortungsgefühl für angetragene Beschwerden zu entwickeln. Keinesfalls darf auf weitere Initiative des Beschwerdeführers gewartet oder die Problematik auf die lange Bank geschoben werden. Das Unternehmen muss die Kunden aus eigenem Antrieb über den Stand der Beschwerdebearbeitung informieren, wobei grundsätzlich der complaint owner als Kontaktperson für den Beschwerdeführer fungiert (vgl. Stauss & Seidel, 1996, S. 87 ff.).

Dem Faktor Zeit kommt bei der Beschwerdereaktion eine dominante Rolle zu. Je länger der Beschwerdeführer auf die endgültige Lösung seines Problems durch das Kreditinstitut warten muss, desto unzufriedener wird er.

Um eine zügige Abwicklung der Beschwerden zu gewährleisten, ist es ratsam, den Mitarbeitern zeitliche Standards vorzugeben (vgl. Stauss & Seidel, 1996, S. 143 ff.). Von Vorteil ist es, das Problem direkt im Gespräch mit dem Kunden zu klären. Um eine derart schnelle und damit kundenorientierte Beschwerdebearbeitung zu erlauben, ist es sinnvoll, die Mitarbeiter, die im Kundenkontakt tätig sind, mit entsprechenden Kompetenzen auszustatten. Diese Dezentralisierung von Entscheidungskompetenzen (Empowerment) ist Grundvoraussetzung für eine schnelle und flexible Problembehebung (vgl. Stauss & Seidel, 1996, S. 89).

Kann eine sofortige Einigung jedoch nicht erzielt werden und ist absehbar, dass sich die Bearbeitung über einen längeren Zeitraum erstrecken wird, sollte dem Kunden innerhalb von 48 Stunden ein Zwischenbericht zugehen. Der Beschwerdeführer wird auf schriftlichem, vorzugsweise telefonischem Weg über den Stand der Bearbeitung informiert, und der voraussichtliche Lösungszeitpunkt wird ihm mitgeteilt (vgl. Drewes & Klee, 1994, S. 45).

Die endgültige Problembehebung sollte jedoch spätestens innerhalb von 14 Tagen erfolgen. Dem Kunden sollten aus seiner Beschwerde keine materiellen oder immateriellen Nachteile entstehen. Entstandene Unannehmlichkeiten sind abzugelten, und der Problemlösung ist eine Entschuldigung hinzuzufügen (vgl. O.V., 1996, S. 64 f.).

4.2 Der indirekte Beschwerdemanagement-Prozess

4.2.1 Die Beschwerdeanalyse

Die Beschwerdeanalyse ist ein Baustein des indirekten Beschwerdemanagement-Prozesses. Sie besteht aus den beiden Komponenten Struktur- und Ergebnisanalyse. Ziel der Beschwerdeauswertung ist es, aus der eingehenden Kritik Konsequenzen zu ziehen, indem sie die Struktur der Beschwerdegründe erforscht (Strukturanalyse) und die Beschwerdezufriedenheit ermittelt (Ergebnisanalyse) (vgl. Drewes & Klee, 1995, S. 515).

Um die in den Beschwerden enthaltenen Informationen für das Kreditinstitut nutzbar zu machen, werden die Beschwerdedaten im Rahmen der Strukturanalyse systematisch erfasst und ausgewertet. Der dazu erforderliche Aufwand ist, unter Kosten-Nutzen-Aspekten betrachtet, vergleichsweise gering. Mit den gewonnenen Daten kann effizient gearbeitet werden, da sie aktuell sind und einen kritischen Sachverhalt eindeutig benennen können. Durch diese Mitteilungen wird es dem Unternehmen möglich, Schwachstellen in der Leistungserbringung aufzudecken und Fehlerquellen zu identifizieren. Deshalb ist es sinnvoll, zunächst nur einzelne bedeutende Daten zu sammeln, Problemfelder auszumachen und erst anschließend detaillierter zu analysieren. Interne Prozesse werden zu diesem Zweck kritisch hinterfragt und permanent verbessert. Dies führt letztendlich zur Beseitigung bestehender Problemfelder und im günstigsten Fall zur Optimierung der Leistungserstellung (vgl. Stauss, 1995, S. 388 f.).

Nach endgültiger Bearbeitung der Beschwerde durch das Kreditinstitut wird im Rahmen der Ergebnisanalyse ermittelt, ob der Kunde mit der Beschwerdeabwicklung zufrieden ist. Eine schriftliche oder telefonische Befragung der Kunden, die sich im Vorfeld beschwert haben, soll Aufschluss über deren Beschwerdezufriedenheit geben. Diese direkte Ansprache dient einerseits der erneuten Informationsgewinnung, wirkt sich andererseits aber auch positiv auf die Kundenbeziehung aus. Dem Kunden wird das Gefühl vermittelt, dass das Kreditinstitut seine Beschwerde ernst nimmt und an einer ihn zufrieden stellenden Lösung interessiert ist. Zusätzlich eröffnet sich dem Unternehmen die Chance, auf Kunden, die mit der erfolgten Beschwerdeabwicklung nicht zufrieden waren, erneut zuzugehen und deren Zufriedenheit auf diesem Wege herbeizuführen (vgl. Drewes & Klee, 1995, S. 515).

4.2.2 Das Beschwerdemanagement-Controlling

Zentrale Aufgabe des Beschwerdemanagement-Controllings ist es, die Ergebnisse der Beschwerdeanalyse aufzubereiten und auszuwerten. Die so erhaltenen Daten bieten die Grundlage für zukünftige Entscheidungen und Handlungen von Führungskräften verschiedener Unternehmensebenen. Darüber hinaus können Informationen über die Kosten-Nutzen-Relation des aktiven Beschwerdemanagements abgeleitet werden (vgl. Stauss & Seidel, 1996, S. 221 ff.). Inhaltlich teilt man das Beschwerdemanagement-Controlling in die Komponenten Problem-, Kosten- und Aufgabencontrolling.

Im Rahmen des Problemcontrollings werden die Resultate und Daten nach unterschiedlichen Gesichtspunkten ausgewertet. Beispielsweise sind hier Rankinglisten der Beschwerdeursachen, Frequenz-Relevanz-Analysen und Kundenzufriedenheitsprofile zu nennen.

Die Aufgabe des Kostencontrollings besteht darin, alle Aufwendungen, die im Rahmen der Beschwerdeabwicklung anfallen, exakt aufzulisten. Dabei kann es sich beispielsweise um Entschädigungszahlungen, Kosten für »Entschuldigungspräsente« oder einen Ausgleich für Zinsverluste handeln. Darüber hinaus sind auch die Kosten der Beschwerdebearbeitung zu quantifizieren.

Bedeutendstes Element des Beschwerdemanagement-Controllings ist das Aufgabencontrolling. Es stellt eine Verbindung zwischen dem aktiven Beschwerdemanagement und einem übergeordneten Qualitätsmanagement her. Seine Aufgabe ist es, die durch die Beschwerdeanalyse erhaltenen Informationen zu nutzen, deren Umsetzung in die Praxis zu koordinieren und zu überwachen (vgl. O.V., 1996, S. 72).

5. Die Kosten-Nutzen-Analyse des aktiven Beschwerdemanagements

5.1 Die Problematik der monetären Quantifizierung

Als Hemmnis bei der Implementierung eines aktiven Beschwerdemanagements erweist sich die Problematik der monetären Bewertung des aus der Beschwerdebearbeitung resultierenden Nutzens für das Unternehmen. Den mit einer aktiven Beschwerdepolitik verbundenen Aufwendungen steht scheinbar kein Ertrag gegenüber. In der Beschwerdeforschung existieren bislang nur wenige Ansätze, in denen die Leistungsfähigkeit des Beschwerdemanagements in Form einer monetären Größe ausgedrückt wird (vgl. Hoffmann, 1991, S. 26 ff.). Trotz dieser Schwierigkeit müssen bei der Erfolgskontrolle die qualitativen Erfolgskomponenten den monetär darstellbaren Kostenkomponenten gegenübergestellt werden. Im Weiteren muss versucht werden, diese miteinander zu verrechnen, um den Gesamtnutzen der Beschwerdepolitik zu erkennen. Der finanzielle Erfolg des Beschwerdemanagements wird dabei als Differenz zwischen dem quantifizierten Nutzen der Beschwerdebearbeitung und dem hypothetischen Markterfolg, der ohne beschwerdepolitische Aktivitäten eintreten würde, verstanden (vgl. Hansen, Jeschke & Schöber, 1995, S. 82).

5.2 Die Kostenkomponenten des aktiven Beschwerdemanagements

Durch die Einführung eines aktiven Beschwerdemanagements fallen einmalig Implementierungskosten an, die sich u.a. aus den Aufwendungen für Konzeption, Organisation, EDV und Schulung zusammensetzen (vgl. Ullmann & Peill, 1995, S. 1519). Ergänzend hierzu resultieren aus der praktischen Umsetzung der aktiven Beschwerdepolitik wiederkehrende Folgekosten in Form von Personal-, Verwaltungs-, Kommunikations- und Reaktionsaufwendungen.

Den Personalkosten werden primär die Gehaltszahlungen einschließlich der Lohnnebenkosten und aller gesetzlichen und freiwilligen Unternehmensleistungen der Mitarbeiter zugerechnet, die in der Beschwerde- oder Reklamationsabteilung beschäftigt sind. Sekundär müssen aber auch die Aufwendungen der Abteilungen, die einen indirekten Beitrag zur Beschwerdeabwicklung leisten, Beachtung finden.

Verwaltungskosten fallen in Form von Raumkosten, Aufwendungen für Büromaterial, Stromkosten oder Abschreibungen für Büroausstattungen an.

Aufwendungen für Telefon, Telefax und Porto werden den Kommunikationskosten zugerechnet.

Im Zuge der endgültigen Beschwerdebearbeitung entstehen dem Unternehmen

Reaktionskosten in Form von Wiedergutmachungs- oder Kulanzkosten. Wiedergutmachungskosten werden gezahlt, wenn die Ansprüche des Kunden rechtlich fundiert und somit auf gerichtlichem Weg einklagbar sind. Die Kulanzkosten dagegen stellen eine freiwillige Unternehmensleistung dar. In beiden Fällen kann es sich sowohl um materielle als auch monetäre Leistungen handeln (vgl. Stauss & Seidel, 1996, S. 254 f.).

5.3 Die Nutzenkomponenten des aktiven Beschwerdemanagements

Der qualitative Nutzen eines aktiven Beschwerdemanagements wird darin gesehen, dass einerseits Informationen für Qualitätsverbesserungen im Unternehmen gewonnen und andererseits gefährdete Geschäftsbeziehungen stabilisiert werden können. Die Beschwerdeforschung spricht in diesem Zusammenhang vom Informations- und vom Einstellungsnutzen. Verschiedene Ansätze versuchen, den Erfolg einer aktiven Beschwerdepolitik in Form von verhinderten Umsatzrückgängen darzustellen. Die aus der Unzufriedenheit resultierende Kundenfluktuation führt zu Opportunitätskosten in Form von Gewinneinbußen und Deckungsbeitragsminderungen. Eine erfolgreiche Bearbeitung der eingehenden Beschwerden wirkt einer solchen Entwicklung entgegen. Die Zufriedenheit des Kunden mit der Beschwerdebearbeitung führt zu einer Einstellungsverbesserung des Kunden gegenüber dem Unternehmen und beeinflusst sein Kauf- und Kommunikationsverhalten positiv. Er wird auch künftig die Geschäftsbeziehung aufrechterhalten und möglicherweise sogar intensivieren. Darüber hinaus wird er in seinem sozialen Umfeld über seine positiven Erfahrungen berichten. Die Beschwerdeforschung bezeichnet dies als Wiederkauf- und Kommunikationsnutzen.

Erfahrungsgemäß führt die Nutzung der in den Beschwerden enthaltenen Informationen zu Kosteneinsparungen im Unternehmen. Ein Grund für diese Kostenreduzierung besteht darin, dass die Ausgaben für qualitativ gute Dienstleistungen geringer sind als die Aufwendungen, die bei der nachträglichen Beseitigung von Qualitätsdefiziten entstehen. Durch die Behebung solcher Fehlerquellen können Reaktionskosten in Form von Wiedergutmachungs- oder Kulanzzahlungen minimiert werden. Aber auch die Optimierung interner Arbeitsabläufe kann zu Kosteneinsparungen führen.

Darüber hinaus kann das Unternehmen mit Erlöszuwächsen rechnen. Die in den Beschwerden artikulierten Wünsche der Kunden helfen, Veränderungen im Konsumentenverhalten auszumachen, Marktchancen aufzudecken und diese nutzbar zu machen (vgl. Stauss & Seidel, 1996, S. 256 ff.).

6. Literatur

Bailom, F., Hinterhuber, H.H., Matzler, K. & Sauerwein, E. (1996). *Das Kano-Modell der Kundenzufriedenheit.* Marketing ZFP, 2, S. 117–126.
Barlow, J. & Möller, C. (1996). *Eine Beschwerde ist ein Geschenk – Der Kunde als Consultant.* Wien.
Belz, C. (Hrsg.) (1997). *Marketingtransfer: Kompetenz für Marketing-Innovationen* (Schrift 5). St. Gallen.
Brockdorff, C. von (1990). *Der unzufriedene Kunde: die Kunst, reklamierende Kunden zufriedenzustellen.* Frankfurt/Main.
Bruhn, M. & Stauss, B. (Hrsg.) (1995). *Dienstleistungsqualität: Konzepte, Methoden, Erfahrungen* (2. Auflage). Frankfurt/Main.
Bühler, W. (1993). *Total Quality Management.* Zeitschrift für das gesamte Kreditwesen, 3, S. 112–114.
Deutscher Sparkassen- und Giroverband e.V. (Hrsg.) (1996). *Qualitätsmanagement in Sparkassen.* Stuttgart.
Drewes, W. (1992). *Qualitätsmanagement in Kreditinstituten.* Zeitschrift für Betriebswirtschaft, 9, S. 937–956.
Drewes, W. & Klee, J. (1994). *Aktives Beschwerdemanagement in Kreditinstituten.* Sparkasse, 1, S. 42–46.
Drewes, W. & Klee, J. (1995). *Messung der Dienstleistungsqualität und Qualitätsmanagement bei Kreditinstituten – am Beispiel einer deutschen Großsparkasse.* In M. Bruhn & B. Stauss (Hrsg.), Dienstleistungsqualität: Konzepte, Methoden, Erfahrungen (2. Auflage, S. 495–524). Wiesbaden.
Drewes, W. & Gillhausen, W. (1996). *Der Kunde als Unternehmensberater.* Sparkasse, 2, S. 70–73.
Ebner, R. & Netzel, W. (1997). *Beschwerde als Instrument der Kundenbindung.* Betriebswirtschafliche Blätter, 6, S. 291–294.
Handlbauer, G., Hinterhuber, H.H. & Matzler, K. (1997). *Kundenzufriedenheit durch Kernkompetenzen: Eigene Potentiale erkennen – entwickeln – umsetzen.* München; Wien.
Hansen, U., Jeschke, K. & Schöber, P. (1995). *Beschwerdemanagement – Die Karriere einer kundenorientierten Unternehmensstrategie im Konsumgütersektor.* Marketing, 2, S. 77–88.
Hoffmann, A. (1991). *Die Erfolgskontrolle Beschwerdemanagement-Systeme: Theoretische und empirische Erkenntnisse zum unternehmerischen Nutzen von Beschwerdeabteilungen.* Frankfurt/Main.
Homburg, C. (1996). *Sympathie schlägt Konditionen.* Unternehmer Magazin, 6, S. 26–28.
Kiefer, G. & Scharnbacher, K. (1996). *Kundenzufriedenheit: Analyse, Messbarkeit und Zertifizierung.* München; Wien.

Kroeber-Riel, W. & Weinberg, P. (1996). *Konsumentenverhalten* (6. Auflage). München.

Mann, A. & Töpfer, A. (1996). *Kundenzufriedenheit als Messlatte für den Erfolg*. In A. Töpfer (Hrsg.), Kundenzufriedenheit messen und steigern (S. 25–81). Neuwied; Kriftel; Berlin.

O.V. (1996). *Zur Einführung eines Beschwerdemanagement-Systems in Sparkassen.* In Deutscher Sparkassen- und Giroverband e.V. (Hrsg.), Qualitätsmanagement in Sparkassen (S. 40–83). Stuttgart.

Paul, M. & Paul, S.(1997). *Kunden. Illoyalität als strategische Chance im Privatkundengeschäft.* Österreichisches Bankarchiv, 11, S. 875–890.

Polan, R. (1995). *Ein Meßkonzept für die Bankloyalität: Investitionen in Bank/ Kunde-Beziehung unter Risikoaspekten.* Wiesbaden.

Riehm, H.J. (1996). *Zufriedene Kunden sind gute Kunden.* Geldprofi, 3, S. 5–9.

Schreiber, D. & Zimmer, K. (1996). Effizientes Beschwerdemanagement durch EDV- Unterstützung. *Die Bank,* (11), S. 664–667.

Stark, M. (Hrsg.). (1997). *Beschwerdemanagement: Einstellungsveränderungen im Unternehmen.* Stuttgart.

Stauss, B. (1995).*»Augenblicke der Wahrheit« in der Dienstleistungserstellung – Ihre Relevanz und ihre Messung mit Hilfe der Kontaktpunkt-Analyse.* In M. Bruhn & B. Stauss (Hrsg.), Dienstleistungsqualität: Konzepte, Methoden, Erfahrungen (2. Auflage, S. 379–399). Wiesbaden.

Stauss, B. (1997). *Führt Kundenzufriedenheit zu Kundenbindung?* In C. Belz (Hrsg.), Marketingtransfer: Kompetenz für Marketing-Innovationen (Schrift 5, S. 76–86). St. Gallen.

Stauss, B. & Seidel, W. (1996). *Beschwerdemanagement: Fehler vermeiden – Leistung verbessern – Kunden binden.* München; Wien.

Stumpenhausen, B. (1997). *Die Einführung eines Beschwerdemanagements in der »Die Sparkasse von Bremen«.* In M. Stark (Hrsg.), Beschwerdemanagement: Einstellungsveränderung im Unternehmen (S. 178–205). Stuttgart.

Tominaga, M. (1997). *Die kundenfeindliche Gesellschaft: Erfolgsstrategien für Dienstleister* (6. Auflage). Düsseldorf.

Töpfer, A. (Hrsg.) (1996). *Kundenzufriedenheit messen und steigern.* Neuwied; Kriftel; Berlin.

Ullmann, T. & Peill, E. (1995). *Beschwerdemanagement als Mittel zur Kundenbindung.* Versicherungswirtschaft, 21, S. 1516–1519.

Zinnagl, E. (1994). *Aktives Beschwerdemanagement: Kundenanregung und Beschwerden – Chance oder Gefahr im Finanzdienstleistungswettbewerb.* Wien.

Qualitätsmanagement in einem Versicherungsunternehmen

*Norbert Wimmelmeier,
Aachener und Münchener Versicherungen*

1. Grundlagen

Vorraussetzung für erfolgreiches Qualitätsmanagement ist die unternehmensinterne Definition und Klärung der Ziele, die mit dem Qualitätsprozess verbunden sein sollen. Die Aachener und Münchener Lebensversicherung hat folgende Ziele für ihr Qualitätsmanagement definiert:

- Qualitätsbewusstes Denken und Handeln soll in allen Bereichen des Unternehmens gefördert werden.
- Das Qualitätsmanagement soll Eigeninitiativen anregen und unterstützen.
- Qualitätsmanagement bedeutet, alle Mitarbeiterinnen und Mitarbeiter für ständige und kontinuierliche Verbesserungsprozesse zu sensibilisieren.
- Qualitätsmanagement muss darauf ausgerichtet sein, durch qualitätsorientiertes Handeln konkrete Veränderungen im Unternehmen zu bewirken.

Aus diesen Zielen sind in einem breit angelegten Diskussionsprozess Qualitätsgrundsätze abgeleitet worden, die u. a. auch im Unternehmensleitbild ihren Niederschlag gefunden haben. Diese Grundsätze sind so formuliert:

- Qualität ist für uns die Erfüllung vereinbarter oder vorausgesetzter Kundenanforderungen.
- Wir verstehen als Kunden jeden Empfänger unserer Dienstleistung innerhalb und außerhalb unseres Unternehmens.

- Die Anforderungen unserer Kunden konkretisieren wir durch verbindliche, messbare Qualitätsstandards.
- Wir wollen ständige Qualitätsverbesserungen unter Einbeziehung aller Mitarbeiter und der Vertriebspartner.

Das folgende Schaubild zeigt im Überblick die Instrumente, die im Rahmen dieser Qualitätskonzeption entwickelt und umgesetzt worden sind.

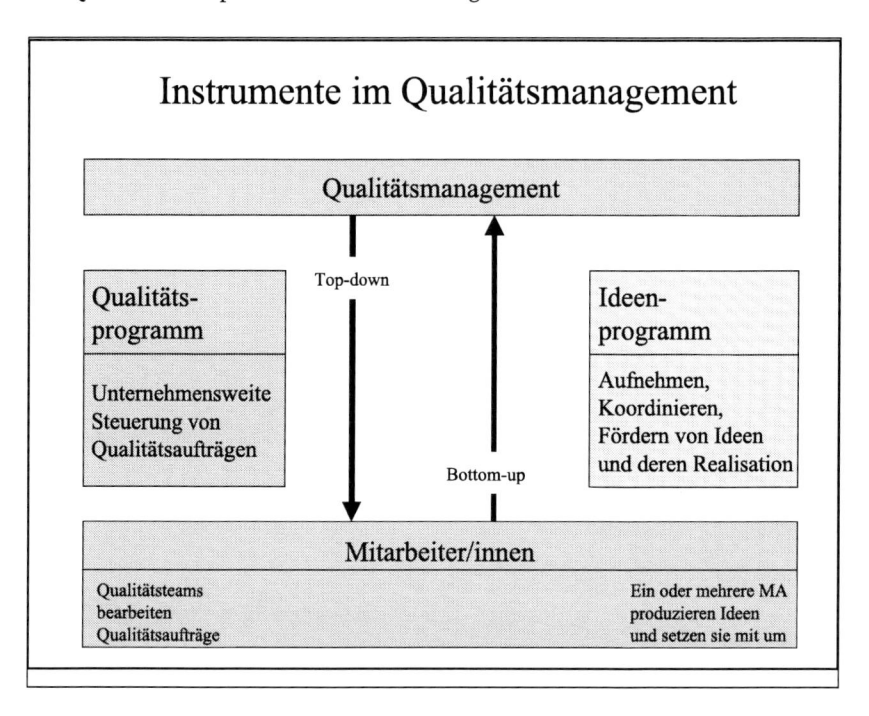

Instrumente im Qualitätsmanagement

Qualitätsmanagement

Qualitäts-programm	Top-down	Ideen-programm
Unternehmensweite Steuerung von Qualitätsaufträgen	Bottom-up	Aufnehmen, Koordinieren, Fördern von Ideen und deren Realisation

Mitarbeiter/innen

Qualitätsteams bearbeiten Qualitätsaufträge		Ein oder mehrere MA produzieren Ideen und setzen sie mit um

2. Qualitätsprogramm

Im Qualitätsprogramm sind die verschiedenen Rollen definiert, die für den Qualitätsprozess eine besondere Verantwortung übernehmen. Beteiligt am Qualitätsprogramm sind die Q-Managerrunde, der Qualitätspate und das Qualitätsteam.

Q-Managerrunde
Die Q-Managerrunde
- legt die Arbeitsaufträge für die Qualitätsteams fest,
- ist verantwortlich für die Steuerung der Q-Teams,
- entscheidet über die von den Q-Teams vorgeschlagenen Maßnahmen.

Qualitätspate
Der Qualitätspate
- koordiniert die Zusammensetzung des Q-Teams,
- begleitet und unterstützt das Q-Team während der Bearbeitung,
- ist für die Umsetzung der Arbeitsergebnisse des Q-Teams verantwortlich.

Qualitätsteam
Das Qualitätsteam
- besteht aus Moderator, Co-Moderator und sechs Mitarbeitern,
- bearbeitet die Q-Aufträge.

Beschrieben haben wir, wer am Qualitätsprozess beteiligt ist. Offen ist die Frage: Wie ist das Qualitätsprogramm organisiert?

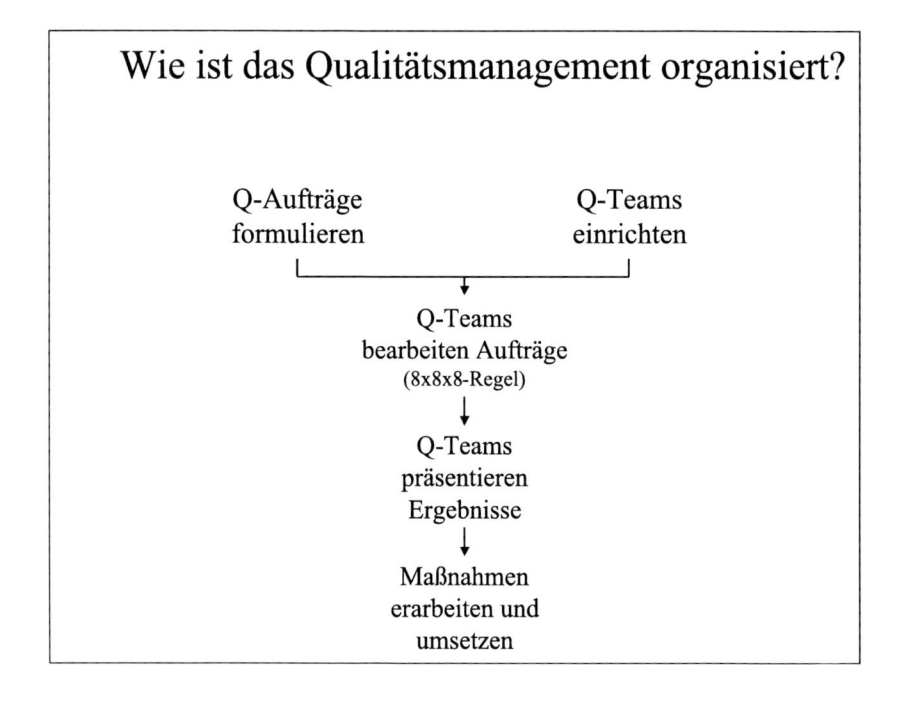

Wie ist das Qualitätsmanagement organisiert?

Q-Aufträge formulieren   Q-Teams einrichten
↓
Q-Teams bearbeiten Aufträge
(8x8x8-Regel)
↓
Q-Teams präsentieren Ergebnisse
↓
Maßnahmen erarbeiten und umsetzen

Welche Themen kann ein Qualitätsteam behandeln? Verschiedene Beispiele zeigt das Schaubild:

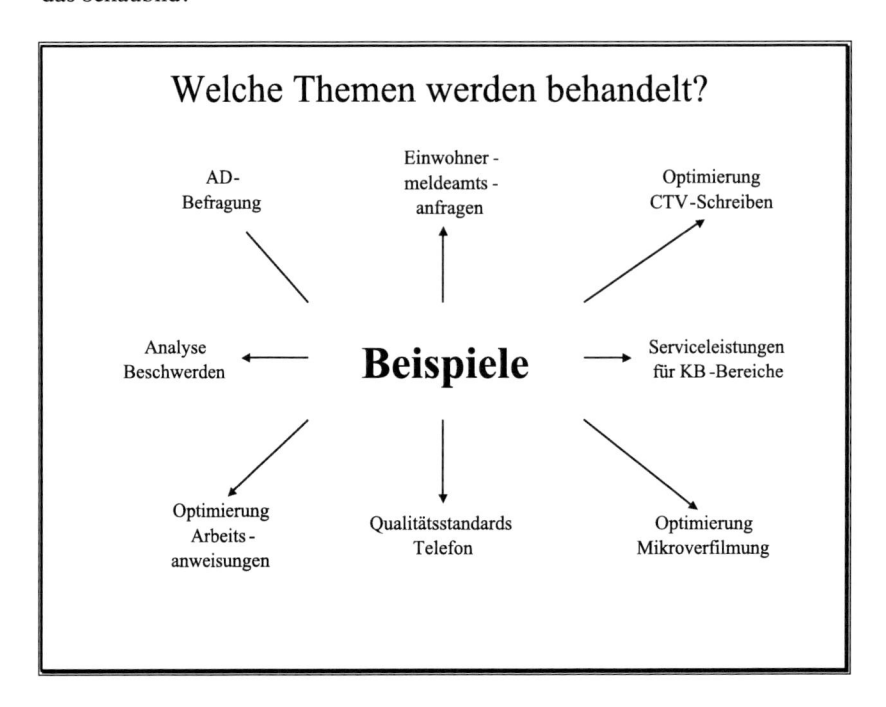

Welche Themen werden behandelt?

- AD-Befragung
- Einwohnermeldeamtsanfragen
- Optimierung CTV-Schreiben
- Analyse Beschwerden → **Beispiele** → Serviceleistungen für KB-Bereiche
- Optimierung Arbeitsanweisungen
- Qualitätsstandards Telefon
- Optimierung Mikroverfilmung

Die Implementierung des Qualitätsprogramms muss sorgfältig geplant und dokumentiert werden. Wesentlich für die erfolgreiche Gestaltung dieses Prozesses sind folgende Aspekte:

- Intensive Ausbildung der Moderatoren ist erforderlich.
- Mitarbeit im Q-Team muss als Anerkennung begriffen und verstanden werden.
- In regelmäßigen Auftaktveranstaltungen (Kick-offs) muss eine Motivation für die Bearbeitung der Qualitätsaufträge erzeugt werden.
- In regelmäßigen Infobörsen muss über die Entwicklung und den Entwicklungsstand der Bearbeitung der Q-Aufträge informiert werden.
- Litfaßsäulen oder andere Medien sollen die Zwischenergebnisse und Ergebnisse der Q-Teams präsentieren.
- Ständig wechselnde Signale wie Notizwürfel, Qualitätsquiz, Schlüsselanhänger oder Ähnliches verweisen immer wieder auf die Qualitätsaktivitäten.

- Die schnelle und transparente Umsetzung der Q-Ergebnisse ist ein wichtiger Indikator für die Akzeptanz des Qualitätsprozesses.

3. Ideenprogramm

Das Ideenprogramm ist die Weiterentwicklung des betrieblichen Vorschlagswesens. Für dieses Programm sind folgende Leitideen kennzeichnend:

- Ideen werden dezentral bearbeitet.
- Der Ablauf des gesamten Verfahrens ist unbürokratisch gestaltet.
- Die Verantwortung für die Entscheidung über umzusetzende Ideen liegt vor Ort.
- Es gibt wenig Schnittstellen.
- Auf kurze Informations- und Entscheidungswege wird geachtet.
- Durch Prämien wird ein finanzieller Anreiz für die Produktion von Ideen geliefert.

Für erfolgreiches unternehmerisches Handeln zählen mehr als je zuvor Flexibilität, Zusammenarbeit und Kreativität.

Mehr als bisher müssen die verwendeten Instrumente die Veränderungsfähigkeit und die Bereitschaft des Unternehmens unterstützen. Neben zukunftweisenden Produkten mit großem Nutzen braucht das Unternehmen auch die vielen kleinen Ideen der Mitarbeiterinnen und Mitarbeiter zur kontinuierlichen Verbesserung. Große Sprünge und kleine Schritte, beides zusammen ermöglicht und sichert den unternehmerischen Erfolg.

Das AM-Leben-Ideenprogramm ist ein Programm zur dezentralen Förderung, Bewertung, Realisierung und Anerkennung von Mitarbeiterideen. Es motiviert alle Mitarbeiterinnen und Mitarbeiter, ihre Ideen zur Verbesserung von Abläufen und Systemen auch im eigenen Aufgabenbereich und zu den Produkten ständig einzubringen.

Das Ideenprogramm will alle Anregungen fördern, die sich auf folgende Bereiche beziehen:

- Verbesserung des Arbeitsablaufs, der Arbeitsmittel und des Kundenservice.
- Vermeidung von unnötigen Arbeiten (Doppelarbeiten und Fehlern).
- Einsparung von Material und Kosten.
- Verbesserung der Arbeitsbedingungen und des Unfallschutzes.

Als Verbesserungsvorschläge sind alle von Mitarbeitern vorgebrachten eigenen Ideen und Anregungen anzusehen, die über den Rahmen der ihnen übertragenen Pflichten und Zuständigkeiten hinausgehen und zu einer Verbesserung führen.

Im Ideenprogramm sind die Rollen Ideengeber, Ideenagentur, Rückmeldeteam, Bewertungskommission und Qualitätsmanagerrunde voneinander abgegrenzt.

Ideengeber:
Einzelne Mitarbeiter oder eine Gruppe
- erarbeiten konkrete Verbesserungsvorschläge im eigenen Aufgabenbereich.

Ideenagentur
Die Ideenagentur
- berät Mitarbeiter und Vorgesetzte,
- steuert und organisiert das Ideenprogramm,
- ist »Treiber« des Ideenprogramms.

Rückmeldeteams
Die Rückmeldeteams
- sind örtlich organisiert,
- bestehen maximal aus sechs Personen (2 Leitende, 2 Betriebsräte, 2 Fachexperten), wobei die Zusammensetzung des Teams nach Thema variiert,
- entscheiden über alle Vorschläge im örtlichen Zuständigkeitsbereich.

Bewertungskommission
Die Bewertungskommission
- ist paritätisch mit Arbeitgeber- und Arbeitnehmervertretern (6 Personen) besetzt;
- sie klärt strittige Fälle.

Qualitätsmanagerrunde
Die Qualitätsmanagerrunde initiiert, unterstützt und begleitet die Umsetzung der Vorschläge aus dem Ideenprogramm.

Wie ist das Ideenprogramm organisiert? Den konkreten Aufbau und das Zusammenspiel der verschiedenen Rollen zeigt das Schaubild:

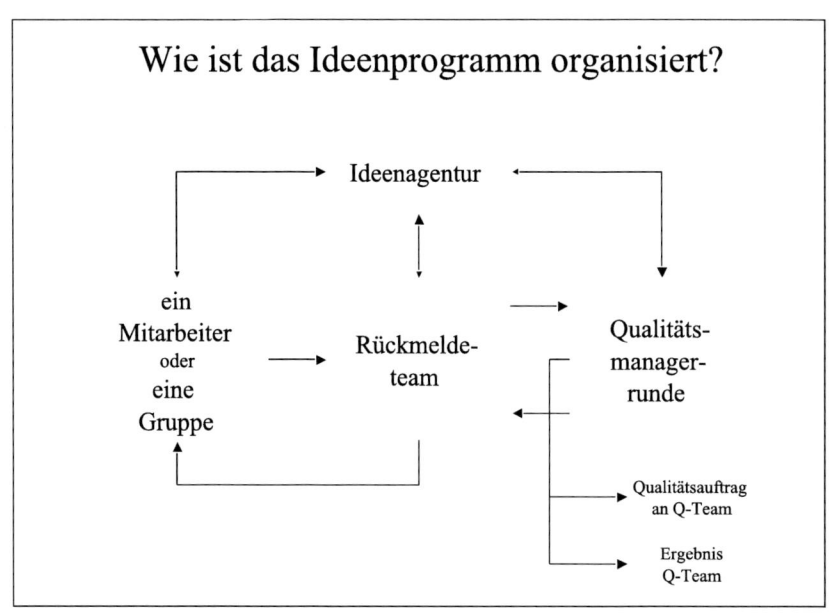

Wie ist das Ideenprogramm organisiert?

```
                    Ideenagentur
           ┌──────→              ←──────┐
           │           ↑                │
      ein  │           │                │
  Mitarbeiter          │         Qualitäts-
      oder    ──→  Rückmelde-  ──→ manager-
      eine          team              runde
     Gruppe                            │
        ↑           ←──────────────────┤
        │                              │
        │                      Qualitätsauftrag
        │                         an Q-Team
        │                              │
        └──────────────────────────  Ergebnis
                                      Q-Team
```

Welche Themen werden behandelt? Mögliche Themen im Rahmen des Ideenprogramms zeigt das Schaubild:

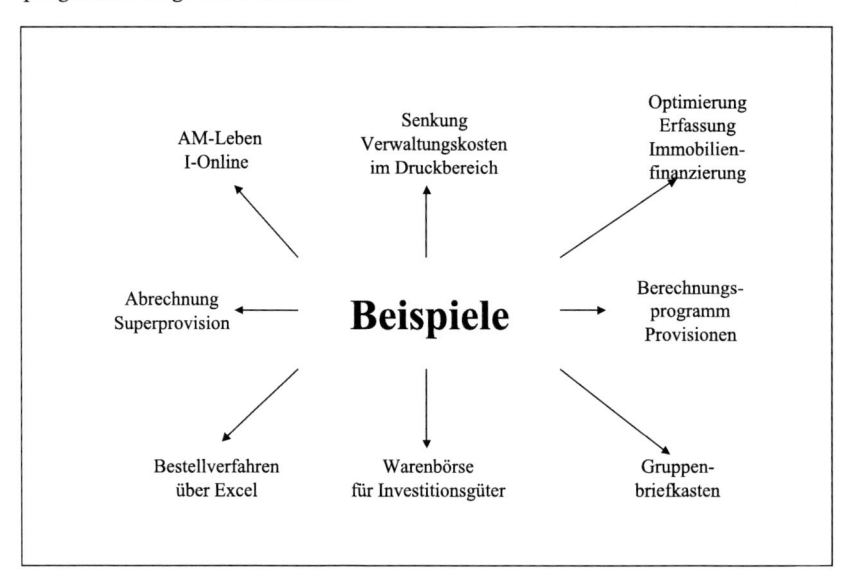

```
                                              Optimierung
                       Senkung                  Erfassung
      AM-Leben      Verwaltungskosten         Immobilien-
       I-Online      im Druckbereich          finanzierung
              ↖           ↑                  ↗
                                                         Berechnungs-
   Abrechnung      ←    Beispiele    →         programm
 Superprovision                                  Provisionen
              ↙           ↓                  ↘
   Bestellverfahren      Warenbörse           Gruppen-
      über Excel     für Investitionsgüter   briefkasten
```

Auch für das Ideenprogramm ist eine systematische Implementierung wichtig. Dabei sind folgende zentrale Gesichtspunkte zu berücksichtigen:

- Für das Ideenprogramm wurde ein Leitfaden entwickelt, in dem die Grundideen und Prinzipien des Ideenprogramms ausführlich beschrieben werden.
- Über das Ideenprogramm wird ständig in der Hauszeitschrift berichtet. Auch über prämierte Ideen wird entsprechend der Bedeutung der jeweiligen Vorschläge Bericht erstattet.
- Eine neue flankierende Maßnahme wird in jedem Jahr auf den Weg gebracht, um das Ideenprogramm im Gedächtnis der Mitarbeiter lebendig zu halten. Qualitätsposter, Jahreskalender, Faltblätter sind typische Beispiele für solche Aktivitäten.
- Die ständige Betreuung und Beratung der Mitarbeiter und der Rückmeldeteams durch die Ideenagentur ist eine wesentliche Erfolgsvoraussetzung für das Ideenprogramm.

4. Kritische Erfolgsfaktoren

Was macht das Qualitätsmanagement in einem Unternehmen erfolgreich? Die zentralen Gesichtspunkte sind in der folgenden Grafik zusammengestellt.

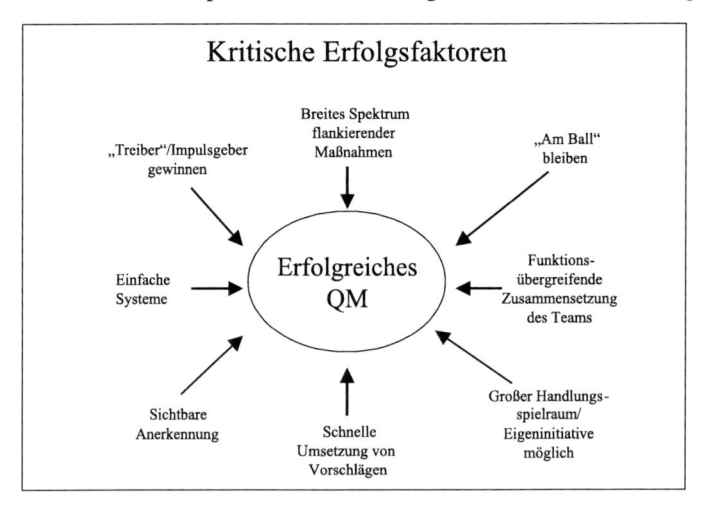

Kritische Erfolgsfaktoren

Faktoren für erfolgreiches QM:
- „Treiber"/Impulsgeber gewinnen
- Breites Spektrum flankierender Maßnahmen
- „Am Ball" bleiben
- Einfache Systeme
- Funktionsübergreifende Zusammensetzung des Teams
- Sichtbare Anerkennung
- Schnelle Umsetzung von Vorschlägen
- Großer Handlungsspielraum/ Eigeninitiative möglich

Die Erfahrung hat uns gelehrt, dass die kontinuierliche Arbeit mit einfachen und prägnanten Konzepten eine gute Basis darstellt für die erfolgreiche Implementierung von Qualitätsprozessen in einer Organisation.

Die Kunden definieren die Qualität

Jacob Geditz, Deutsches Jugendherbergswerk, Landesverband Rheinland-Pfalz/Saarland

Unsere Gäste wollen nicht mehr in Schlafsälen übernachten; außerdem möchten sie gastfreundlich behandelt werden. Das stellte der Landesverband Rheinland-Pfalz/Saarland des Deutschen Jugendherbergswerks (DJH), Mainz, vor einigen Jahren fest. Deshalb modernisierte er seine Häuser, definierte neue Qualitätsstandards und schulte alle Mitarbeiter, insbesondere die Herbergseltern. Sie verstehen sich heute als »Dienstleister«.

Anfang der 90er-Jahre stellte der Landesverband Rheinland-Pfalz/Saarland des Deutschen Jugendherbergswerks (DJH) fest: Die Bedürfnisse unserer Gäste haben sich verändert. Schliefen sie früher bereitwillig in Schlafsälen, so wünschten sie nun in kleineren Zimmern zu übernachten. Genügte ihnen früher ein Eintopf als Mittagsmahl, so wünschen sie nun eine abwechslungsreichere und vitaminreichere Kost und komplette Mahlzeiten mit Vor- und Nachspeise.

Auch die Anforderungen an den Service haben sich verändert, stellte der DJH-Landesverband fest. Waren die Gäste früher bereit, nach dem Essen Geschirr zu spülen und abzutrocknen, so wünschen sie nun, dass die Mitarbeiter der Jugendherbergen ihnen diese Aufgabe abnehmen. Aus verständlichen Gründen. Schließlich hatten viele Gäste Anfang der 90er-Jahre zu Hause bereits eine Geschirrspülmaschine. Folglich war es für sie nicht mehr einsichtig, warum in ihrer Freizeit, wenn sie sich erholen möchten, nicht auch eine Spülmaschine den Abwasch übernehmen kann.

Deutlich schlugen sich die geänderten Bedürfnisse der Gäste in sinkenden Übernachtungszahlen nieder. Diese waren nicht existenzbedrohend. Trotzdem beschlossen die Verantwortlichen des Landesverbandes Rheinland-Pfalz/Saarland: Wir müssen etwas tun, wenn wir die Jugendherbergen rentabel führen und damit langfristig unsere Existenz sichern möchten. Dies erschien insbesondere nötig, weil die DJH-Landesverbände entgegen einem weit verbreiteten Vorurteil nicht von Subventionen oder anderen öffentlichen Geldern leben. Als private

Körperschaften müssen sie vielmehr nicht nur kostendeckend arbeiten, sondern auch Gewinn erwirtschaften, damit sie Investitionen tätigen können.

Vor diesem Hintergrund startete der DJH-Landesverband Rheinland-Pfalz/Saarland eine große Investitionsinitiative. Ihr Ziel war es, die einzelnen Jugendherbergen so einzurichten und auszustatten, dass sich in ihnen nicht nur Schulklassen, sondern zum Beispiel auch Tagungsgäste, Wandergruppen und junge Familien wohl fühlen. Entsprechend baute der Landesverband nach und nach die einzelnen Herbergen um. So wurden zum Beispiel die Schlafsäle in der Regel durch 2- bis 4-Bett-Zimmer ersetzt. Außerdem wurden in allen Zimmern eigene WCs und Duschen installiert, sodass die Gäste nicht mehr zum Waschen in Waschräume gehen mussten.

Klar war den Verantwortlichen des DJH-Landesverbandes aber auch, dass es, um die Übernachtungszahlen wieder zu steigern, nicht genügen würde, nur die Jugendherbergen umzubauen. Vielmehr musste sich auch das Selbstverständnis der Mitarbeiter der Jugendherbergen und insbesondere der Herbergseltern wandeln. Sie durften sich fortan nicht mehr als die »Herren im Haus« begreifen. Vielmehr sollten sie sich als Dienstleister verstehen, deren Aufgabe es ist, dafür zu sorgen, dass sich die Gäste in ihrem Hause wohl fühlen. Das setzte bei manchem gestandenen Herbergsvater bzw. mancher gestandenen Herbergsmutter eine gewaltige Bewusstseinsveränderung voraus.

Um diese zu erreichen, begann der Landesverband Anfang der 90er-Jahre damit, die jährlichen Herbergselterntagungen anders zu gestalten. In sie wurden zunehmend Schulungselemente integriert. So wurden bei den Herbergselterntagungen zum Beispiel Themen wie »Umgang mit Reklamationen« oder »Verhalten am Telefon« behandelt.

Im Laufe der Zeit wurde der Geschäftsführung des Landesverbands jedoch zunehmend deutlich: »Solche isolierten Maßnahmen bewirken zwar eine partielle Verhaltensänderung, eine nachhaltige Einstellungsänderung bewirken sie aber nicht.« Entsprechendes galt für die Qualität der angebotenen Leistung. Darauf bezogen, erkannte sie zunehmend: »Wenn nicht alle Prozesse und Abläufe so strukturiert sind, dass der Gast im Mittelpunkt des Handelns steht, kann die Qualität der Dienstleistung nicht nachhaltig erhöht werden.« Deshalb traf die Geschäftsführung des Landesverbands folgende Entscheidung:

Wir wollen noch einmal darüber nachdenken,

- was Qualität, bezogen auf Jugendherbergen, bedeutet und
- wie alle Abläufe und Prozesse strukturiert sein müssen, damit Qualität entsteht.

Außerdem wollen wir Standards für Qualität definieren, die für alle Mitarbeiter und Kunden nachvollziehbar und überprüfbar sind und die eine Einheitlichkeit des Service in allen Häusern sicherstellen.

Die Kunden definieren die Qualität

Um diese Ziele zu erreichen, richtete die Geschäftsführung zunächst eine Projektgruppe ein. Sie sollte Qualitätsstandards für die Jugendherbergen definieren. Außerdem sollte sie Verfahrensanweisungen entwickeln, deren Einhalten das Erreichen der gewünschten Qualität sicherstellt. Dieser Projektgruppe gehörten u. a. der Geschäftsführer des Landesverbandes und die Herbergselternsprecher an. Außerdem wurden in die Projektgruppe mehrere Herbergseltern berufen, die die verschiedenen Regionen des Verbandes sowie Häuser unterschiedlicher Größe und Ausstattung vertraten. Des Weiteren gehörte der Gruppe als externer Berater Franz-Josef König aus Dieblich (bei Koblenz) an. Gemeinsam fragten sich die Mitglieder der Projektgruppe:

- Welche Bedürfnisse haben unsere Kunden?
- Welche Erwartungen stellen sie an die Jugendherbergen?
- Welche Verfahren müssen eingehalten werden, damit wir ihnen die gewünschte Qualität bieten?

Die Gruppe wollte von Anfang an nicht nur allgemeine Normen für die Qualität der Leistung der Jugendherbergen formulieren. Ihr Ziel war es vielmehr, für die Herbergseltern konkrete Richtlinien für ihr praktisches Handeln im Alltag zu erarbeiten. Folglich sollten in den Verfahrensanweisungen, laut König, »nicht so allgemeine Formulierungen wie ›Die Mitarbeiter sollen zu den Gästen freundlich sein‹ stehen«. Konkret sollte es vielmehr zum Beispiel heißen: »Die Gäste werden mit Namen begrüßt.«

Ende 1994 hatte die Projektgruppe den Rohentwurf der Verfahrensanweisungen erstellt. Er wurde allen Herbergseltern zugeleitet. Zugleich wurden sie zu einer Tagung eingeladen, bei der über den Rohentwurf gesprochen und diskutiert werden sollte. Bei dieser Tagung erläuterte die Projektgruppe zunächst noch einmal, warum die Verfahrensanweisungen entwickelt wurden und wozu sie dienen sollten, um den Sinnzusammenhang zu verdeutlichen. Anschließend diskutierten die Herbergseltern über den Rohentwurf. Gemeinsam entwickelten sie mehrere Änderungsvorschläge. Diese wurden in die Verfahrensanweisungen eingearbeitet, bevor sie schließlich verabschiedet wurden.

Dokumentiert sind die Verfahrensanweisungen im Verfahrenshandbuch. Dieses ist wie folgt aufgebaut:

Zunächst wird in dem Handbuch die Philosophie des Landesverbandes beschrieben. Dort heißt es unter anderem, dass eine »moderne, leistungsfähige und wettbewerbsfähige Jugendherberge den Gast und seine Bedürfnisse in den Mittelpunkt ihrer Aktivitäten stellt«. Außerdem heißt es in der Philosophie zum Selbstverständnis: »Wir verstehen uns als Ort, den Jugendliche, Familien, Schulklassen, Vereine, Verbände, Organisationen zur Durchführung ihrer Veranstaltungen und ihrer Ferien und Freizeitaktivitäten gerne aufsuchen.« Im Text, der folgt, steht dann: »Durch die Vielfalt unserer Gästestruktur, die gestiegenen Bedürfnisse unserer Gäste [...] stehen wir im Blickpunkt der kritischen Betrachtung unserer Kunden. Hier gilt es, unsere Stärken in den Vordergrund zu stellen.« Als Stärken werden unter anderem genannt: »Die Jugendherbergen sind in der Regel nach kurzer Anreise, meist mitten in schöner Natur, schnell erreichbar. Sie bieten hervorragende Möglichkeiten für Seminare, Tagungen, Schulfahrten, Aus- und Weiterbildungsveranstaltungen, Musikfreizeiten, Ferienaufenthalte und Familienferien. Gastfreundliche und familiäre Atmosphäre in ungezwungener Umgebung und bei preiswerter Unterkunft macht uns zu einem begehrenswerten Treff- und Ausgangspunkt zahlreicher Aktivitäten.« Außerdem heißt es in der Philosophie: »Wir suchen eine partnerschaftliche Beziehung zu unseren Kunden, denn wir wollen ein idealer Aufenthaltsort sein, wo sich unsere Gäste und Mitglieder wohl fühlen. Das Ziel des Deutschen Jugendherbergswerkes Rheinland-Pfalz/Saarland e.V. ist es, bei unseren Kunden mit Service, hoher Qualität und Zufriedenheit Vertrauen zu begründen und langfristig sicherzustellen. Die Jugendherbergen arbeiten nach wirtschaftlichen Prinzipien, die erzielten Überschüsse investieren wir in die Verbesserung unserer Häuser, Produkte und Dienstleistungen. Es ist Aufgabe und Verpflichtung jedes Mitarbeiters, dass Qualität von Anfang an entsteht [...]. Die kontinuierliche Verbesserung unseres Angebots, orientiert an den Bedürfnissen unserer Gäste, sichert langfristig und dauerhaft unseren Erfolg«.

Im Anschluss an die Philosophie folgen die Verfahrensanweisungen. Sie sind in neun Kapitel mit Überschriften wie »Organisation des Hauses«, »Gästebetreuung« und »Umgang mit Beschwerden« gegliedert. Wie detailliert die Verfahrensanweisungen sind, sei an einigen Beispielen beschrieben. Im Kapitel »Belegungsabwicklung« heißt es zum Beispiel unter dem Punkt »Beantwortung von Anfragen«: »Bei schriftlichen und telefonischen Anfragen muss der Belegungsvertrag umgehend, wenn nicht am gleichen Tag, spätestens am dritten Tag nach Eingang der Anfrage die Jugendherberge verlassen. Das Schreiben des Interessenten ist mit dem Eingangsstempel zu versehen [...].«. Im Kapitel »Organisation des Hauses« heißt es unter dem Stichwort »Besetzung der Rezeption« unter anderem: »Dabei sollte auf Folgendes geachtet werden:

- Es gibt festgelegte Öffnungszeiten, die auf jeden Fall einzuhalten sind.
- Ansonsten sind die Öffnungszeiten so zu organisieren, dass anreisende Gäste möglichst persönlich und direkt von den Herbergseltern empfangen werden.
- Außerhalb der Öffnungszeiten ist tagsüber sicher zu stellen, dass unerwartet ankommende Gäste die Herbergseltern oder deren Vertreter erreichen können. Dies kann mittels eines Hinweisschildes und/oder einer Klingel gewährleistet werden [...].«

Klar war der Geschäftsleitung des DJH-Landesverbands, dass das Verabschieden von Verfahrensanweisungen allein nicht sicherstellt, dass diese im Alltag eingehalten werden. Deshalb nahmen die Herbergseltern, die Mitglied der Projektgruppe waren, bereits vor deren Verabschiedung an einer von Berater König konzipierten Train-the-trainer-Ausbildung teil. Nachdem die Verfahrensanweisungen verabschiedet waren, schulten sie ihre Kollegen aus den anderen Häusern darin,

- wie mit den Verfahrensanweisungen umzugehen sei und
- wie diese umgesetzt werden sollten.

Anschließend wurden die Herbergseltern aufgefordert, die Verfahrensanweisungen umzusetzen. Ein halbes Jahr später, Anfang 1997, sandte die Geschäftsführung des Landesverbandes allen Herbergseltern einen Fragebogen. In ihm sollten sie angeben, inwieweit die Verfahrensanweisungen in ihren Häusern umgesetzt wurden. Außerdem wurden die Herbergseltern gebeten mitzuteilen, welche weiteren Hilfen sie benötigten, um bestimmte Verfahrensanweisungen umzusetzen.

Basierend auf dieser Information, wurde Mitte 1997 eine weitere Schulung für die Herbergseltern organisiert. Dort wurden Themen wie »Umgang mit Reklamationen«, »Korrespondenz mit dem Gast« und »Produktentwicklung/Werbung« behandelt. Ähnliche Schulungen wurden anschließend, bezogen auf die einzelnen Geschäftsbereiche, durchgeführt. So wurden die Herbergseltern zum Beispiel im Februar 1998 zu einer Schulung mit dem Titel »Tagungs- und Veranstaltungsmanagement« eingeladen, da das Marktsegment »Tagungen« für das DJH eine stets größere Bedeutung gewinnt.

Neu eingerichtet wurde 1998 auch ein Herbergselternkolleg. In ihm werden alle neuen Herbergseltern berufsbegleitend geschult. Vier Monate lang treffen sie sich nach ihrer Einführung alle drei Wochen ein bis zwei Tage. Dann werden ihnen die Qualitätsstandards und -ziele des DJH-Landesverbands erläutert. Dies jedoch nicht in der Theorie. Vielmehr wird den neuen Herbergseltern anhand der konkreten Probleme, die sie im Arbeitsalltag haben, dargelegt, wie sie die Qualität im Alltag sichern können.

Um die Qualität zu sichern, werden seit Anfang 1998 die einzelnen Häuser auch nach und nach alle einem Qualitätscheck unterzogen. Dabei überprüft Franz-Josef König, der als externer Berater den Gesamtprozess begleitet, anhand von 110 Kriterien die »Hard- und Software« der einzelnen Häuser. Werden Mängel festgestellt, so wird mit den jeweiligen Herbergseltern eine Aktivitätenliste erstellt, die sie alleine, mit ihren Mitarbeitern oder in Zusammenarbeit mit der Geschäftsleitung abarbeiten sollen. Dabei sollen die Rückmeldungen, die der Unternehmensberater den Herbergseltern zum Beispiel über den Faktor

»Umgang mit dem Gast« gibt, in erster Linie ein qualifiziertes Feedback für die Herbergseltern sein.

Im Jahre 1999 wurde eine Kundenbefragung durchgeführt, um den Herbergseltern ein Feedback über die Sicht der Kunden zu geben. Vgl. dazu den Beitrag von Braun, Haferburg & Mihailović in diesem Band.

Dass die Gäste registrieren, dass sich beim DJH-Landesverband Rheinland-Pfalz/Saarland etwas tut und sich die Leistung seiner Häuser kontinuierlich verbessert, belegen die Zahlen des Landesverbands. In den letzten Jahren stiegen seine Mitglieder- und Übernachtungszahlen kontinuierlich. Allein 1997 konnte der Landesverband die Zahl seiner Mitglieder um fast 22 Prozent auf nunmehr 121.199 steigern. Auch die Zahl der Übernachtungen stieg um mehr als fünf Prozent auf 872.000. Insbesondere in den Marktsegmenten »Lehrgänge/Tagungen«, »Familienfreizeiten« und »Familien« verzeichnete der Landesverband überdurchschnittliche Zuwächse. Diese Entwicklung setzte sich 1998 fort.

Praxisbeispiel: Kundenzufriedenheitsuntersuchung bei dem Deutschen Jugendherbergswerk, Landesverband Rheinland-Pfalz/Saarland

Sandra Mihailović, Universität Landau

1. Aufbau der Studie

Die Universität Koblenz-Landau, Abteilung Landau, hat 1999 und Anfang 2000 eine Untersuchung zur Kundenzufriedenheit bei dem Deutschen Jugendherbergswerk, Landesverband Rheinland-Pfalz/Saarland, durchgeführt. Mit der Untersuchung wurden zwei Ziele verfolgt:

1. Die Kundenzufriedenheit sollte auf der Ebene der Jugendherbergen erfasst werden.
2. Die Untersuchung sollte praktische Umsetzungshinweise liefern, die in Workshops konkretisiert werden sollten, die mit den Herbergseltern durchgeführt wurden.

Ziel der Workshops war es, zum einen die Ergebnisse der Untersuchung den Herbergseltern vorzustellen, zum anderen sollten von den Herbergseltern zur Lösung der in der Untersuchung aufgetretenen Probleme Maßnahmenpläne erarbeitet werden.

Für die Studie zur Kundenzufriedenheit wurden in zwei Wellen ca. 7.200 Fragebogen an die Kunden des DJH versandt. Bei den Kunden, die im Rahmen der Studie befragt wurden, handelte es sich vor allen Dingen um sog. Multiplikatoren. Dies sind z.B. Lehrer von Schulklassen, Chorleiter, Tagungsleiter usw. Sie stellen auch die Zielkunden des DJH-Landesverbandes dar.

Ihre Meinung ist uns wichtig!

Allgemeines
Name der von Ihnen besuchten Jugendherberge: _____
Wie reisten Sie: ☐ alleine   ☐ als Paar   ☐ mit einer Wandergruppe etc.

Zufriedenheitsurteile: Note

<u>Buchung</u>
Information und Beratung vor der Buchung   ( )
Buchungsabwicklung   ( )
Telefonische Erreichbarkeit   ( )

<u>Mitarbeiter</u>
Freundlichkeit   ( )
Hilfsbereitschaft   ( )
Kompetenz   ( )

<u>Allgemein</u>
Atmosphäre   ( )
Sauberkeit   ( )
Preis/Leistung   ( )
Programmvorschläge   ( )
etc.

Anmerkungen und Kritik:
Fehlende oder defekte Einrichtungen: _____

Wünsche: _____

Kritik und Schwachstellen: _____

Anmerkungen: _____

Abb. 1. Fragebogen (Auszug)

In den Briefen, die an die Kunden versandt wurden, waren das Anschreiben und ein einseitiger Fragebogen enthalten (siehe Abbildung 1). In dem Anschreiben war kurz das Ziel der Studie beschrieben und eine Instruktion an die Kunden gegeben, wie sie den Fragebogen ausfüllen sollten. Die Kunden bekamen für das Ausfüllen des Fragebogens ein Badehandtuch des DJH geschenkt. Um das Geschenk zu bekommen, konnten sie in einem Abschnitt des Anschreibens ihre Adresse eintragen und diesen mit dem Fragebogen an die Uni zurücksenden.

Der Fragebogen war folgendermaßen aufgebaut: Ganz oben sollte der Kunde den Namen der Jugendherberge eintragen, die von ihm in dem Fragebogen bewertet wurde. Danach wurden demographische Daten erhoben, wie zum Beispiel die Reisebegleitung, wie man auf die Jugendherberge aufmerksam geworden war, das Geschlecht etc. Im dritten Abschnitt hatten die Kunden dann die Möglichkeit, ihre Zufriedenheitsurteile abzugeben. Hier konnten sie die jeweiligen Items mit den Schulnoten von 1 bis 6 benoten. Am Ende des Fragebogens gab es noch 4 offene Fragen.

Die Versendung der Fragebögen und auch die Versendung des Handtuches wurde von der Firma Schober Direct Marketing übernommen.

2. Auswertung der Ergebnisse

Bei der Befragung gab es eine Rücklaufquote von ca. 40%. Die gleiche Rücklaufquote wurde auch schon in einer Pilotstudie mit zweihundert versendeten Fragebögen, die vor der Hauptuntersuchung durchgeführt wurde, erreicht.

Bei der Auswertung gab es einen quantitativen und einen qualitativen Teil. Für den quantitativen Teil wurden zwei Arten von Diagrammen für jede einzelne Jugendherberge erstellt.

Das erste Diagramm zeigt die Mittelwerte der Items der betreffenden Jugendherberge im Vergleich mit dem Durchschnitt der Kategorie (siehe Abbildung 2). Hierzu muss gesagt werden, dass die Jugendherbergen des DJH in Kategorien aufgeteilt sind. Die modernsten Jugendherbergen befinden sich in der Kategorie 4, die mit einem weniger hohen Standard befinden sich in der Kategorie 1.

Das zweite Diagramm zeigt die Ergebnisse eines Benchmarkings (siehe Abbildung 3). Es stellt dem Mittelwert der betreffenden Jugendherberge bei einem entsprechenden Item den Mittelwert dieses Items der besten Jugendherberge der jeweiligen Kategorie gegenüber.

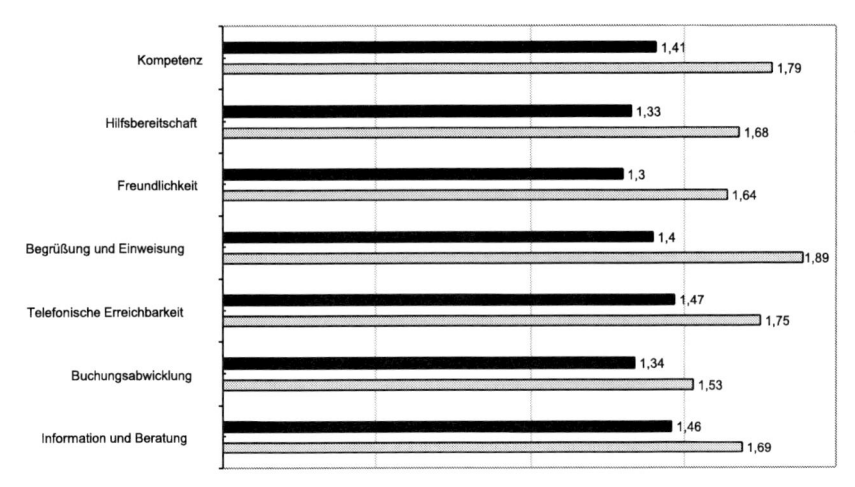

Abb. 2. Mittelwerte der Items im Vergleich mit dem Durchschnitt der Kategorie 4

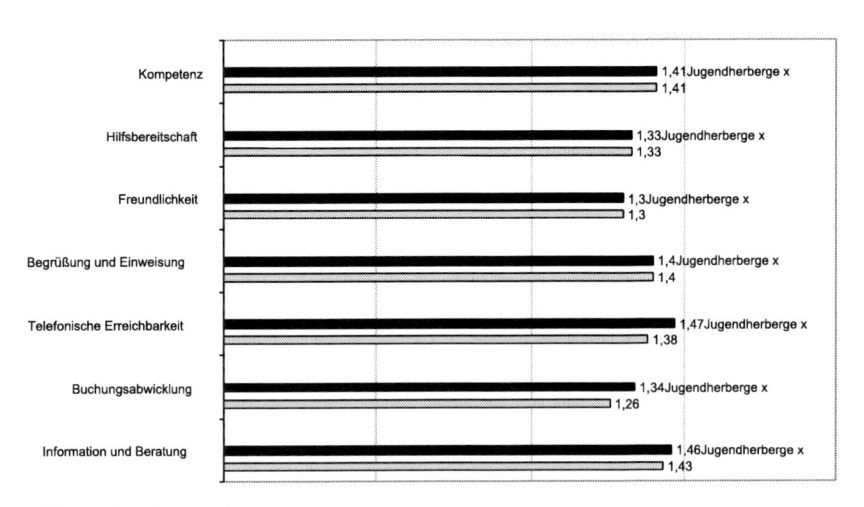

Abb. 3. Benchmarking

Für den qualitativen Teil der Auswertung wurden die offenen Fragen wörtlich abgeschrieben und den einzelnen Jugendherbergen, auf die sie sich bezogen, zugeordnet (siehe Abbildung 4).

Name der Jugendherberge
Fehlende oder defekte Einrichtungen
• Toilettentür schließt nicht.   • Spiele könnten erneuert werden.
Wünsche
• Sandkastenspielzeug   • Schönere Gardinen an den Fenstern
Kritik und Schwachstellen
• Renovierung der Jugendherberge   • Wir hatten ein schönes Wochende.
Anmerkungen
• Es müsste erlaubt sein, eigene Getränke mitzubringen.   • Wir waren rundherum zufrieden.

Abb. 4. Auswertung der offenen Fragen

Die Auswertung der Daten erfolgte in der eben beschriebenen Weise, da sie als Input für die Workshops gedacht waren und den Herbergseltern der jeweiligen Jugendherbergen zur Verfügung gestellt werden sollten.

3. Workshops

Nachdem die Kundenbefragung und die Auswertung der Ergebnisse abgeschlossen waren, wurden fünf Workshops mit den Herbergseltern durchgeführt. In jedem Workshop sollte von jeder JH ein Maßnahmenplan zur Lösung der in der Untersuchung aufgetretenen Probleme erarbeitet werden. An den einzelnen Workshops waren durchschnittlich ca. neun Jugendherbergen, vertreten durch ihre Herbergseltern, beteiligt. Nun soll exemplarisch der Ablauf eines solchen Workshops beschrieben werden.

Beginn des ersten Tages des Workshops war ca. 17.00 Uhr. Es wurden den anwesenden Herbergseltern der Untersuchungsablauf und die Gesamtergebnisse der Untersuchung vorgestellt, damit sie einen Eindruck von der Studie bekamen. Anschließend wurden die Ergebnisse für jede Jugendherberge getrennt in einem Umschlag an die Herbergseltern verteilt. Diese bekamen die Aufgabe, sich die Ergebnisse im Hinblick auf das Ziel des Workshops, »Erstellung eines Maßnahmenplans«, anzusehen. Dafür hatten die Herbergseltern den Rest des Abends Zeit.

Am zweiten Tag wurde um 9.00 Uhr begonnen und im Plenum die Methode der Fallklausur vorgestellt. Diese sieht folgendermaßen aus:

Es wurden Arbeitsgruppen von 3 Jugendherbergen pro Gruppe eingeteilt, die von jeweils einem Moderator geleitet wurden. In den Arbeitsgruppen konnten die Teilnehmer sich aussuchen, mit welcher der anwesenden Jugendherbergen begonnen werden sollte. Diese Jugendherberge bildete den ersten Fall, der in der nächsten halben Stunde bearbeitet werden sollte.

In den ersten 10 Minuten waren die Herbergseltern der Jugendherberge, deren Fall behandelt wurde, an der Reihe, die Probleme, die durch die Untersuchung aufgezeigt wurden, vorzustellen. Wichtig war, dass nur die betroffenen Herbergseltern reden durften. Alle anderen mussten sich deren Ausführungen anhören. Der Moderator hatte auf die Einhaltung dieser Regel zu achten.

In den zweiten 10 Minuten waren die anderen Teilnehmer der Gruppe an der Reihe vorzutragen, wie sie sich die Lösung der Probleme vorstellen würden. Die betroffenen Herbergseltern hatten nun zu schweigen und waren dadurch gezwungen, sich die Lösungsansätze ihrer Kollegen anzuhören.

In den letzten 10 Minuten hatten noch einmal alle Gruppenmitglieder die Möglichkeit, die Lösungsansätze kontrovers zu diskutieren. Damit war der erste Fall abgeschlossen, und es wurde zum zweiten Fall übergegangen, bei dem sich die eben beschriebene Prozedur wiederholte.

Nachdem alle Jugendherbergen der Gruppe an der Reihe waren, hatten die Herbergseltern eine halbe Stunde Zeit, die erarbeiteten Lösungsansätze auf eine vorbereitete Folie zu schreiben, um sie später im Plenum zu präsentieren.

Im Anschluss daran trafen sich wieder alle Teilnehmer im Plenum, und jede Jugendherberge bekam Zeit, ihren Maßnahmenplan den anderen Herbergseltern vorzustellen. Es sollte dargestellt werden, welche Maßnahmen durchgeführt werden sollen, wer dafür verantwortlich ist und wann diese Maßnahmen durchgeführt werden sollen.

Des Weiteren mussten die Herbergseltern den Maßnahmenplan innerhalb von zwei Wochen schriftlich bei dem Landesverband einreichen. Dieses Vorgehen sollte die Teilnehmer dazu verpflichten, die Maßnahmen auch wirklich in die

Tat umzusetzen (Commitment). Der Landesverband überprüfte nach einer gewissen Zeit, ob die Maßnahmen auch wirklich umgesetzt wurden.

4. Ausblick

Um zu überprüfen, ob die Maßnahmen zu einer Verbesserung in der Beurteilung der Jugendherbergen durch die Kunden geführt haben, würde es sich empfehlen, nach ca. zwei Jahren erneut eine Untersuchung der Kundenzufriedenheit durchzuführen.

Praxisbeispiel:
Zufriedenheit mit Serviceaspekten beim Winzer

Miriam Adjei, Ottmar L. Braun, Marco Haferburg, Juliane Jung, Sandra Mihailović, Claudia Rendenbach & Julia Skomrock, Universität Landau

Dieser Beitrag beschreibt die Durchführung einer im Rahmen der universitären Ausbildung durchgeführten Studie zur Kundenzufriedenheit. Befragt wurden dabei die Kunden des Weinguts Münzberg in Landau-Godramstein. Das Weingut wird als Familienbetrieb geführt und verfügt über 12 ha Anbaufläche. Von dem bekannten Weinführer Gault-Millau wird das Weingut in der Ausgabe 2000 mit drei Trauben bewertet (»Sehr gute Erzeuger, die seit Jahren konstant hohe Qualität liefern«) und gehört damit zu den 22 besten Weingütern der Pfalz (Gault-Millau WeinGuide Deutschland, Diel & Payne, 2000). An dieser Stelle möchten wir uns ganz herzlich bei dem Weingut Münzberg für die Unterstützung dieser Studie bedanken, ohne deren Hilfe sie nicht zustande gekommen wäre.

1. Die Fragestellung

In den vorangegangenen Buchbeiträgen wurde das Konstrukt Kundenzufriedenheit theoretisch erläutert. Es wurde gezeigt, wie wichtig zufriedene Kunden für jede Art von Unternehmen sind. Kundenzufriedenheit wurde dabei als der Anteil der erbrachten Leistungen eines Unternehmens verstanden, der die Erwartungen des Kunden übersteigt. Weiterhin wurde auch dargestellt, dass die Messung der Kundenzufriedenheit grundlegend für die Verbesserung der Serviceleistungen eines Unternehmens ist.

Kundenzufriedenheit lässt sich in zwei Dimensionen aufteilen: zum einen in die »Was-Dimension«, die sich auf die Qualität des Produktes bezieht, und zum anderen in die »Wie-Dimension«, die sich auf den gebotenen Service des Unternehmens bezieht. Für unsere konkrete Untersuchungssituation sind wir davon ausgegangen, dass die Kunden von Winzern im Allgemeinen nur schwer Unterscheidungen bezüglich der Qualität der einzelnen Weine und Winzer vornehmen können. Dies führt zu einer Austauschbarkeit der Produkte, was durch ein ähnliches Preisniveau bei den einzelnen Winzern der jeweiligen Region noch unterstrichen wird. Es ist deshalb anzunehmen, dass die Entscheidung der Kunden, bei dem einen oder dem anderen Winzer ihren Wein zu beziehen, von anderen Faktoren als von der Qualität der Produkte abhängt. Wir gehen davon aus, dass die Serviceleistung der Winzer darüber entscheidet, ob die Kunden Kunden bleiben oder ob sie den Winzer wechseln. In der Studie wurde deshalb als Schwerpunkt die Servicequalität und nicht die Qualität der Produkte des Weinguts untersucht.

Konkret bestand das Ziel darin, durch Messen der Kundenzufriedenheit anhand von Merkmalen der Servicequalität die Bereiche herauszufiltern, mit denen der Kunde nicht zufrieden ist, d. h., die verbessert werden müssen. Um die zu verbessernden Eigenschaften differenzierter erfassen zu können, wurde in dem verwendeten Fragebogen nicht nur die Zufriedenheit der Kunden mit einzelnen Aspekten der Servicequalität gemessen, sondern auch noch erfasst, wie wichtig dem Kunden die einzelnen Elemente sind.

Durch diese Methode der Messung ergeben sich für jeden erhobenen Aspekt der Servicequalität vier potenzielle Ergebnisse:

- Merkmale, die eine hohe Wichtigkeit und auch eine hohe Zufriedenheit besitzen. Bei ihnen gibt es keinen Änderungsbedarf.
- Merkmale, die sehr unwichtig sind und zugleich schlecht beurteilt werden. Auch hier besteht kein Änderungsbedarf.
- Ein Änderungsbedarf besteht bei Merkmalen, die für den Kunden wichtig sind, mit denen er aber nicht zufrieden ist. Hier müsste sich das Unternehmen verbessern, um die Kundenzufriedenheit zu steigern.
- Bei Merkmalen, die für den Kunden weniger wichtig sind, mit denen er aber sehr zufrieden ist, besteht potenziell auch Veränderungsbedarf. In diesen Bereichen werden Ressourcen verschwendet; man kann eine Änderung in der Richtung vornehmen, dass nicht mehr in diesen Bereich investiert wird.

2. Durchführung der Untersuchung

Aus der Kundenkartei des Weingutes Münzberg wurde uns eine Liste mit ca. 400 Privatpersonen zur Verfügung gestellt, die nach dem Kriterium der Postleit-

Praxisbeispiel: Zufriedenheit mit Serviceaspekten beim Winzer 149

zahl 76829 ausgewählt worden waren. Aus dieser Liste wurden per Zufall Kunden zur Befragung bestimmt. Dabei wurde keine Vorauswahl aufgrund des Alters oder des Geschlechts getroffen.

Um eine möglichst hohe Rücklaufquote der Fragebogen zu erreichen, setzten wir uns mit den Probanden vorab telefonisch in Verbindung. Den durch dieses Vorgehen gewonnenen 132 Versuchspersonen wurde der Fragebogen und ein Anschreiben umgehend zugesandt.

Für unsere Untersuchung setzten wir einen von uns entwickelten Fragebogen ein, der sich mit 14 Aspekten der Kundenzufriedenheit befasst (siehe Auszug in Abbildung 1).

Kundenorientierte Öffnungszeiten				Schnelligkeit von Lieferung und Bedienung			
sehr wichtig			unwichtig	sehr wichtig			unwichtig
☐	☐	☐	☐	☐	☐	☐	☐
Ihre Note:				Ihre Note:			
Termine werden eingehalten				Angemessenes Preis-Leistungs-Verhältnis			
sehr wichtig			unwichtig	sehr wichtig			unwichtig
☐	☐	☐	☐	☐	☐	☐	☐
Ihre Note:				Ihre Note:			

Abb. 1. Auszug aus dem Fragebogen zur Erfassung der Servicequalität beim Winzer

Die Servicequalität wurde dabei unter 2 Aspekten beurteilt:

- Beurteilung der Wichtigkeit des jeweiligen Serviceaspektes auf einer vier-stufigen Skala (»sehr wichtig« bis »unwichtig«);
- Benotung der jeweiligen Serviceaspekte anhand von Schulnoten (1 = »sehr gut« bis 6 = »ungenügend«).

Die Auswahl dieses Benotungssystems erfolgte unter der Annahme, dass die Beurteilung nach Schulnoten für alle Probanden leicht verständlich ist. Für die Auswertung sind wir von einer Intervallskalierung beider Skalen ausgegangen.

Neben den eigentlichen Items zur Servicequalität wurden auf der Rückseite noch soziodemographische Daten (Alter, Geschlecht) sowie Informationen zum Konsumverhalten erhoben. Zusätzlich hatten die Versuchspersonen die Möglichkeit, Wünsche, Kritik und Lob in Form von offenen Antworten zu äußern.

3. Untersuchungsergebnisse

Ausgewertet wurden insgesamt 92 Fragebogen, d.h. 69,2 % der versendeten Fragebogen. Die ausgewerteten Fragebögen wurden von 70 Männern (76,1 %) und 17 Frauen (18,5 %) ausgefüllt. Bei 5 Fragebögen (5,4 %) konnte das Geschlecht nicht zugeordnet werden.

Die Auswertung der soziodemographischen Daten und der Angaben zum Konsumverhalten lieferten keine überraschenden Ergebnisse. Tabelle 1 zeigt exemplarisch die Antworten der angeschriebenen Kunden, wie häufig Wein zu bestimmten Gelegenheiten konsumiert wird. Eine weitere Analyse der erhobenen Daten zu den Konsumgewohnheiten wurde nicht durchgeführt, da sich die Fragestellung der Untersuchung lediglich auf die Kundenzufriedenheit bezogen hat.

Wann trinken Sie Wein?	Häufig		Gelegentlich		Selten	
	Anzahl	Anteil	Anzahl	Anteil	Anzahl	Anteil
Zu besonderen Anlässen	65	74,7%	20	23,0%	2	2,3%
Zum Essen	41	46,1%	39	43,8%	9	10,1%
Zum Ausklingen des Tages	35	40,7%	33	38,4%	18	20,9%
In Gesellschaft	59	67,0%	27	30,7%	2	2,3%
Genießen Sie den Wein auch allein?	20	22,5%	42	47,2%	27	30,3%

Tab. 1. Konsum von Wein zu bestimmten Gelegenheiten

3.1 Wichtigkeit von verschiedenen Serviceaspekten

Zunächst wurden die erhobenen Urteile über die Wichtigkeit verschiedener Serviceaspekte untersucht. Die Items wurden dabei auf einer vierstufigen Skala mit den Endpunkten »sehr wichtig« (Kodierung: 1) und »unwichtig« (Kodierung: 4) erhoben. Tabelle 2 stellt die Ergebnisse der Häufigkeitsauszählungen der Items dar, differenziert nach Männern und Frauen.

Praxisbeispiel: Zufriedenheit mit Serviceaspekten beim Winzer 151

Die Inspektion der einzelnen Mittelwerte für die Gesamtgruppe aus Männern und Frauen zeigt, dass mit Ausnahme des Serviceaspektes »Schnelligkeit von Lieferung und Bedienung« alle anderen Serviceaspekte einen Mittelwert zwischen 1,2 und 2,0 haben, d.h. im Durchschnitt als wichtig bis sehr wichtig beurteilt werden. Besondere Bedeutung kommt dem Serviceaspekt »Kompetenz und Fachkenntnis« zu, da hier der beste Mittelwert aller Serviceaspekte (M = 1,21) in Verbindung mit der niedrigsten Streuung (SD = ,437) vorliegt. Insgesamt gesehen, ergeben sich aber keine gravierenden Unterschiede zwischen den einzelnen Serviceaspekten. Insbesondere wurde kein Serviceaspekt im Durchschnitt als weniger wichtig oder unwichtig eingestuft.

Tabelle 2 zeigt ebenfalls, dass sich Frauen und Männer in den Einschätzungen der Wichtigkeit verschiedener Serviceaspekte unterscheiden. Bei den folgenden Items ergeben sich signifikante Differenzen:

- »Kundenorientierte Beratung« (w (40,16) = 2,31; p < ,05);
- »Termine werden eingehalten« (w (33,94) = 2,14; p < ,05);
- »Kompetenz und Fachkenntnis« (w (68,00) = 4,57; p < ,001);
- »Freundlichkeit« (w (41,35) = 3,44; p < ,001).

Bei den Items mit signifikanten Unterschieden liegen die Mittelwerte der Frauen unter denen der Männer, d.h., Frauen stufen diese Items im Durchschnitt als wichtiger ein als Männer.

	Geschlecht				Gesamt	
	Männlich		Weiblich			
	Mittelwert	SD	Mittelwert	SD	Mittelwert	SD
Kundenorientierte Beratung	1,55	,718	1,24	,437	1,49	,682
Persönliche Ansprechpartner und individuelle Beratung	1,51	,609	1,35	,493	1,48	,589
Kundenorientierte Öffnungszeiten	1,97	,810	1,88	,857	1,95	,815
Termine werden eingehalten	1,67	,687	1,35	,493	1,60	,661
Schnelligkeit von Lieferung und Bedienung	2,09	,733	2,06	,748	2,08	,732
Angemessenes Preis-Leistungs-Verhältnis	1,45	,658	1,47	,514	1,45	,629
Kulanz	1,87	,851	2,00	,894	1,89	,856
Sauberkeit	1,29	,488	1,35	,606	1,30	,510
Kompetenz und Fachkenntnis	1,26	,474	1,00	,000	1,21	,437
Freundlichkeit	1,48	,559	1,12	,332	1,41	,540
Hilfsbereitschaft	1,87	,710	1,59	,507	1,81	,681
Ehrlichkeit und Fairness	1,39	,523	1,41	,507	1,40	,517
Aufmerksamkeit	1,79	,645	1,65	,702	1,76	,655
Persönliche Beziehung zum Kunden	1,87	,821	2,00	,866	1,90	,826

Tab. 2. *Mittelwerte und Standardabweichungen der Wichtigkeit (Skala von 1 bis 4), differenziert nach Männern und Frauen*

3.2 Zufriedenheit mit den verschiedenen Serviceaspekten

Im nächsten Auswertungsschritt wurde die Zufriedenheit mit verschiedenen Serviceaspekten des Winzers untersucht. Die Befragten hatten in dem verwendeten Fragebogen ihre Urteile in Form von Schulnoten zu vergeben. Tabelle 3 illustriert die Ergebnisse, wobei wieder Männer und Frauen getrennt ausgewertet wurden.

Der Mittelwert aller 14 Zufriedenheitsurteile für die Gesamtgruppe beträgt 1,55 (Standardabweichung der 14 Mittelwerte: ,236). Damit beurteilen die Befragten im Durchschnitt die Leistung des Winzers in den verschiedenen Serviceaspekten als »gut« bis »sehr gut«.

Auffällig ist die durchschnittlich sehr positive Bewertung der Items »Sauberkeit« und »Kompetenz und Fachkenntnis«; hier liegen jeweils die beiden niedrigsten Mittelwerte in Verbindung mit den beiden geringsten Streuungen vor. Die Inspektion der Häufigkeitstabellen zeigt außerdem, dass ausschließlich bei diesen Items nur Noten von 1 (»sehr gut«) bis 2 (»gut«) von den Befragten vergeben wurden. Es scheint also auf breiter Basis eine hohe Zufriedenheit der Kunden mit der Sauberkeit einerseits und der Kompetenz bzw. Fachkenntnis andererseits vorhanden zu sein.

Ebenfalls eine auffällige Stellung nehmen die Ergebnisse des Items »Angemessenes Preis-Leistungs-Verhältnis« ein. Es handelt sich hierbei um den Serviceaspekt, mit dem die Befragten im Durchschnitt am wenigsten zufrieden waren; der Mittelwert ist mit 2,09 der schlechteste in der Verteilung der Serviceaspekte, verbunden mit der größten Streuung. Die Analyse der Häufigkeitstabelle zeigt außerdem, dass bei diesem Item mit deutlichem Abstand am häufigsten die Note 3 (»befriedigend«) vergeben wurde. Außerdem wurde die Note 5 (»mangelhaft«) ausschließlich hier vergeben.

	Geschlecht				Gesamt	
	Männlich		Weiblich			
	Mittelwert	SD	Mittelwert	SD	Mittelwert	SD
Kundenorientierte Beratung	1,66	,511	1,31	,479	1,59	,520
Persönliche Ansprechpartner und individuelle Beratung	1,48	,562	1,31	,602	1,44	,570
Kundenorientierte Öffnungszeiten	1,89	,839	1,71	,469	1,85	,783
Termine werden eingehalten	1,50	,505	1,29	,469	1,46	,502
Schnelligkeit von Lieferung und Bedienung	1,63	,623	1,36	,497	1,57	,606
Angemessenes Preis-Leistungs-Verhältnis	2,08	,860	2,13	,743	2,09	,835
Kulanz	1,73	,660	1,53	,743	1,69	,679
Sauberkeit	1,17	,380	1,07	,258	1,15	,361
Kompetenz und Fachkenntnis	1,17	,380	1,13	,352	1,16	,373
Freundlichkeit	1,46	,534	1,27	,458	1,42	,523
Hilfsbereitschaft	1,47	,536	1,33	,488	1,44	,526
Ehrlichkeit und Fairness	1,65	,659	1,67	,724	1,65	,668
Aufmerksamkeit	1,63	,707	1,73	,704	1,65	,703
Persönliche Beziehung zum Kunden	1,59	,668	1,40	,507	1,55	,641

Tab. 3. Mittelwerte und Standardabweichungen der Zufriedenheitsurteile (Schulnoten), differenziert nach Männern und Frauen

Um geschlechtsspezifische Unterschiede in den Zufriedenheitsurteilen feststellen zu können, wurden wieder Signifikanztests gerechnet. Signifikante Unterschiede fanden sich dabei lediglich bei dem Item »Kundenorientierte Beratung (Note)« (t (78) = 2,44; p < ,05). Frauen bewerten die Kundenorientierung bei der Beratung durch den Winzer im Durchschnitt positiver als Männer.

3.3 Sonstige Auswertungen

Insgesamt zeigt die Untersuchung, dass die Kunden die einzelnen Serviceaspekte als wichtig bis sehr wichtig einschätzen und dass die Zufriedenheit im Allgemeinen hoch ist. Um die Ergebnisse besser differenzieren zu können, wurden im Folgenden ausschließlich der Anteil der vergebenen Höchstnoten betrachtet (»top-boxes«), d.h.,

- bei der Wichtigkeit wurde der Anteil der Bewertung »sehr wichtig« an der Gesamtzahl aller Bewertungen für den jeweiligen Serviceaspekt berücksichtigt;
- bei der Zufriedenheit wurde der Anteil der Benotung »sehr gut« an der Gesamtzahl aller Benotungen für den jeweiligen Serviceaspekt berücksichtigt.

Dieser Darstellung liegt die Annahme zugrunde, dass bei insgesamt sehr hohen Mittelwerten in den Zufriedenheits- und Wichtigkeitsurteilen sich trotzdem Differenzen ergeben können bezüglich des Anteils derjenigen Kunden, die einen einzelnen Serviceaspekt beispielsweise als »sehr gut« beurteilen.

Aufgrund der oben formulierten Fragestellung kann der Vergleich von Wichtigkeitsurteilen mit den korrespondierenden Zufriedenheitsurteilen als zentral angesehen werden. Insbesondere eine mangelnde Zufriedenheit bei hoher Wichtigkeit eines Serviceaspektes markiert Handlungsbedarf. Wie beschrieben, wurde in Abbildung 2 jeweils der Anteil der Nennungen »sehr wichtig« bei den Wichtigkeitsurteilen dem Anteil der Nennungen »sehr gut« in den Zufriedenheitsurteilen gegenübergestellt.

Bei den Items »Angemessenes Preis-Leistungs-Verhältnis« und »Kundenorientierte Beratung« liegt der Anteil der Höchstnoten bei den Wichtigkeitsurteilen deutlich über dem Anteil der Höchstnoten bei den Zufriedenheitsurteilen. Bei den Items »Hilfsbereitschaft« bzw. »Schnelligkeit von Lieferung und Bedienung« übersteigt dagegen der Anteil an Höchstnoten bei den Zufriedenheitsurteilen den Anteil der Höchstnoten bei den Wichtigkeitsurteilen deutlich. Bei allen anderen Items ergeben sich Differenzen, die in Anbetracht der insgesamt geringen Streuung der Urteile sowie der relativ kleinen Stichprobe als inhaltlich nicht bedeutsam interpretiert werden.

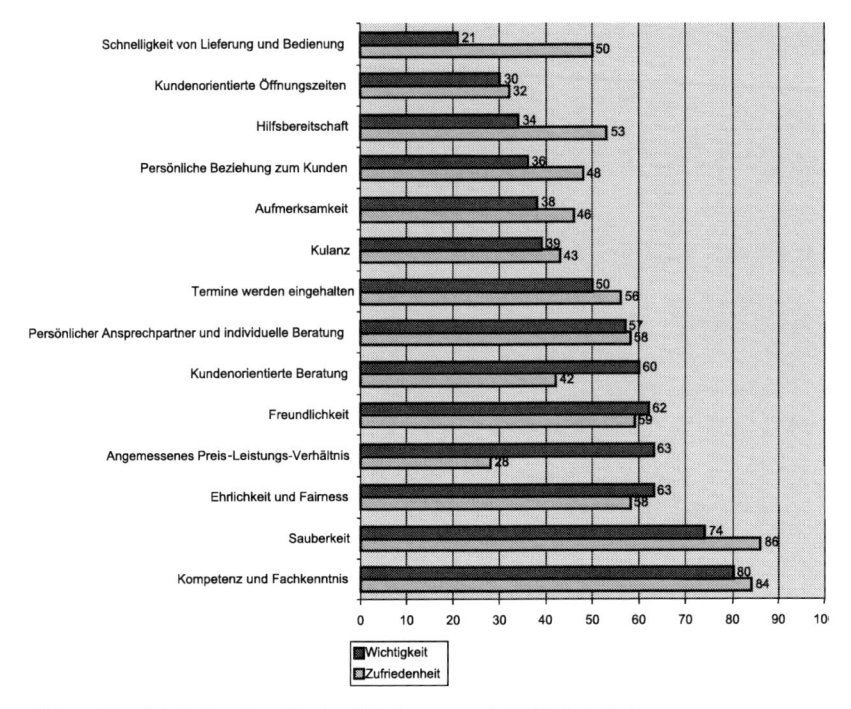

Abb. 2. Vergleich des Anteils der Höchstnoten bei Wichtigkeits- und Zufriedenheitsurteilen (in Prozent der Nennungen)

Merkmal	Wichtigkeit	Zufriedenheit
Schnelligkeit von Lieferung und Bedienung	21	50
Kundenorientierte Öffnungszeiten	30	32
Hilfsbereitschaft	34	53
Persönliche Beziehung zum Kunden	36	48
Aufmerksamkeit	38	46
Kulanz	39	43
Termine werden eingehalten	50	56
Persönlicher Ansprechpartner und individuelle Beratung	57	58
Kundenorientierte Beratung	60	42
Freundlichkeit	62	59
Angemessenes Preis-Leistungs-Verhältnis	63	28
Ehrlichkeit und Fairness	63	58
Sauberkeit	74	86
Kompetenz und Fachkenntnis	80	84

Zu den 14 in unserem Fragebogen erfassten Serviceaspekten wurden jeweils Urteile über die Wichtigkeit einerseits und über die Zufriedenheit andererseits erhoben. Es ist dabei denkbar, dass aufgrund der Erhebungsmethode positive Zufriedenheitsurteile mit hohen Wichtigkeitsurteilen einhergehen. Aus diesem Grund wurde für jedes Item die Korrelation zwischen Wichtigkeitsurteil und Zufriedenheitsurteil errechnet.

Praxisbeispiel: Zufriedenheit mit Serviceaspekten beim Winzer

	r	sig. (zs)
Kundenorientierte Beratung	,388*	p < ,001
Persönliche Ansprechpartner und individuelle Betreuung	,414*	p < ,001
Kundenorientierte Öffnungszeiten	,267	p < ,05
Termine werden eingehalten	,364*	p < ,01
Schnelligkeit von Lieferung und Bedienung	,365*	p < ,01
Angemessenes Preis-Leistungs-Verhältnis	,111	p > ,30
Kulanz	,169	p > ,10
Sauberkeit	,026	p > ,80
Kompetenz und Fachkenntnis	,110	p > ,30
Freundlichkeit	,370*	p < ,01
Hilfsbereitschaft	,445*	p < ,001
Ehrlichkeit und Fairness	,553**	p < ,001
Aufmerksamkeit	,518*	p < ,001
Persönliche Beziehung zum Kunden	,625**	p < ,001

* Effektstärke klein (0,10–0,30) ** Effektstärke mittel (0,30–0,50)

Tab. 4. *Korrelation von Wichtigkeits- und Zufriedenheitsurteilen*

Lediglich bei den Items »Kompetenz und Fachkenntnis«, »Kulanz«, »Sauberkeit« und »Angemessenes Preis-Leistungs-Verhältnis« konnten keine signifikant von Null verschiedenen Korrelationen festgestellt werden. Dieser deutliche Zusammenhang legt den Verdacht nahe, dass unsere Ergebnisse zumindest teilweise durch die Erhebungsmethode beeinflusst werden.

Die Auswertung der offenen Fragen erwies sich als wenig aussagekräftig, sodass diese von einer weiteren qualitativen Bewertung ausgeschlossen bleiben. Die einzelnen Antworten auf die offenen Fragen wurden dem Winzer direkt zur Verfügung gestellt.

4. Die Rückmeldung der Ergebnisse: Konsequenzen in der Praxis

4.1 Wichtigkeit der Serviceaspekte

Als besonders wichtig traten die Serviceaspekte »Kompetenz und Fachkenntnis« sowie »Sauberkeit« hervor.

Der Aspekt »Kompetenz und Fachkenntnis« scheint im Dienstleistungsbereich allgemein eine zentrale Rolle zu spielen. Kompetenz wird oft als Oberbegriff verstanden, der weitere wichtige Faktoren, wie z. B. eine gute Ausbildung, einen aktuellen Wissensstand etc., umfasst. Sie stellt eine Grundvoraussetzung dar, um qualitativ hochwertigen Wein produzieren zu können. Zwischenmenschliche Aspekte sind ebenfalls in dem Begriff mit eingeschlossen.

Bezüglich der »Sauberkeit« kann Folgendes angemerkt werden: Da die Herstellung des Weines unter den Begriff der Lebensmittelproduktion fällt, ist es verständlich, dass der Hygiene eine hohe Relevanz beigemessen wird.

4.2 Zufriedenheit mit einzelnen Serviceaspekten

Aus den Daten zeigt sich, dass bei den Items »Sauberkeit« und »Kompetenz und Fachkenntnis« eine hohe Kundenzufriedenheit verzeichnet werden kann. Da diese Punkte auch als besonders wichtig eingestuft worden sind, wird das untersuchte Weingut hier den Anforderungen der Kunden gerecht.

Einen weiteren erörterungswürdigen Punkt stellt das Item »Angemessenes Preis-Leistungs-Verhältnis« dar. Hier war die schlechteste Beurteilung der Kunden zu verzeichnen. Aufgrund der vergleichsweise hohen Wichtigkeit dieses Serviceaspektes (siehe Tabelle 2 und Abbildung 2) scheint hier, zumindest langfristig, Handlungsbedarf zu bestehen. Allerdings ist bei der Beurteilung dieses Sachverhaltes zu bedenken, dass hier Kunde und Anbieter letztlich nicht ein identisches Interesse haben.

Des Weiteren sollte auf den Punkt »Kundenorientierte Beratung« eingegangen werden. Dieser Aspekt war von den Kunden als sehr wichtig eingestuft worden. Anhand der Beurteilung der Kunden stellte sich heraus, dass das Weingut in diesem Fall die Erwartungen nicht vollständig erfüllte und somit Verbesserungsmöglichkeiten bestehen.

Der in Abbildung 2 dargestellte Vergleich von Anteilen der Nennungen »sehr wichtig« bei den Wichtigkeitsurteilen mit dem Anteil der Nennungen »sehr gut« bei den Zufriedenheitsurteilen zeigt, dass die Kunden mit der »Schnelligkeit von Lieferung und Bedienung« bzw. der »Hilfsbereitschaft« zufrieden sind, dass sie aber diese Aspekte als weniger wichtig einstufen. Folgt man der Theorie, so würden hier Ressourcen verschwendet. In unserem speziellen Fall gehen wir aber davon aus, dass eine hilfsbereite und schnelle Bedienung sowie eine zügige Lieferung für den Winzer betriebswirtschaftlich nur geringen Aufwand darstellt. Gerade die als weniger wichtig eingestuften Aspekte liefern letztlich die Möglichkeit, die Kunden zu überraschen und für das eigene Unternehmen zu begeistern.

4.3 Kritische Bewertung

- Grundlage der Untersuchung war der Kundenkreis des Winzers aus Landau und der näheren Umgebung (gleicher Postleitzahlenbereich). Die Ergebnisse sind daher streng genommen nicht repräsentativ für den gesamten Kundenkreis des Winzers. Wir gehen davon aus, dass beispielsweise der Aspekt »Schnelligkeit von Lieferung und Bedienung« von auswärtigen Kunden anders beurteilt wird als von Kunden der näheren Umgebung (die mehrheitlich Selbstabholer sind). Viele unserer Items setzten zudem eine gute Kenntnis des Weingutes und eventuell auch Erfahrungswerte (z.B. bezüglich Schnelligkeit der Lieferung, Termineinhaltung und Kulanz) voraus. So mussten wir in diesem Bereich besonders viele Missings verzeichnen.
- Es ist anzumerken, dass Personen aufgrund leichterer Zugänglichkeit bevorzugt wurden, deren Telefonnummer bereits in der Kundenkartei des Weinguts vermerkt war. Die Vermutung liegt nahe, dass es sich dabei überwiegend um Personen handelt, die ein besonders positives und eventuell freundschaftliches Verhältnis zu der Winzerfamilie pflegen. So deklarierten sich viele der Probanden als Freunde der Familie. Dem wäre jedoch die Tatsache entgegenzusetzen, dass jeder Kunde – unabhängig von der Regelmäßigkeit und der Menge seines Einkaufs – in die Kundenkartei übernommen wird. Dass sich dennoch viele Kunden als Freunde der Winzerfamilie bezeichneten, kann somit eher auf die offene und herzliche Umgangsweise der Winzer mit ihren Kunden zurückgeführt werden.
- Kritisch zu bewerten wäre weiterhin der Aufbau des Fragebogens, da zu jedem Item erst einmal allgemein die Bedeutsamkeit erfragt wurde und direkt daran gekoppelt die Bewertung desselben Merkmals – bezogen auf das Weingut – erfolgte. Wir vermuten, dass dies zu Sequenzeffekten führte, die sich in einer hohen Korrelation zwischen dem allgemeinen Wichtigkeitsempfinden und der spezifischen Benotung im konkreten Fall zeigen.
- Als sehr positiver Aspekt hat sich die telefonische Vorankündigung erwiesen, die die Rücklaufquote unseres Fragebogens in erheblichem Ausmaß erhöht hat. Diese Strategie ermöglichte es uns, auftretende Fragen zu klären und Unsicherheiten zu beseitigen. Generell wurde nur denjenigen Personen ein Fragebogen zugesandt, die sich zur Teilnahme an der Untersuchung bereit

erklärt hatten. Die Teilnahme auf freiwilliger Basis war somit gewährleistet. Einen weiteren Anreiz stellte die Möglichkeit der Teilnahme an einem Gewinnspiel dar.

5. Ausblick

Bei der Auswertung des Datenmaterials sind uns weitere interessante Aspekte aufgefallen, die sich für eine weitere Untersuchung anbieten würden. Im Folgenden einige Anregungen für eine weitere Auseinandersetzung mit dem Thema.

Um unbeabsichtigte Korrelationen zwischen Wichtigkeit und Benotung zu vermeiden, besteht die Möglichkeit, die Items in Bezug auf ihre Wichtigkeit in eine Rangfolge bringen zu lassen und die Benotung der einzelnen Items separat zu erheben. Der Sequenzeffekt kann natürlich auch dadurch verhindert werden, dass man die allgemeine Wichtigkeit gänzlich ausschließt und sich speziell auf die Benotung des konkreten Weinguts konzentriert.

Interessante bzw. untersuchungsrelevante Aspekte könnten zur Vertiefung in Interviewform oder in Form einer Gruppendiskussion untersucht werden. Auf diese Weise könnten Verständnisprobleme eher beseitigt und könnte auf individuelle Aussagen eingegangen werden.

Der Überbegriff »Kundenzufriedenheit« bietet unerschöpfliche Möglichkeiten, in jedem anderen Dienstleistungsbereich Untersuchungen durchzuführen. So könnte man z.B. prüfen, ob das Item »Sauberkeit im Betrieb« in der Lebensmittelbranche die gleiche Bedeutsamkeit/Wichtigkeit hat wie im Einzelhandel.

Steht ein valider Fragebogen zur Verfügung, könnte man die Untersuchung auf z.B. mehrere Weingüter ausweiten und die Ergebnisse miteinander vergleichen.

Die Zufriedenheit der Staatsanwaltschaft mit der polizeilichen Vorgangsqualität: Bericht über ein Qualitätsprojekt

Ernfried Groh, Polizeidirektion Landau

1. Vorbemerkungen

Machtsicherung versus Qualitätssicherung? Eine im Zusammenhang mit Qualitätsverbesserung polizeilicher Arbeit zugegebenermaßen sehr gewagte Frage. Lässt sie doch einen Gegensatz zwischen den legitimen Bestrebungen politisch Verantwortlicher und notwendigem polizeilichem Qualitätsmanagement vermuten.

Diese Frage soll allerdings weniger einen Gegensatz aufwerfen als vielmehr die Problematik verdeutlichen helfen, die sich mit dem Thema Qualitätsverbesserung in der Polizei verbindet. Qualitätsverbesserung in der Polizei ist nicht ohne politische Brisanz. Sie ergibt sich geradezu zwangsläufig, weil die Polizei ein überwiegend »inputgesteuertes Unternehmen« ist (vgl. Groh, 1998) und, dem Demokratieprinzip folgend, sie und ihr Handeln der parlamentarischen Kontrolle unterliegen. Nicht selten erleben wir, dass in öffentlichen Diskussionen polizeiliche Fehlleistungen – und seien sie nach Auffassung des Lesers noch so unbedeutend – dem jeweils verantwortlichen Innenminister als politische Fehlleistung angekreidet und seitens des politischen Gegners manchmal sogar mit Rücktrittsforderungen verknüpft werden. So kann es nicht verwundern, dass politische Verantwortungsträger sich ständig in der Pflicht fühlen, die Polizei und ihre Arbeit in einem günstigen Licht zu beschreiben. Dies hat Auswirkungen auf die Selbsteinschätzung des polizeilichen Personalkörpers, seine emotionale Befindlichkeit sowie seine Kritikfähigkeit. Vor einem solchen Hintergrund ist es für eine polizeiliche Führungskraft, die sich einer kontinuierlichen Qualitätsverbesserung verschrieben hat, nicht immer einfach, Projekte konsequent zielorientiert zu realisieren.

Bei dem Projekt »Die Zufriedenheit der Staatsanwaltschaft mit der polizeilichen Vorgangsqualität« wurden sehr früh Akzeptanzprobleme bei Polizei und Staatsanwaltschaft deutlich. Bei der Polizei, weil man solche »Überprüfungen« für wenig aussagekräftig und deshalb für überflüssig hielt, allerdings dahinter das heimliche Ziel der Führung vermutete, sich Kontrolldaten für Beurteilungen verschaffen zu wollen. Die Kritik seitens der Staatsanwaltschaft bezog sich im Wesentlichen auf die mit der Messung der Vorgangsqualität verbundenen Zusatzbelastungen. Darüber hinaus wurden Befürchtungen geäußert, die zu erwartenden Ergebnisse könnten sich negativ auf die Zusammenarbeit mit der Polizei auswirken.

Die Realisierung dieses Projekts konnte trotz Kritik und Befürchtungen durch eine breit angelegte Beteiligung aller Betroffenen erreicht werden. Dies allerdings mit der Konsequenz, dass das entwickelte Messinstrument nicht in allen Bereichen den Vorstellungen der Führung entsprach und den wissenschaftlichen Gütekriterien nicht in dem gewünschten Maße gerecht wurde. Vor diesem Hintergrund werden sich die nachfolgenden Ausführungen weniger mit den erzielten Ergebnissen und deren Interpretation beschäftigen. Im Mittelpunkt sollen vielmehr die Hintergründe sowie die Planung und Realisierung des Projekts stehen, wobei selbstverständlich auch die ermittelten Daten vorgestellt werden und über das weitere Vorgehen kurz berichtet wird.

2. Qualitätsmanagement in der Polizei – die Ausgangslage

Im Leitbild der rheinland-pfälzischen Polizei finden sich unter anderem die folgenden Aussagen: »Wir sind ein modernes Dienstleistungsunternehmen. Innovation und Flexibilität zeichnen uns aus.« Daraus den Schluss zu ziehen, die Polizei *fühle* sich als Dienstleistungsunternehmen und trete dazu in der Realität den Beweis an, wäre sicherlich zu weit nach vorne gedacht. Und trotzdem zeigen diese (bedeutenden) Sätze, auf welchen Weg sich die Polizei begeben hat. Vor allem, weil dieses Leitbild *bottom up* entwickelt worden ist (Groh, 1998). Es spiegelt unzweifelhaft wider, dass sich auch die Polizei, obwohl sie nicht dem (harten) Wettbewerb am Markt unterliegt, gefallen lassen muss, bei ihren Forderungen nach mehr Personal und Sachmitteln zunehmend an betriebswirtschaftlichen Gesichtspunkten gemessen zu werden. Und sie muss sich darauf einstellen, bei ihrem Alltagshandeln mit konkreten Erwartungen ihrer Kunden konfrontiert zu werden. Kein Polizeibeamter kann sich heute gegenüber Kundenerwartungen sowie der Tatsache verschließen, dass die Qualität seines Handelns öffentlicher Betrachtungsgegenstand geworden ist (Waßmann, 1998).

Vor diesem Hintergrund sind ständiges Lernen und kontinuierliche Verbesserungen zentraler Gegenstand notwendiger polizeilicher Anpassungsprozesse. Polizeiliche Arbeitsqualität ist zum Bestimmungsfaktor polizeilichen Handelns im Binnen- und Außenbereich geworden (Waßmann, 1998). Vorbei sind die Zeiten, in denen Rechtskenntnisse und Fachautorität die polizeiliche Hoheitsverwaltung ausschließlich prägten. Als Übergangsphase sind heute sogar Bemühungen für eine bürgernahe Polizei zu betrachten, die vor allem von dem Bestreben um kooperatives Verhalten nach innen und außen geprägt sind. Diesen Herausforderungen wird noch nicht in dem gewünschten Maße entsprochen, und schon wird von der Polizei eine Entwicklung zum Dienstleistungsunternehmen erwartet. Und diesen Forderungen wird – wie das Leitbild der rheinland-pfälzischen Polizei belegt – seitens der Mitarbeiter zumindest gedanklich entsprochen.

Die persönlichen Erfahrungen des Verfassers zeigen aber, dass hier allenfalls gedämpfter Optimismus angebracht ist. Im Führungsalltag wird allzu häufig deutlich, wo die Grenzen für Veränderungen liegen, wie weit Kritikfähigkeit und Kundenorientierung oder wie das Verständnis für die Qualität polizeilicher Arbeit sowie deren Messbarkeit tatsächlich ausgeprägt sind. Nach Ansicht des Verfassers steht die Polizei erst ganz am Anfang einer Entwicklung, an deren Ende ein polizeiliches Dienstleistungsunternehmen stehen könnte.

Andererseits ist es zulässig, im Zusammenhang mit organisatorischen Veränderungen in der Polizei, mit der Fortentwicklung des polizeilichen Führungsverständnisses (Groh, 2000), der Einführung neuer Steuerungsmodelle (Innenministerium Nordrhein-Westfalen, 1996) sowie dem polizeilichen Selbstverständnis von bürger- und gemeindenaher Polizeiarbeit von einer Strukturreform der Polizei zu sprechen. Dies alles darf aber nicht darüber hinwegtäuschen, dass der Weg zu einem Dienstleistungsunternehmen schwierig und vor allen Dingen nicht in all seinen Steigungen und Biegungen für die Polizei begehbar ist. Die Polizei ist auf der Grundlage der Verfassung Eingriffsverwaltung. Polizeiliches Handeln muss sich an Gesetz und Recht orientieren, es unterliegt der parlamentarischen Kontrolle und damit auch der politischen Einflussnahme, was zwar ein umfassendes Qualitätsmanagement und eine Entwicklung zum Dienstleistungsunternehmen nicht ausschließt, aber Paradigmen fordert, die ein Dienstleistungsunternehmen Polizei von anderen Dienstleistern auch zukünftig abgrenzen wird.

Neuere Umfrageergebnisse attestieren der Polizei ein beachtliches Image, lassen sie andererseits jedoch im Bereich der Kundenzufriedenheit auf den hinteren Plätzen rangieren (siehe Tabelle 1 und 2).

Vertrauen der Deutschen in die Institutionen	
Parteien	− 1,3
Kirchen	− 0,2
Presse u. Gewerkschaften	0,0
Gerichte	+ 0,8
Bundesbank	+ 1,6
Bundesverfassungsgericht	+ 2,0
Polizei	+ 2,1
Wertung auf einer Skala von −5 bis +5	

Tab. 1. Umfrage Bundesverband deutscher Banken zum Vertrauen der Deutschen in Institutionen (Quelle: Die Welt v. 28.10.1997)

Ranking der Globalzufriedenheit 1997 (gemessen auf einer 5er-Skala)			
	1995	1996	1997
Urlaubsregion	1,97	2,03	1,99
Banken und Sparkassen	2,43	2,43	2,41
Lebensversicherungen	n.e.	n.e.	2,53
Bau- und Heimwerkermärkte	2,59	2,60	2,58
Deutsche Bahn AG (Nahverkehr)	2,93	3,01	3,03
Stadt- und Kreisverwaltungen	3,07	3,12	3,13
Polizei (öffentliche Sicherheit)	3,09	3,08	3,18

Tab. 2. Das deutsche Kundenbarometer, Jahrbuch der Kundenzufriedenheit in Deutschland

3. Die Polizeidirektion Landau – Strukturen und Aufgaben

Die Polizeidirektion Landau ist eine von drei Flächendirektionen des Polizeipräsidiums Rheinpfalz. Die Zuständigkeiten umfassen nahezu die gesamte Spannbreite polizeilicher Tätigkeiten. Ausgenommen sind lediglich spezielle Bereiche wie z. B. Kapitalverbrechen mit besonderem Ermittlungsaufwand (organisierte Kriminalität, Wirtschaftskriminalität, Tötungsdelikte) sowie der Einsatz und die Zuweisung von technischem Gerät für Verkehrsüberwachungsmaßnahmen. Diese Bereiche werden von Fachdirektionen (Kriminaldirektion und Verkehrsdirektion) wahrgenommen.

Dem Verfasser steht als Direktionsleiter eine Führungsgruppe von 10 Mitarbeitern (Einsatz, Kriminalitätsbekämpfung, Verkehr, Pressestelle, Geschäftszimmer, Personal, Poststelle) zur Verfügung. Der Direktion sind eine Kriminalinspektion und fünf Polizeiinspektionen angegliedert.

Der Zuständigkeitsbereich der Polizeidirektion Landau umfasst die kreisfreie Stadt Landau sowie die Landkreise Germersheim und Südliche Weinstraße. Insgesamt sind ca. 270.000 Einwohner zu betreuen. Der Dienstbezirk grenzt im Süden an Frankreich, was auch zu einer sehr engen Zusammenarbeit mit der französischen Gendarmerie führt. Im Osten bildet der Rhein eine natürliche Grenze zum Bundesland Baden-Württemberg. Im Westen schließt sich der Bereich des Polizeipräsidiums Westpfalz mit Sitz in Kaiserslautern an.

Die Struktur des Direktionsbereichs ist eher ländlich geprägt. Der Pfälzer Wald und die Deutsche Weinstraße führen zu einer hohen Touristenfrequenz. Im Bereich der Rheinebene sind größere Industrieansiedlungen zu verzeichnen.

Neben Einsätzen mit den Zielen allgemeine Kriminalitätsverhütung, Verbesserung der Verkehrssicherheit sowie der Gefahrenabwehr werden bei der Polizeidirektion Landau jährlich ca. 17.500 Straftaten sowie ca. 8.000 Verkehrsunfälle abschließend bearbeitet.

Der Personalkörper der Polizeidirektion Landau setzt sich aus ca. 400 Polizeibeamten sowie ca. 50 Angestellten und Arbeitern zusammen.

```
                    Innenministerium
                           |
            ┌──────────────┴──────────────┐
                        Polizeipräsidium Rheinpfalz
                           |
            ┌──────────────┴──────────────┐
       Abt. Polizeieinsatz          Abt. Polizeiverwaltung
                           |
                  Polizeidirektion Landau
                           |
     ┌─────────────────────┼─────────────────────┐
     Kriminalinspektion Landau    Polizeiinspektion Wörth
     Polizeiinspektion Germersheim Polizeiinspektion Landau
     Polizeiinspektion Edenkoben   Polizeiinspektion Bad Bergzabern
```

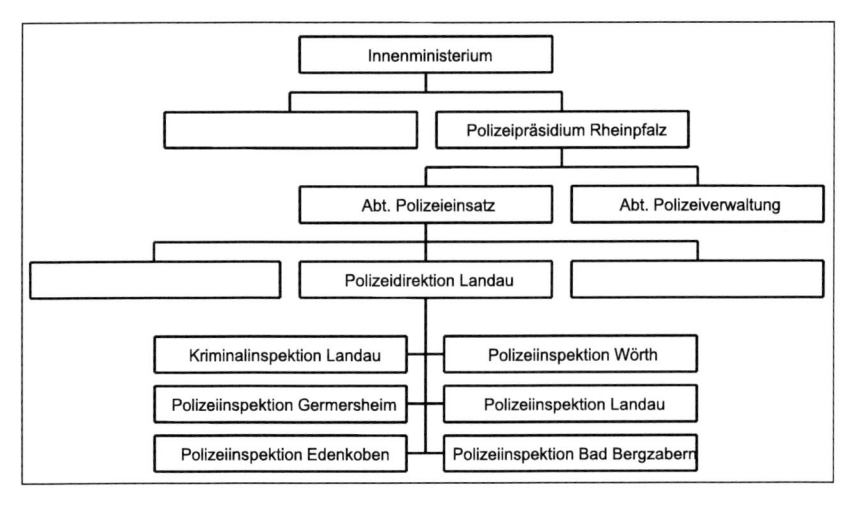

Abb. 1. Struktur des Polizeipräsidiums Rheinpfalz

4. Der Weg der Polizeidirektion zu einem Qualitätsmanagement

Die Polizeidirektion Landau wurde in dieser Form im Rahmen einer Organisationsreform im Jahr 1993 gebildet. Mit der Neuorganisation ging auch eine Veränderung der Bearbeitungszuständigkeiten in der Kriminalitätsbekämpfung einher. So stieg der Bearbeitungsanteil der Schutzpolizei an der registrierten Gesamtkriminalität auf mittlerweile ca. 60 % an, was gleichbedeutend damit ist, dass ca. 60 % der bei der Polizeidirektion Landau abschließend bearbeiteten Ermittlungsvorgänge von der Schutzpolizei unmittelbar der Staatsanwaltschaft Landau vorgelegt werden. Die neuen Strukturen führten auch im Bereich der Führung zu erheblichen personellen Veränderungen, sodass quasi von einem Neuanfang gesprochen werden konnte.

Sachzwänge in der ersten Phase der Neuorganisation erforderten Prioritätensetzungen. Aufgrund der neuen Situation wurden Ziele formuliert und nach der Dringlichkeit abgearbeitet (Groh, 1998).

Anlässlich eines Staatsbesuches zitierte der damalige Bundespräsident Roman Herzog in einer seiner letzten Reden im Juni 1999 in Riga als Leitmotiv seines Denkens folgenden Satz: »*Bestehen wird, wer sich verändern kann.*« Mit einem gleich gelagerten Selbstverständnis wurde das Engagement für kontinuierliche

Die Zufriedenheit der Staatsanwaltschaft

Veränderungen zur Maxime des Führungshandelns in der Polizeidirektion Landau. So wurden mit dem Ziel, die Beteiligung der Mitarbeiter zu verbessern sowie sich deutlicher als bisher an den Interessen und Erwartungen der polizeilichen »Kunden« (der Bürger, der Kommunen, der Staatsanwaltschaft, der Bußgeldstellen sowie anderer Behörden und Einrichtungen, die mit der Polizei kooperieren) zu orientieren, bei der Polizeidirektion Landau seit 1993 14 Projekte durchgeführt. Neun davon wurden mit wissenschaftlicher Unterstützung evaluiert. Dies führte in den letzten sechs Jahren zu 16 Mitarbeiterbefragungen, in die allerdings nicht in jedem Fall der gesamte Personalkörper eingebunden war.

Die aus Sicht des Verfassers im Zusammenhang mit der Themenstellung herausragenden Projekte werden kurz dargestellt:

- Herausgabe einer direktionsinternen Zeitung (Laura Aktuell):
  Die Zeitung erscheint von montags bis freitags und beinhaltet neben täglichen bzw. auch längerfristig angelegten Lagedarstellungen allgemeine Informationen zu Rechts- und Sachthemen sowie zu dem Generalthema Führung und Zusammenarbeit. Darüber hinaus wird sie von der Führung, aber auch den Mitarbeitern als Forum zum »öffentlichen« Meinungsaustausch genutzt.
  Die Zeitung wird seit September 1994 herausgeben. Eine Evaluation erfolgte im Jahre 1996 im Rahmen einer Projektstudie der Fachhochschule für öffentliche Verwaltung, Fachbereich Polizei (Sarter et al., 1996).
- Konfliktbereinigungsgespräche:
  In Beschwerden gegen Polizeibeamte werden in der Regel kommunikative Probleme angesprochen. Es ist eher selten, dass polizeiliche Maßnahmen wegen bezweifelter Rechtmäßigkeit kritisiert werden. Vor diesem Hintergrund sollten die Konfliktbereinigungsgespräche ab 1995 eine Nachbereitung kritisierter Situationen in moderierten Gesprächen ermöglichen. Die bis dato schriftlichen Nachbereitungen sollten auf die Fälle beschränkt werden, in denen die Betroffenen nicht gesprächsbereit sind.
  Aufgrund von Berichtspflichten gegenüber dem Innenministerium wurden die Erfahrungen intern nachbereitet. Aus Sicht der Führung haben sich die Konfliktbereinigungsgespräche bei freiwilliger Teilnahme der Betroffenen und unter der Moderation des jeweiligen Inspektionsleiters bewährt. Die Meinungen der Mitarbeiter zu dieser Form der Konfliktlösung sind unterschiedlich. Es gibt nach wie vor Vorbehalte, und es sind nicht wenige, die eine unpersönliche schriftliche Nachbereitung dem persönlichen Gespräch vorziehen, weil sie sich aus den unterschiedlichsten Motiven überfordert fühlen oder grundsätzlich dagegen sind. Da die Konfliktbereinigungsgespräche überwiegend positiv enden, kann von einer kontinuierlichen Akzeptanzsteigerung ausgegangen werden.

- Führen durch Moderieren:
  In Kooperation mit der Fachhochschule für öffentliche Verwaltung sowie dem Fachbereich Psychologie der Universität Landau wurde 1996 das Projekt Führen durch Moderieren gestartet. Es sollten zum Zwecke des Erkennens und Nutzens von Mitarbeiterpotenzialen die Mitarbeiterbeteiligung verbessert sowie die hierarchieübergreifende Kommunikation durch moderierte Besprechungen und Workshops verbessert werden. Das Projekt wurde im Rahmen von zwei Diplomarbeiten evaluiert (Endriß, 1998; Pichler, 2000).
- Bürgerbefragungen 1995 in Landau sowie 1998 in Germersheim:
  Vor allem mit dem Ziel einer deutlicheren Bürgerorientierung und um Erkenntnisse zur eingeschätzten polizeilichen Arbeitsqualität zu erhalten, wurden mit Unterstützung des Zentrums für empirische pädagogische Forschung in Landau (Jäger, 1996) sowie bei der Untersuchung in Germersheim durch die Fachhochschule für öffentliche Verwaltung, Fachbereich Polizei (Baron et al., 1998), zwei Bürgerbefragungen durchgeführt. Die gewonnenen Erkenntnisse bestimmten in der Folgezeit den Entwicklungsprozess der Polizeidirektion Landau auf dem Weg zu einer Bürgerpolizei ebenso, wie sie Einfluss nahmen auf die Implementierung kontinuierlicher Verbesserungsprozesse.
- Sicherheitsmobil als Kommunikationsplattform:
  Auf der Grundlage von Überlegungen der Polizeidirektion Landau wurden im Jahre 1995 nach einem landesweiten Konzept (Groh, 1995) für die Polizei Rheinland-Pfalz fünf Sicherheitsmobile gebaut. Seit 1995 werden diese Multifunktionsfahrzeuge landesweit mit dem Ziel eingesetzt, den ereignisunabhängigen polizeilichen Dialog mit den Bürgern zu intensivieren. Sie sind somit zu einem Symbol für bürgernahe Polizeiarbeit geworden.

  Den Ersteinsatz der Sicherheitsmobile realisierte die Polizeidirektion Landau, worüber eine Tageszeitung unter anderem mit folgendenden Überschriften berichtete: »Plattform zum Dialog mit den Bürgern« (DIE RHEINPFALZ v. 15.9.1995), »Polizei ›fahndet‹ nach Dialog mit Bürger« (DIE RHEINPFALZ v. 6.10.1995), und »Bei den Beamten auf dem Sofa soll die Scheu verschwinden – In der Südpfalz erlebt das Sicherheitsmobil die Feuertaufe für das Land« (DIE RHEINPFALZ v. 9.9.1995). Dieser Ersteinsatz wurde evaluiert (Petry & Zöller, 1995). Durch eine Projektgruppe wurden auch die landesweiten Einsätze untersucht (Brenk et al., 1996).
- Projekt Standardisierung der Vorgangsbearbeitung:
  Auf der Grundlage langjähriger Erfahrungen sowie von Ergebnissen aus Gesprächen mit der Staatsanwaltschaft wurden in einem mehrjährigen Prozess (vgl. Abschnitt 5.3) Standards für die Bearbeitung von Ermittlungsverfahren entwickelt, implementiert und evaluiert (Braun & Lueghausen, 2000).

Die Zufriedenheit der Staatsanwaltschaft

4.1 Versuch einer Standortbestimmung

Der Versuch, in Diskussionen mit Führungskräften in einer Art Selbstbewertung den Entwicklungsstand der Polizeidirektion Landau auf dem Weg zu einem Qualitätsmanagement zu beschreiben, erbrachte die folgenden Ergebnisse: Kunden- und Bürgerorientierung wurden in den letzten Jahren zu zentralen Führungsthemen und haben im Bewusstsein aller Bediensteten einen gegenüber früher höheren Stellenwert eingenommen. Alle Führungskräfte wurden als Moderatoren ausgebildet (Endriß, Braun & Groh, 1999). Die Einbindung und Beteiligung von Mitarbeitern in Entscheidungsprozesse ist Alltag geworden. Die Durchführung von Workshops, vor Jahren noch als etwas Exotisches empfunden, gehört heute zum Standardrepertoire im Führungsgeschäft. Es wurden Verbesserungsprojekte realisiert und evaluiert. Über das bisher übliche Maß hinaus (Kriminalstatistik, Verkehrsunfallstatistik) werden polizeiliche Leistungen mittels festgelegter Parameter gemessen, und die Entwicklung weiterer Parameter ist unter Mitarbeiterbeteiligung in Arbeit. Seit über einem Jahr arbeitet eine Projektgruppe unter der Überschrift »Welche Daten brauchen Führungskräfte der Polizeidirektion Landau?« an einer Art *Balanced Scorecard* (Kaplan & Norton, 1997).

Darüber hinaus wurde mit der Beschreibung, Analyse und Optimierung von Kernprozessen unter Beteiligung des Zentrums für Fernstudien und universitäre Weiterbildung der Universität Kaiserslautern begonnen.

In einem Phasenmodell (siehe Abbildung 2) zur Qualitätsentwicklung ließe sich die Polizeidirektion in ihrem aktuellen Entwicklungsstand in der Phase 2, Prozessorientierung, einordnen (de Blouw, 1999).

Umfassende Qualitätssicherung

Phase 5

Phase 4 Kettenorientierung
Win-win-Situation

Phase 3 Systemorientierung
Messpunkte in allen Prozessen; coachende Führung

Phase 2 Prozessorientierung
Kernprozesse beschreiben; Messung u. Kenntnis der Prozesse; Evaluierung; Verbesserungsprojekte

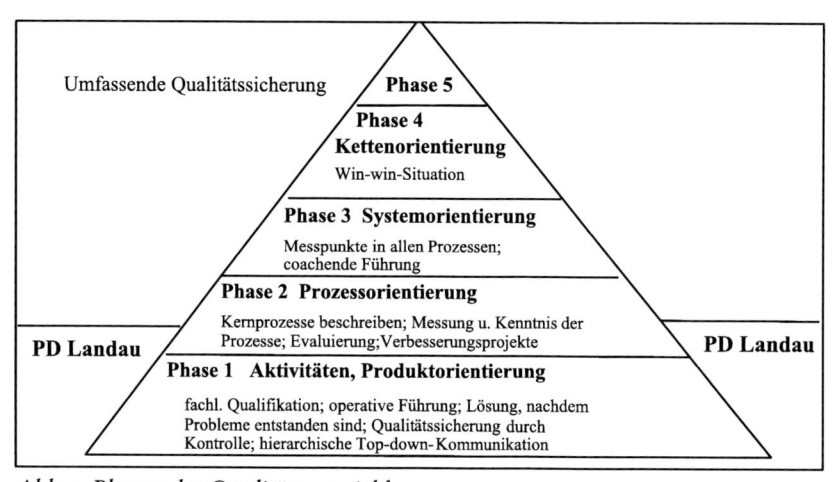

PD Landau — PD Landau

Phase 1 Aktivitäten, Produktorientierung
fachl. Qualifikation; operative Führung; Lösung, nachdem Probleme entstanden sind; Qualitätssicherung durch Kontrolle; hierarchische Top-down-Kommunikation

Abb. 2. Phasen der Qualitätsentwicklung

5. (Kunden-)Befragung Staatsanwaltschaft: Ein Projekt mit Zukunft?

5.1 Das Verhältnis Staatsanwaltschaft und Polizei

Um Missverständnissen vorzubeugen, soll an dieser Stelle kurz das Verhältnis zwischen Staatsanwaltschaft und Polizei reflektiert werden. Der dem Betriebswirtschaftlichen zuzuordnende Begriff des Kunden ist für die Beschreibung des Verhältnisses von Staatsanwaltschaft und Polizei zwar ungewöhnlich, tatsächlich aber die rechtliche Manifestierung dessen, was aus betriebswirtschaftlicher Sicht gewünscht ist. So war es nahe liegend, diese Formulierung zu wählen. Die Nutzung der Terminologie des Qualitätsmanagements sollte helfen, ein ganzheitliches Qualitätsverständnis zu entwickeln. Es sollte bewusst machen, dass eine kontinuierliche Verbesserung bestehender Verhältnisse nur erreicht werden kann, wenn die Polizei diejenigen, denen sie extern oder intern zuarbeitet, als Kunden begreift.

Die Staatsanwaltschaft ist als Organ der Strafrechtspflege dem Gericht gleichgeordnet. Ihr obliegt die Strafverfolgung und Mitwirkung im Strafverfahren. Sie trägt die Verantwortung für Rechtmäßigkeit und Gründlichkeit sowie den ordnungsgemäßen und zügigen Ablauf des Ermittlungsverfahrens und hat damit als Herrin des Ermittlungsverfahrens (BverfG, 1976) die Sach- und Rechtsherrschaft. Sie ist gesetzlich verpflichtet, für eine hohe Qualität polizeilicher Ermittlungsvorgänge zu sorgen, denn die Polizei wird in funktionaler Zuordnung für die Staatsanwaltschaft tätig. Von wenigen Ausnahmen (vor allem Führungskräfte betreffend) abgesehen, sind Polizeibeamte Hilfsbeamte der Staatsanwalt, denen Untersuchungsmittel zuerkannt sind, die sonst nur dem Richter oder Staatsanwalt zustehen, z.B. Anordnung der körperlichen Untersuchung des Beschuldigten, Anordnung der Beschlagnahme und andere. Um der Staatsanwaltschaft die Erfüllung dieser Aufgaben zu ermöglichen, ist die Polizei verpflichtet, in schwierigen Fällen in einem frühen Verfahrensstadium mit ihr Kontakt aufzunehmen (Meyer-Goßner, 1999). Andererseits erfährt die Staatsanwaltschaft die Inhalte der weniger schwierigen Ermittlungsverfahren – die zahlenmäßig aber deutlich überwiegen – erst nach Abschluss der polizeilichen Ermittlungen, und dann erst mit Vorlage der Ermittlungsakte. Vor diesem Hintergrund hat sich in der Praxis für solche Verfahren eine gewisse polizeiliche Eigenständigkeit herausgebildet, die dazu geführt hat, von einem polizeilichen Ermittlungsverfahren zu sprechen. Da seitens der Staatsanwaltschaft die Sach- und Rechtsherrschaft in solchen Verfahren faktisch erst mit Kenntnisnahme der Ermittlungsakte ausgeübt wird, setzt dies eine an den Erwartungen der Staatsanwaltschaft ausgerichtete Ermittlungs- und Bearbeitungsqualität voraus.

Vor diesem Hintergrund vermag es nicht zu verwundern, dass das Thema Qualität in der Sachbearbeitung ein polizeiliches Dauerthema ist. Es gab sicherlich keine Besprechung zwischen Staatsanwaltschaft und Polizei, in der diese Problematik in ihren sehr unterschiedlichen Ausprägungen nicht angesprochen worden wäre. Es mag den Leser vielleicht überraschen, dass trotzdem bisher systematisierte Befragungen von Staatsanwaltschaften unterblieben sind.

Und so war von Beginn an zu berücksichtigen, dass mit der beabsichtigten staatsanwaltschaftlichen Qualitätskontrolle in Form einer repräsentativen Befragung Neuland betreten wurde. Auf Erfahrungen bzw. vorhandene Instrumente konnte nicht zurückgegriffen werden.

5.2 Die Vorgeschichte

Bereits vor Beginn des Projekts »(Kunden-)Befragung Staatsanwaltschaft« verfügte die Polizeidirektion Landau über Qualitätsdaten. Aus Besprechungen mit der Staatsanwaltschaft, eigenen Feststellungen und den beiden erwähnten Bürgerbefragungen in Landau und Germersheim war ein gewisser Informationsstand zum Thema Qualität vorhanden. Er war aber noch nicht ausreichend, die Ausgangssituation hinreichend zu beschreiben.

Zu der Befragung von Landauer Bürgern im Jahr 1995 (Jäger, 1996) sollen der Vollständigkeit halber einige Ausführungen gemacht werden. Es wurden insgesamt 1.284 Personen aus der Landauer Bevölkerung befragt. Neben verschiedenen Fragen zum Sicherheitsempfinden wurde auch die Frage nach der Zufriedenheit von Straftatengeschädigten mit der polizeilichen Arbeit gestellt. Um diese Daten auch aus Sicht der Polizeibediensteten zu beleuchten, wurde eine ähnliche Umfrage bei den Polizeibeamten der Polizei Landau durchgeführt. Ziel war es, von den Mitarbeitern die vermutete Einschätzung der Bevölkerung über die Zufriedenheit mit der polizeilichen Arbeit zu erfahren.

Im Ergebnis kam es bei einer Betrachtung verschiedener Delikte sowie für die Aufnahme von Verkehrsunfällen zu einer überdurchschnittlichen Zufriedenheit der Bevölkerung mit der polizeilichen Arbeit. Dem gegenüber stand die Einschätzung der Mitarbeiter. Sie erwarteten eine deutlich schlechtere Benotung (siehe Tabelle 3).

	Bürgerzufriedenheit	Einschätzung der Polizei zur Bürgerzufriedenheit
Pkw-Aufbruch	2,4	3,8
Wohnungseinbruch	2,1	3,7
Körperverletzung	2,4	3,2
Sachbeschädigung	2,6	3,5
Diebstahl	2,4	3,4
Sexualdelikt	2,2	2,6
Verkehrsunfall	2,3	2,3
Andere Straftaten	2,5	3,0

Bewertung auf einer Skala von 1 (sehr zufrieden) bis 6 (nicht zufrieden)

Tab. 3. *Auszüge aus der Landauer Bürgerbefragung (Jäger, 1996)*

1998 wurde eine ähnliche, allerdings umfangreichere Befragung in Germersheim durchgeführt, deren Analyse durch die Fachhochschule für öffentliche Verwaltung zwischenzeitlich abgeschlossen ist (Baron et al., 1998) und die zu vergleichbaren Ergebnissen führte.

Mit den Bürgerbefragungen wurden Einschätzungen zur polizeilichen Arbeit im unmittelbaren Bürgerkontakt erfragt. Aus diesen Befragungsergebnissen lassen sich jedoch keine Schlüsse auf die Qualität in der sich daran anschließenden Sachbearbeitung ziehen.

Um eine Einschätzung der Bearbeitungsqualität von polizeilichen Ermittlungsvorgängen zu erhalten, war es nahe liegend, die Staatsanwaltschaft unmittelbar zu beteiligen. Wenig erfolgversprechend erschienen für diesen Prozess die bisher üblichen Besprechungen auf der »Chefebene«. Auch wenn dort die tatsächlichen Probleme erörtert wurden, mangelte es in der Vergangenheit an der Umsetzung der vereinbarten Verbesserungsvorschläge. Die Gründe sind vielschichtig: Sie reichen von fehlender Problemakzeptanz an der Basis bis hin zu Problemen im Umgang mit Kritik. Oder es waren schlicht und einfach Informations- und Motivationsverluste, die vor allem im hierarchiegebundenen Informationstransfer ihre Ursache hatten.

Diese Probleme hatten bereits dazu geführt, die auf der Führungsebene üblichen Besprechungen durch einen regelmäßigen Erfahrungsaustausch zwischen den Dezernenten der Staatsanwaltschaft und den Führungskräften der Ausführungsebene zu ersetzen.

Die Zufriedenheit der Staatsanwaltschaft

Parallel zu diesen standardisierten Kontakten auf der Ausführungsebene entstand die Idee, mit Staatsanwälten auf freiwilliger Basis einen Workshop durchzuführen. Im Juli 1997 wurde dieses Vorhaben in die Tat umgesetzt, wobei dieses Datum für die Polizeidirektion Landau fast schon historische Bedeutung erlangt hat. Denn das Ergebnis rief eine nicht zu erwartende Resonanz bei den Mitarbeitern hervor und führte zu deren hoher Sensibilisierung. Die Tatsache, dass sich Staatsanwälte auf freiwilliger Basis freitagnachmittags unter der Moderation von Polizeibeamten treffen (geplant waren 3 Stunden, im Ergebnis wurde nach 6 Stunden ein Schnitt gemacht), war damals eher ungewöhnlich. Dass es trotzdem dazu kam, ist vor allem auf den ständigen guten Kontakt mit der Staatsanwaltschaft zurückzuführen, der auf allen Ebenen gepflegt wird.

Ziel des Workshops war eine Standortbestimmung zur Qualität polizeilicher Arbeit aus Sicht der Staatsanwaltschaft. Darüber hinaus sollten Mängel in der Vorgangsbearbeitung thematisiert und Möglichkeiten erarbeitet werden, diese Mängel zu minimieren. Auf Anregung des Direktionsleiters wurde trotz kontroverser Diskussion Einvernehmen erzielt, im Verlaufe des Workshops die polizeiliche Arbeit mittels Schulnoten zu bewerten. Eine generelle Note wurde von den Teilnehmern allerdings nicht für aussagekräftig erachtet. Zumindest eine Trennung nach schutz- und kriminalpolizeilicher Bewertung wurde unbedingt für erforderlich gehalten. Damit begann auch der Symbolcharakter dieser Veranstaltung, da die Bewertungen anders ausfielen (Schutzpolizei 3,66 und Kriminalpolizei 3,5), als viele Kollegen, vor allem die der Kriminalpolizei, dies erwartet hatten.

Das Gesamtergebnis der Workshops (auch die »Schulnoten«) wurde ungefiltert in der Direktionszeitung veröffentlicht.

Die Reaktionen auf die Benotung waren emotional geprägt und sorgten über Wochen für Gesprächsstoff. Bei Besprechungen und Flurgesprächen kam es zu verbalen Gegenattacken, die die Staatsanwaltschaft um ihr gutes Verhältnis zur Polizei mit Auswirkungen auf die tägliche Zusammenarbeit und die Qualität der polizeilichen Arbeit fürchten ließ.

Aufgrund der entstandenen Unruhe wurden mehrere außerordentliche Besprechungen mit polizeilichen Führungskräften bis zur Ebene der Dienstgruppen- und Kommissariatsleiter durchgeführt. Eine erste, sehr emotionsgeladene Besprechung hatte mehr den Charakter einer Aussprache. Darauf aufbauend, wurden mehrere Workshops unter Beteiligung externer Moderatoren durchgeführt, in denen eine Versachlichung der Diskussion gelang. Aus der allgemeinen Unruhe erwuchs schließlich die Bereitschaft zu einer überwiegend konstruktiven Auseinandersetzung mit diesem Thema. Damit war eine Sensibilisierung der Mitarbeiter für das Ziel »Qualitätsverbesserung in der Sachbearbeitung« erreicht und der Einstieg in einen kontinuierlichen Verbesserungsprozess zunächst einmal geschafft.

5.3 Entwicklung und Implementierung standardisierter Vorgaben

Im November 1997 wurde die Projektgruppe »Standards« eingerichtet. Deren Auftrag lautete, Standards für die Vorgangssachbearbeitung von Schutz- und Kriminalpolizei zu entwickeln. Die staatsanwaltschaftlichen Anforderungen an die Qualität der polizeilichen Arbeit sollten systematisch erfasst, dokumentiert und nach einem Abstimmungsprozess sowie einem Probelauf für verbindlich erklärt werden.

Diesem Auftrag lag die Überlegung zugrunde, dass jeder gleich gelagerte Vorgang die gleichen Inhalte aufweisen muss. Standardisierung bedeutete demnach, die erwarteten Informationen zu erheben und als Mindeststandard nachvollziehbar zu dokumentieren. Häufig beklagte Mängel in der Datenerhebung (zum Beispiel Feststellen der Einkommensverhältnisse, Erreichbarkeiten etc.) sollten ausgeschlossen werden.

Im Rahmen der Ursachenforschung wurden *Zeitmangel, fehlendes Fachwissen* und *mangelnde Motivation* als Gründe für Qualitätsmängel herausgearbeitet. Unter Beteiligung der Mitarbeiter wurden Vordrucke zur Standardisierung der Datenerhebung und Checklisten zur Selbstkontrolle entwickelt. Mit den handschriftlich vor Ort auszufüllenden Vordrucken sollten insgesamt Zeit eingespart, eine strukturierte Datenerfassung sowie eine fachliche Anleitung gewährleistet werden. Die Vordrucke sollten in dieser Form als Originalvorgang in die Ermittlungsakte einfließen. Das bisher übliche nachträgliche Abschreiben könnte entfallen. Möglichkeiten zum Ankreuzen sollten die Schreibarbeit zusätzlich reduzieren. Als Nebeneffekt war beabsichtigt, mit dieser Form der Datenerhebung das Gespräch mit dem Bürger zu optimieren.

Zu entwickelnde Checklisten sollten der eigenen Fortbildung und der Selbstkontrolle dienen. Anfangs standen die Arbeitsmaterialien als Drucke zur Verfügung und mussten entsprechend kopiert werden. Mittlerweile sind sie in einem Verbund mit weiteren Daten in ein selbst entwickeltes EDV-Programm eingestellt und durch jeden Mitarbeiter abrufbar. Für die Sachbearbeitung stehen derzeit 15 Standardvordrucke sowie drei Checklisten zur Verfügung.

Während des Prozesses informierte die Projektgruppe in der Direktionszeitung sowie den lokalen Rechnersystemen kontinuierlich über ihre Tätigkeit. Die Rückkopplungsergebnisse wurden für die Entwicklung weiterer Vordrucke genutzt.

Nach Abstimmung mit der Staatsanwaltschaft und Zustimmung des örtlichen Personalrates fand in der Zeit von April bis Juni 1998 auf fünf Dienstgruppen und im Kriminal- und Bezirksdienst verschiedener Polizeiinspektionen sowie im Kommissariat Eigentumsdelikte der Kriminalinspektion Landau ein Probelauf mit anschließender interner Auswertung statt. Im Juli 1998 wurden die Ergebnisse des Probelaufs mit der Staatsanwaltschaft nachbereitet und die entwickelten Instrumente in Form und Inhalt festgelegt.

Der Aufbau einer Projektorganisation erfolgte im September 1998. Neben einer auf Direktionsebene angesiedelten Projektgruppe konstituierten sich auf den Dienststellen Projektteams, die den Prozess auf dieser Ebene mitgestalten und vor allem eine breite Mitarbeiterbeteiligung sicherstellen sollten. Den Kopf dieser Projektstruktur bildete eine Lenkungsgruppe, die sich aus dem Direktionsleiter und den Dienststellenleitern zusammensetzte.

Nach einer Auftaktveranstaltung in den Räumen der Universität Koblenz-Landau und weiteren dezentralen Informationsveranstaltungen in den Monaten Oktober und November begann die Implementierung der Standards am 01.12.1998.

Die Verwendung der Vordrucke war von Beginn an verpflichtend vorgegeben worden, was bereits nach kurzer Zeit mit unterschiedlicher Argumentation zu erheblicher Kritik im Mitarbeiterkreis führte. Der Begriff »Standards« lief Gefahr, zum Unwort des Jahres 1998 zu avancieren.

Die Kritik und die ausgelösten Emotionen führten nach einer großen Führungsbesprechung im Januar 1999 zur Aufhebung der Verwendungspflicht. Es wurde vereinbart, dass zwar die Inhalte der Vordrucke auch für Anzeigen im Fließtext als Mindeststandard verbindlich sind, die Nutzung der Vordrucke allerdings freiwillig ist. Mit Aufhebung der Nutzungsverpflichtung glätteten sich die Wogen recht schnell.

Sicher gibt es auch heute noch Kollegen, die diese Vordrucke konsequent ablehnen. Aber insbesondere die spezielleren Vordrucke für Fahrzeugaufbrüche, Wohnungseinbrüche, Brände etc. erfreuen sich großer Beliebtheit. Und es werden bei der Nachbereitung bzw. Kontrolle von Vorgängen die Inhalte der Vordrucke und Checklisten nach wie vor als Mindestanforderungen zugrunde gelegt.

5.3.1 Evaluation des Projekts

Die auf Einzelgesprächen mit Staats- und Amtsanwälten sowie dem Behördenleiter basierenden Erfahrungen lassen keine eindeutige Einschätzung zu. Die Auffassungen reichen von »Es hat sich nichts verändert« bis zu »Es ist besser geworden«. Eine Nachbereitung mit der Staatsanwaltschaft ist für September 2000 geplant.

Zur Beurteilung des Erfolgs aus Sicht der betroffenen Polizisten wurde das Projekt durch standardisierte Befragungen untersucht (Braun & Lueghausen, 2000). Befragt wurden jeweils Mitarbeiter der Polizeidirektionen Landau (ca. 6,25 % des Personalkörpers) und Neustadt (Kontrollgruppe). Die Befragung erfolgte zu drei Messzeitpunkten (T1: Oktober 1998, T2: Januar 1999, T3: März 2000). T1 lag unmittelbar vor der verpflichtenden Verwendung der Vordrucke, wobei erwähnenswert ist, dass einige der Befragten bereits in einen Vortest eingebunden waren und deshalb über erste Erfahrungen verfügten. T2 deckte die Phase ab, in der die verpflichtende Nutzung der Vordruck lebhaft diskutiert worden ist. Mit T3 sollten die über einjährigen Erfahrungen abgefragt werden. Gemessen wurde mittels einer 5er Skala (1 = trifft überhaupt nicht zu, 5 = trifft völlig zu). Ausgewählte Ergebnisse finden sich in Tabelle 4.

	MZP 1	MZP 2	MZP 3
Selbstbeurteilung der Arbeitsqualität	3,96	4,38	4,08
Unrealistische Ansprüche der STA	2,11	2,03	1,64
Probleme der STA durch Ungründlichkeit	4,48	4,21	4,32
Wissen über Anforderungen der STA	4,52	4,03	4,72
Geschätzte Benotung durch STA	2,30	2,11	1,96
Arbeite zumindest manchmal mit Vordrucken	38,5%	89,7%	84,0%
Mit Vordrucken bearbeitete Vorgänge	28,0%	66,4%	24,0%
Vordrucke sinnvoll, weil arbeitsvereinfachend	3,18	2,54	3,76
Vordrucke ersparen Zeit	3,41	2,13	3,20
Zeitersparnis ist beträchtlich	3,18	1,96	2,60
Qualitätsverbesserung durch Vordrucknutzung	2,14	2,24	2,76
Durch Vordrucke bessere Selbstüberprüfung	2,54	2,55	2,71
Einfache Handhabung der Vordrucke	-	-	3,6
Vordrucke helfen weniger Erfahrenen	4,45	3,86	4,16
Freiwillige Nutzung der Vordrucke ist gut	-	-	3,52
Verpflichtende Nutzung der Vordrucke ist gut	-	-	2,96

Tab. 4: *Ausgewählte Ergebnisse der MA-Befragung (Braun & Lueghausen, 2000)*

5.3.2 Interpretation der Ergebnisse

Im Nachhinein betrachtet war die Verwendungspflicht ein Fehler, der fast das gesamte Projekt zum Scheitern gebracht hätte.

Neben den genannten Problemen spielte rückblickend betrachtet allerdings auch die Zusammensetzung der Projektgruppe eine wesentliche Rolle. Zum Teil wurden persönliche Animositäten offen ausgetragen und führten damit inner-

halb der Gruppe, aber auch nach außen zu Spannungen. Hinzu kam die bereits
erwähnte Auftaktveranstaltung zum Thema Qualitätsmanagement im Oktober
1998 in den Räumen der Universität Koblenz-Landau, die von Mitarbeitern der
PD Landau, aber auch von externen Referenten aus der freien Wirtschaft, dem
Non-Profit-Bereich, der Wissenschaft sowie einem Referenten der Polizeiführungsakademie gestaltet wurde. Neben Mitarbeitern der PD Landau waren auch
Gäste u. a. der Universität, der Fachhochschule für öffentliche Verwaltung
(Fachbereich Polizei), des Präsidiums Rheinpfalz sowie Angehörige anderer Polizeidirektionen anwesend. Vor allem die externen Teilnehmer lobten die Veranstaltung sowie die Präsentationsmethoden. Die teilnehmenden Kollegen aus
Landau bewerteten diese Veranstaltung zum Teil anders: Die Auftaktveranstaltung wurde von vielen als Selbstdarstellung, als zu abgehoben und mit zu wenig
Praxisbezug empfunden. Es war eine schmerzliche Erfahrung, trotz allen Enga-
gements, das Ziel einer positiven Einstimmung zumindest teilweise verfehlt zu
haben.

Aus heutiger Sicht lässt sich die Frage, ob mit der Einführung der Vordrucke
und Checklisten eine Qualitätsverbesserung erzielt werden konnte, nur ansatz-
weise beantworten. Sicherlich ist mit den Zielvereinbarungen und durch den
Prozess bei den Mitarbeitern ein Qualitätsbewusstsein geschaffen worden. Dies
lässt sich jedoch derzeit allenfalls in Ansätzen belegen. Indiz sind die Ergebnisse
einer Prüfgruppe, die bei der Polizeidirektion Landau sowie zwei Nachbardirek-
tionen aus statistischer Sicht die Vorgangsqualität untersucht und bewertet hat.
In den vergleichenden Gesamtergebnissen wiesen die bei der Polizeidirektion
Landau bearbeiteten Ermittlungsvorgänge mit zum Teil erheblichen Unterschieden die wenigsten Fehler auf (Daum, 1998).

Interessant ist auch ein Vergleich, wie die Landauer und Neustadter Polizisten
eine staatsanwaltschaftliche Bewertung ihrer Ermittlungsvorgänge einschätzen.
Während die Landauer der Auffassung waren, die Note (Durchschnittwert) 2,3
zu erhalten, erwarteten die Neustadter 1,76 (Braun & Lueghausen, 2000).

Diese Ergebnisse machen deutlich, dass die Landauer Polizisten von der
Staatsanwaltschaft eine signifikant schlechtere Bewertung erwarteten als ihre
Neustadter Kollegen. Auf der anderen Seite waren die durch die bereits erwähnte Prüfgruppe festgestellten Fehlleistungen bei der Polizeidirektion Neustadt
deutlich höher als bei der Polizeidirektion Landau. Die kritischere und sicherlich auch realistischere Einschätzung der Landauer Polizisten dürfte in erster
Linie auf Erfahrungen aus dem aktuellen Prozess, vor allem aber auf die seitens
der Staatsanwaltschaft erfahrene Benotung (vgl. Abschnitt 5.2) zurückzuführen sein.

Inwiefern die positivere Einschätzung zum dritten Messzeitpunkt auf eine vermutete Optimierung der eigenen Leistung durch die Nutzung der Vordrucke
zurückgeführt werden kann, bedarf der Überprüfung.

5.4 Das Projekt (Kunden-)Befragung Staatsanwaltschaft

Nachdem in dem oben kurz skizzierten Projekt versucht worden war, mittels entwickelter Standards die Qualität in der Sachbearbeitung zu verbessern, sollte darauf aufbauend in einem nächsten Schritt eine Messung der polizeilichen Vorgangsqualität auf dem Gebiet der Strafverfolgung erfolgen. Im Mai 1998 wurde daher bei der Fachhochschule für öffentliche Verwaltung (Fachbereich Polizei) eine Projektstudie initiiert. In einer Projektarbeit sollte ein Instrument zur Messung der Vorgangsqualität entwickelt und bei der Staatsanwaltschaft Landau eingesetzt werden, um eine differenzierte Bewertung der Bearbeitungsqualität polizeilicher Ermittlungsvorgänge zu erhalten.

Die siebenköpfige Projektgruppe widmete sich über einen Zeitraum von zehn Wochen dieser Aufgabenstellung. Für das zu entwickelnde Messinstrument wurden die folgenden Ziele vorgegeben:

- Akzeptanz des Messinstruments bei Staatsanwaltschaft und Polizei.
- Systematisierte Rückkoppelung zwischen den Dezernenten der Staatsanwaltschaft und den Sachbearbeitern der Polizei.
- Intensivierung des Dialogs zwischen Polizei und Staatsanwaltschaft.
- Qualität der polizeilichen Sachbearbeitung in der Strafverfolgung messbar machen.

Um zu erwartende Akzeptanzprobleme bei Staatsanwaltschaft und Polizei zu mindern, sollte der zu entwickelnde Fragebogen für die Dezernenten der Staatsanwaltschaft Landau übersichtlich gestaltet und leicht handhabbar sein sowie mit geringem Zeitaufwand ausgefüllt werden können. Er sollte sich mit den aus staatsanwaltschaftlicher Sicht wesentlichen Anforderungen an Ermittlungsvorgänge beschäftigen, eine kurzfristige Rückmeldung an den polizeilichen Sachbearbeiter sicherstellen und von diesem auch als Checkliste zur Selbstkontrolle herangezogen werden können. Des Weiteren sollte der Fragebogen eine zügige zentrale EDV-Erfassung ermöglichen.

Wissend, dass nur eine Koalition aus Führungskräften und Mitarbeitern Erfolg versprechende Veränderungsprozesse einleiten kann, sollten die (realitätsnäher ausgedrückt: möglichst viele) Mitarbeiter von Beginn an in die Entwicklung des Instruments sowie die Vorbereitung der Implementierungsphase eingebunden werden. Daneben mussten die erarbeiteten Inhalte auch mit der Staatsanwaltschaft und dem Personalrat einvernehmlich abgestimmt werden.

Zur Realisierung ihrer Aufgabe entschied sich die Projektgruppe in enger Abstimmung mit der Führung für ein Phasenmodell.

In einer ersten Phase wurden bestehende Qualitätsanforderungen diskutiert, Gespräche geführt, Literatur ausgewertet und für das Projekt und die Teilnahme

Die Zufriedenheit der Staatsanwaltschaft 179

an den für die zweite Phase geplanten Workshops geworben. Es sollten einem möglichst großen Interessentenkreis Mitgestaltungsmöglichkeiten eingeräumt werden.

In zehn Workshops brachten sich im Anschluss an die Informationsphase über 70 Mitarbeiter (ca. 20 % des anwesenden Personalkörpers) freiwillig in die Gestaltung eines möglichen Fragebogens sowie die zu erarbeitende Gesamtkonzeption ein. Es wurden die folgenden vier Fragen vorgegeben, den Teilnehmern darüber hinaus jedoch genügend Raum gelassen, eigene Vorstellungen zu äußern:

- Welche Möglichkeiten gibt es, die Qualität eines Vorgangs hinsichtlich Inhalt/Aufbau zu überprüfen?
- Wie stelle ich mir eine Rückmeldung über die Qualität meiner Vorgänge vor?
- Welche Maßstäbe hat die Staatsanwaltschaft bisher an die Vorgänge angelegt?
- Was sind bisher häufige Fehlerquellen gewesen, die zu einer Rückgabe des Vorganges führten?

Die Workshops verliefen sehr unterschiedlich. Je mehr Dienststellen im Teilnehmerkreis vertreten waren, desto lebhafter und konstruktiver gestalteten sie sich. Auffällig war bei der Auswertung aller Workshops, dass eine Rückmeldung der Staatsanwaltschaft fast durchweg als sehr wichtig erachtet wurde. Priorisiert wurde die unmittelbare Rückmeldung zwischen sachbearbeitendem Staatsanwalt und polizeilichem Sachbearbeiter. Breite Zustimmung fand auch der Vorschlag, die Rückmeldung in Form einer Checkliste zu gestalten. Darüber hinaus wurden Anforderungen an die Qualität eines Vorganges in Bezug auf Aufbau und Inhalt aus polizeilicher Sicht genannt.

Die meistgenannten Vorschläge aus den Workshops wurden zusammengefasst und in eine Liste mit Freitextfeldern aufgenommen. Neben inhaltlichen Aspekten wurden auch subjektive Komponenten eingearbeitet. Darüber hinaus mussten persönliche Rückmeldungen ebenso ermöglicht werden wie eine übergeordnete Auswertung zum Erkennen von Fehlerhäufigkeiten.

Um beim Ausfüllen der Fragebogen den Zeitaufwand möglichst gering zu halten, wurde seitens der Staatsanwaltschaft erwartet, die freitextlichen Anmerkungen auf ein Mindestmaß zu reduzieren. So wurden Themenblöcke mit Ja- und Nein-Feldern sowie ein kleines Freitextfeld geschaffen. Für den Bereich »Gesamteindruck« erhielt eine vierstufige Skala den Vorzug, um Assoziationen zu Schulnoten zu vermeiden (vgl. Abschnitt 5.2). Nach Diskussionen mit der Staatsanwaltschaft wurden für Verfahren gegen unbekannte und bekannte Täter eigene Instrumente mit teilweise unterschiedlichen Inhalten entwickelt.

In einer Feedbackrunde (Phase 3) wurden die Entwürfe sowohl bei der Staatsanwaltschaft als auch in über 20 Veranstaltungen bei der Polizei vorgestellt und diskutiert. Ebenfalls diskutiert wurden die Dauer der Erhebung, deren Ablaufmodalitäten sowie das Problem einer zentralen Erfassung und Auswertung der Daten.

Mit dem Argument, das Ziel einer konstruktiven Rückkopplung zwischen Staatsanwalt und polizeilichem Sachbearbeiter nicht zu gefährden, lehnte man seitens der Staatsanwaltschaft mehrheitlich eine Bewertung zum Gesamteindruck ab. Auch seitens der Polizei herrschte außerordentlich große Skepsis bezüglich dieses Datenfeldes. Wenn auch nicht explizit zum Ausdruck gebracht, so waren es doch überwiegend Befürchtungen, die konkrete Bewertung der eigenen Leistung könnte Auswirkungen auf Beurteilungen haben und zu Vergleichen zwischen Einzel- und Gruppenergebnissen führen. Wie selten zuvor haben die Diskussionen zu dem Datenfeld »Gesamteindruck« verdeutlicht, dass bei der Polizeidirektion Landau die Bereitschaft für eine konkrete Qualitätsmessung noch nicht sehr stark ausgeprägt ist. Hier voranzukommen ist *die* große Herausforderung der nahen Zukunft; wobei klar ist, dass dies nur mit den Mitarbeitern gemeinsam erreicht werden kann. Das Verhältnis zwischen Staatsanwaltschaft und Polizei hat noch nicht den Entwicklungsstand erreicht, der Feedbackrunden auf der Grundlage von Messergebnissen zulässt. Ein Problem des konstruktiven Umgangs mit Kritik.

Weitere Probleme wurden aus polizeilicher Sicht in der administrativen Abwicklung des Befragungsprozesses, hier vor allem in den Bereichen Anonymisierung der Erfassung sowie Anonymisierung der Rückkopplung zwischen Staatsanwaltschaft und Sachbearbeiter, gesehen. Die Diskussionen zu diesen beiden Themen machten Ressentiments gegenüber den Führungskräften auf der Inspektions- sowie der Direktionsebene deutlich. Man befürchtete, Führungskräfte könnten die von den Staatsanwälten ausgefüllten Rückmeldebogen zu nicht abgestimmten Sonderauswertungen heranziehen. Um das Vertrauen in diese Befragung zu festigen, wurde folgende Verfahrensweise festgelegt: Die ausgefüllten Rückmeldebogen werden von der Staatsanwaltschaft unmittelbar an eine Erfassungsstelle der Polizeidirektion geleitet, dort *anonym* erfasst, kuvertiert und den Sachbearbeitern unmittelbar zugeleitet. Damit wurde nochmals verdeutlicht, dass das Ziel der Erfassung keine Einzelbewertung des Sachbearbeiters ist und die Daten nur für die Ebenen Dienstgruppen, Kommissariate oder Inspektionen gebündelt werden sollen, um eine Aussage über die Qualität der Sachbearbeitung in Gruppen vornehmen zu können.

Für die Datenauswertung legten die Dienststellen in Abstimmung mit den Mitarbeitern Vorgaben für das *Clustern* der Daten fest. Letztlich konnte sichergestellt werden, dass jeder Vorgesetzte die Ergebnisse seiner Führungsebene sowie das Ergebnis der nächsthöheren Ebene als Vergleich erhält. Einige Dienststellen legten sogar Wert auf einen Gruppenvergleich, andere wiederum lehnten genau dies mit der Befürchtung ab, er würde Leistungsdruck erzeugen.

Die Zufriedenheit der Staatsanwaltschaft

Bezüglich der polizeilichen Akzeptanz gab die Pojektgruppe nach Abschluss ihrer Arbeiten folgende Einschätzung:

- Insgesamt habe man bezüglich der Einstellungen einen eher positiven Eindruck.
- Vor allem jüngere Kollegen sähen die beabsichtigte Rückmeldung positiv.
- Bei vielen habe man Zurückhaltung und Skepsis feststellen können. Man wolle sich erst nach Abschluss der ersten Rückmelderunde eine abschließende Meinung bilden.

In der Zeit vom 15.11. bis zum 31.12.1999 wurde jeder an die Staatsanwaltschaft abgegebene Ermittlungsvorgang mit einem so genannten Rückmeldebogen versehen. Die Dezernenten der Staatsanwaltschaft Landau füllten diese verfahrensbegleitend aus und gaben sie mit Abschluss des staatsanwaltschaftlichen Verfahrens (z.B. Einstellung, Anklage etc.) an die Polizeidirektion Landau zurück. Hier wurden die eingehenden Bogen zentral erfasst und in einem verschlossenen Umschlag an die Sachbearbeiter weitergeleitet. Bis zum 05.06.2000 gingen 2.386 Erfassungsbogen ein, auf die sich die nachfolgende Auswertung bezieht.[1]

5.4.1 Bewertung der Ergebnisse

Bei der Auswertung überwiegen die positiven Rückmeldungen mit einem Anteil von weit über 90%. Noch geringere Fehlerquoten waren bei der Überprüfung formaler Aspekte (Aktenheftung und dgl.) zu verzeichnen. Insgesamt ein Ergebnis, mit dem man aus polizeilicher Sicht zufrieden sein könnte. Die Auswertung der Fragebogen zeigte allerdings, dass man sich seitens der Staatsanwaltschaft offensichtlich mit kritischen Antworten und Anmerkungen sehr zurückgehalten hatte. Von der Möglichkeit, Rückkopplungen durch freitextliche Formulierungen zu geben, wurde kaum Gebrauch gemacht und nur in *vier* (!) Fällen ein Rückruf durch den sachbearbeitenden Polizeibeamten gewünscht. Darüber hinaus waren Fragen trotz inhaltlicher Verfahrensrelevanz überhaupt nicht beantwortet worden. So reichte zum Beispiel der prozentuale Anteil nicht beantworteter Fragen von 13,4% (Vorgang durchnummeriert) bis 65,7% (Aussagen zur Personen- und Sachfahndung).

Eine mit der Staatsanwaltschaft Landau durchgeführte Analyse zum Antwortverhalten der Dezernenten erbrachte folgende Ergebnisse:

- Es wurde vergessen, das entsprechende Antwortfeld anzukreuzen.
- Die Fragestellung lässt unterschiedliche Deutungen zu. So ist zum Beispiel

---

[1] Aus redaktionellen Gründen wird auf die Darstellung der gesamten Ergebnisse verzichtet. Für interessierte Leser sind nähere Informationen beim Autor erhältlich.

die Frage »Versuch gekennzeichnet?« nur dann von Relevanz, wenn es sich in dem vorliegenden Verfahren auch um eine Versuchstat handelt. Gleiches gilt zum Beispiel für die Fragestellung »Strafantragserfordernis genügt?«. Auch hier war eine Antwort nur erwartet worden, wenn ein Antragsdelikt vorliegt. Diese an die Fragestellungen geknüpften Erwartungshaltungen sind offensichtlich nicht hinreichend deutlich geworden und haben trotz vorheriger Abstimmungen zu Fehldeutungen geführt.
- Auf der Basis der Aktenlage war für den Staatsanwalt nicht eindeutig zu erkennen, ob die Fragestellung für dieses Verfahren relevant ist. So zum Beispiel die Frage »Spurensicherung erfolgt?«: Aufgrund der Aktenlage hätte der Bewerter zu der Überzeugung gelangen können, es hätten Spuren vorhanden oder nicht vorhanden sein und deshalb auch gesichert oder nicht gesichert werden können/müssen.
- Inwieweit man seitens der Staatsanwaltschaft bei negativen Auffälligkeiten auf die Beantwortung von Fragen verzichtet hat und welche Motive dafür ursächlich waren, bleibt zu klären. Dieses Thema wird unter anderem auch Gegenstand einer noch ausstehenden Abschlussbesprechung sein.

Seitens der Staatsanwaltschaft wurden darüber hinaus zu den Ergebnissen noch folgende Anmerkungen gemacht, wobei es sich um Aussagen handelt, die zwar bei der Staatsanwaltschaft Landau nicht explizit abgestimmt wurden, nach Auffassung der Dezernenten jedoch zumindest in ihrer Tendenz zutreffend sind:

- Die Fragen haben oft nicht zur vorgelegten Akte gepasst, es hätten jeweils Vorfragen gestellt werden müssen.
- Die Kontrolle sei nur sinnvoll, wenn sie unangekündigt und in Form von Stichproben häufiger durchgeführt werde. Die Polizisten hätten sich offensichtlich in der Testphase besonders angestrengt. Zwischenzeitlich kämen Fehler wieder häufiger vor (z.B. Vergessen von Vordrucken, Verzichtserklärung Geschädigter auf Einstellungsbescheid, Tatbestandsmerkmale werden häufiger nicht oder nicht deutlich genug herausgearbeitet etc.)
- Der große Aufwand der Aktion habe zu keiner Qualitätsverbesserung der polizeilichen Sachbearbeitung geführt.

5.4.2 Fazit

Die Befragung der Staatsanwaltschaft Landau zur polizeilichen Vorgangsqualität hat nicht die erwarteten Erkenntnisse und den gewünschten Erfolg gebracht. Eine verlässliche Datenbasis als Grundlage für eine Selbstbewertung ist nicht erzeugt worden.

Die Gründe hierfür sind vielschichtig. Wesentlich jedoch war nach einer ersten vorsichtigen Einschätzung mangelnde Kritikfähigkeit. Die im Vorfeld dieses Pro-

jekts geäußerte Skepsis, das vielfach offen geäußerte Misstrauen gegenüber den Messergebnissen sowie deren Verwendung durch die Führung belegen dies.
Es war aber auch mangelnde Erfahrung in der systematisierten Beteiligung des »polizeilichen Kunden« Staatsanwaltschaft an der Qualitätsmessung polizeilicher Arbeit. Vor allem die eingesetzten Fragebögen sind vor dem Hintergrund des staatsanwaltschaftlichen Antwortverhaltens nur bedingt geeignet gewesen, verlässliche Daten zur polizeilichen Vorgangsqualität zu erbringen; sie haben die wissenschaftlichen Gütekriterien nur in Ansätzen erfüllt. Durch einen Vortest, der leider an der erforderlichen Akzeptanz der Beteiligten scheiterte, hätte diesem Problem entgegengewirkt werden können.
Und trotzdem hat diese Befragung für die Polizeidirektion Landau wichtige Erkenntnisse gebracht und wurde zu einem wichtigen Meilenstein auf dem Weg zu einer polizeilichen Selbstbewertung:

- Vorgangsqualität wurde bei der Polizeidirektion über Monate zum zentralen Thema mit erheblichen Auswirkungen auf die Selbstkontrolle der Mitarbeiter und das Kontrollverständnis sowie die Kontrollintensität der Vorgesetzten. So war es die einhellige Auffassung der befragten Staats- und Amtsanwälte, dass sich die Polizeibeamten in der Kontrollphase große Mühe gegeben hätten und dies auch deutlich geworden sei.
- Eine merklich zunehmende Akzeptanz und Erwartungshaltung der Polizisten gegenüber den zu erwartenden Rückkopplungsergebnissen sprechen für einen hohen Sensibilisierungsgrad einerseits, andererseits aber auch für eine positive Entwicklung in der Kritikfähigkeit.
- Die Offenheit und spürbare Gelassenheit, mit der zwischenzeitlich dieses Thema diskutiert und mit den erzielten Befragungsergebnissen umgegangen wird, lassen die Wiederholung der Befragung mit modifizierten Instrumenten in einem modifizierten Verfahren (unangekündigte Zufallsstichproben) als sehr wahrscheinlich erscheinen.
- Die Nachbereitung der Ergebnisse in Einzelgesprächen zwischen Mitarbeitern und Führungskräften sowie die Präsentation der Gesamtergebnisse in bisher sechs Veranstaltungen führten zu fruchtbaren Diskussionen und ließen die Bereitschaft deutlich werden, eine auf der Grundlage der bisherigen Erfahrungen modifizierte Befragung der Staatsanwaltschaft konstruktiv mitzugestalten.

Im Rückblick erscheint es auch interessant, der Frage nachzugehen, ob die geschilderten Mängel, Probleme und Erfahrungen Voraussetzung für eine Fortsetzung des bei der Polizeidirektion Landau begonnenen Prozesses zur Implementierung eines Qualitätsmanagements waren. Es ist sicherlich spekulativ, auf diese Frage eine Antwort zu geben, weil wir nicht wissen, ob das Vermeiden erkannter Mängel zu den erwarteten Ergebnissen und deren Akzeptanz oder gar zum Scheitern des Projekts geführt hätte.

Somit wissen wir auch nicht, ob die geschilderten Mängel, Probleme und Erfahrungen Voraussetzung für die Fortsetzung des beschriebenen Prozesses waren. Wir haben allerdings hinreichend Gründe, davon auszugehen, dass die Befragung der Staatsanwaltschaft Landau zur polizeilichen Bearbeitungsqualität einem großen Schritt nach vorne gleichkommt und zu einer Plattform für kontinuierliche Verbesserungen geworden ist, die es in naher Zukunft zu betreten gilt.

6. Zusammenfassung und Ausblick

Seit 1994 sind die Mitarbeiter der Polizeidirektion Landau in einen Prozess eingebunden, dessen Ziel die Implementierung eines Qualitätsmanagement-Systems ist. Ein wichtiger Meilenstein auf diesem Weg war die im Jahre 1998 initiierte Befragung der Staatsanwaltschaft Landau zur Qualität polizeilicher Ermittlungsvorgänge im Strafverfahren.

Nach einem umfassenden Beteiligungsprozess, in dem es eine sehr kritische und zum Teil ablehnende Haltung bei Polizei und Staatsanwaltschaft aufzuarbeiten galt, konnte die Befragung in der Zeit vom 15.11. bis 31.12.1999 als Totalerhebung durchgeführt werden. Es wurden zwei Messinstrumente eingesetzt, von denen bis zum 05.06.2000 2.386 in Rücklauf kamen. Mit über 90% positiven Rückmeldungen fielen die Ergebnisse deutlich besser aus als erwartet. Andererseits fiel bei der Auswertung der Rückmeldungen auf, dass seitens der Staatsanwälte sehr viele Fragen unbeantwortet blieben, was im Wesentlichen auf unterschiedliche Interpretationen der mit der Staatsanwaltschaft im Vorfeld abgestimmten Fragen zurückzuführen war. Nicht zuletzt deshalb erbrachte die Befragung nicht die erwarteten aussagekräftigen Ergebnisse. Seitens der Staatsanwaltschaft wird die Auffassung vertreten, dass Verbesserungen allenfalls kurzfristig eingetreten seien. Die Befragung hat aber auch wichtige Erkenntnisse zur Kritikfähigkeit von Staatsanwaltschaft und Polizei erbracht sowie allen Beteiligten hinreichend Gelegenheit geboten, sich mit dem Thema Messbarkeit der Qualität polizeilicher Arbeit konstruktiv auseinander zu setzen und hierzu in einer Nachbereitungsrunde mehrheitlich eine positivere Grundhaltung zu entwickeln.

Diese positive Grundhaltung gilt es jetzt konstruktiv zu nutzen. So ist für das Jahr 2001 eine neuerliche Befragung der Staatsanwaltschaft Landau zur polizeilichen Vorgangsqualität in modifizierter Form (unangekündigte Stichproben) und mit modifizierten Instrumenten geplant.

7. Literatur

Baron, M., Biehl, N., Offenbacher, S., Rileit, U. & Tapp, H. (1998). *Unveröffentlichte Projektstudie: Polizeiliches Alltagshandeln im Spiegelbild polizeilicher Bürgernähe*. Projektstudie 95, Fachhochschule für Öffentliche Verwaltung (Fachbereich Polizei), Rheinland-Pfalz. Büchenbeuren.

Blouw, H. de (1999). *Qualitätsmanagement in den Niederlanden*. In Polizeiführungsakademie (Hrsg.), Seminarbericht Qualitätsmanagementsysteme im »Dienstleistungsunternehmen Polizei« (S. 139–170). Münster-Hiltrup: Polizeiführungsakademie.

Braun, O. & Lueghausen, R. (2000). *Maßnahmen zur Einführung von Qualitätsstandards bei der Polizeidirektion Landau*. Unveröffentlichte Untersuchung der Universität Koblenz-Landau, Standort Landau.

Brenk, M., Dickopf M., Heinz, J., Müller, C., Röhrig, S.& Wimmer, T. (1996). *Unveröffentlichte Projektstudie: Möglichkeiten und Grenzen bürger- und gemeindenaher Polizeiarbeit, unter besonderer Berücksichtigung der Einsatzmöglichkeiten des Sicherheitsmobils*. Projektstudie 66, Fachhochschule für Öffentliche Verwaltung (Fachbereich Polizei), Rheinland-Pfalz. Büchenbeuren.

Das Deutsche Kundenbarometer (1997). *Jahrbuch der Kundenzufriedenheit in Deutschland*.

Daum, H. (1998). *PKS-Datenqualitätskontrolle, Prüfergebnis November 1998*. Unveröffentlicher Bericht. Ludwigshafen: Polizeipräsidium Rheinpfalz.

DIE RHEINPFALZ v. 9.9., 15.9. und 6.10.1995. Ludwigshafen: Rheinpfalz Verlag u. Druckerei GmbH & Co. KG.

DIE WELT v. 28.10.1997. Hamburg: Springer.

Endriß, S.(1998). *Evaluation der Einführung der neuen Führungstechnik »Führen durch Moderieren« bei der Polizeidirektion Landau*. Diplomarbeit. Universität Koblenz-Landau, Abteilung Landau, Fachbereich Psychologie.

Endriß, S., Braun, O. & Groh, E. (1999). *Führen durch Moderieren. Ein Organisationsentwicklungsprojekt zur Umsetzung des kooperativen Führungsstils*. Kriminalistik, S. 192–197. Heidelberg: Kriminalistik.

European Foundation for Quality Management. *Die Leistung steigern mit dem EFQM-Modell für Business Exellence*. Brussel: European Foundation for Quality Management, Brussels Representativ Office.

Groh, E. (1995). *Abschlussbericht der Arbeitsgruppe Sicherheitsmobil*. Unveröffentlichter Bericht des Ministeriums des Innern und für Sport, Rheinland-Pfalz, in Mainz.

Groh, E. (1998). *Implementation von Zielen in tiefgegliederten hierarchischen Organisationen*. In O.L. Braun (Hrsg.), Ziele und Wille in der Psychologie: Grundlagen und Anwendungen. Landau: Empirische Pädagogik.

Groh, E. (2000). *Führen mit Zielen bei der Polizei: Mitarbeiterbeteiligung fordern und fördern.* In O.L. Braun (Hrsg.), Zielvereinbarungen im Kontext strategischer Organisationsentwicklung. Landau: Empirische Pädagogik.

Innenministerium des Landes Nordrhein-Westfalen (1996). *Neues Steuerungsmodell.* Streife, Sonderausgabe.

Jäger, R. (1996). *Sicherheit in der Stadt.* Landau: Empirische Pädagogik.

Kaplan, R. & Norton, D. (1997). *Balanced Scorecard – Strategien erfolgreich umsetzen.* Stuttgart: Schäffer-Poeschel.

Meyer-Goßner (1999). *Strafprozessordnung, Gerichtsverfassungsgesetz, Nebengesetze und ergänzende Bestimmungen.* München: C.H. Beck'sche Verlagsbuchhandlung.

Petry, A. & Zöller, W. (1995). *Das Sicherheitsmobil bei der PD Landau – Vorbereitung, Durchführung, Erfahrungen.* Unveröffentlichter Bericht Polizeidirektion Landau.

Pichler, C. (2000). *Veränderungsmanagement in Organisationen.* Unveröffentlichte Diplomarbeit, Universität Koblenz-Landau, Standort Landau.

Sarter, A., Pfanzelt, G., Lelle, K., Noll, M. & Jochum, U. (1996). *Unveröffentlichte Projektstudie: Anspruch und Wirklichkeit der Öffentlichkeit nach innen.* Projektstudie 67, Fachhochschule für Öffentliche Verwaltung (Fachbereich Polizei), Rheinland-Pfalz. Büchenbeuren.

Waßmann, H. (1998). *Qualitätsmanagement in der Polizei (Teil 1).* Polizeispiegel. Fachorgan der Deutschen Polizeigewerkschaft im Deutschen Beamtenbund, S. 207–209.

Messung und Analyse der Kundenzufriedenheit in Krankenhäusern
Bundesweite Patientenzufriedenheitsbefragungen
Thomas Messner & Winfried Zinn, Forschungsgruppe Metrik

1. Messung der Zufriedenheit

1.1 Abgrenzung zu anderen Modellen

Die hier vorgestellte Studie zur Ermittlung der Patientenzufriedenheit in Krankenhäusern ist im Rahmen der Forschungsgruppe Metrik entstanden. Innerhalb der Forschungsgruppe Metrik arbeiten Personen unterschiedlicher Berufsgruppen (Pflegemanager und -pädagogen, Ärzte, Psychologen, Altenpfleger, Rettungsassistenten) zusammen. Die sich daraus ergebenden Forschungsprojekte dienen verschiedenen Zielrichtungen, so entstehen Diplomarbeiten und Doktorarbeiten an verschiedenen Universitäten und Fachhochschulen. Die Forschungsgruppe arbeitet unter folgenden Prämissen:

- Die bearbeiteten Themengebiete müssen Praxisrelevanz haben.
- Ziel ist es, wissenschaftlich fundierte Antworten für Fragestellungen des Gesundheitswesens zu schaffen.
- Die Ergebnisse müssen nachvollziehbar und anschaulich dargestellt sein.

Auf der Grundlage einer Dissertation entwickelte die Forschungsgruppe Metrik eine Patientenzufriedenheitsanalyse für Krankenhäuser.
  Herzstück der Zufriedenheitsanalyse ist der Fragebogen, für dessen Entwicklung sich die Forschungsgruppe zunächst verschiedener Methoden bediente.

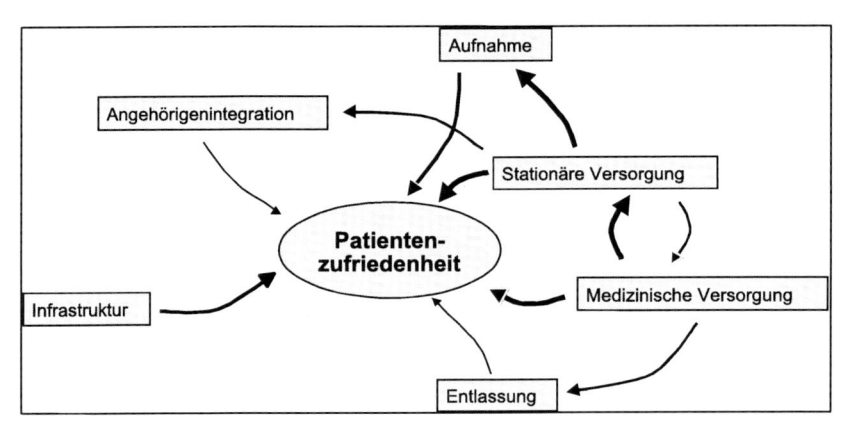

Abb. 1. Verschiedene Einflussfaktoren in Bezug auf die Patientenzufriedenheit

Dazu wurden Focusgruppen gebildet, Patienten befragt, Experten interviewt und die gängige Literatur zu dem Thema Patientenzufriedenheit studiert. Es entstand ein Fragebogen mit über hundert Fragen. Dieser wurde dann in verschiedenen Krankenhäusern getestet. Mithilfe statistischer Verfahren konnten Fragen zusammengefasst bzw. Fragen, die nicht in das Gesamtkonzept passten, herausgenommen werden. Zusätzlich testete Metrik verschiedene Skalenformen. Zu Beginn experimentierte die Forschungsgruppe mit Zweier-, Vierer- und Sechserskalen, schließlich zeigten die Untersuchungen, dass die Fünferskala (siehe unten) die zweckmäßigste Form für eine Patientenbefragung darstellt.

Die enorme Nachfrage der Krankenhäuser nach der Patientenbefragung führte dazu, dass die Studie, die anfänglich nur als Dissertation geplant war, weitergeführt wird. Krankenhäuser erhalten so die Möglichkeit, diese Patientenzufriedenheitsbefragung durch die Forschungsgruppe Metrik als kontinuierliche Dienstleistung in Anspruch zu nehmen. Aktuell werden bundesweit in über 150 Krankenhäusern unterschiedlicher Versorgungsstufen und Trägerschaften Befragungen durchgeführt. Dass sich innerhalb von nur zwei Jahren eine so große Anzahl an Krankenhäusern an der Studie beteiligte, zeigt sehr deutlich den hohen Bedarf an verlässlichen Daten zur Patientenzufriedenheit im Krankenhaussektor. Einen aussagekräftigen Vergleich mit der eigenen Leistung bieten anonymisierte Werte aus anderen Häusern. Somit steht der Krankenhauslandschaft eine Methode zur wiederholten Befragung zur Verfügung, die auch für die externe Qualitätssicherung geeignet ist.

1.2 Typischer Anlass und Hintergründe

Die Krankenhäuser nehmen freiwillig an der Befragung teil und fordern von der Untersuchung Basisdaten für begonnene Qualitätsmanagement-Maßnahmen oder wollen mit diesen Daten ein Qualitätssicherungsprojekt evaluieren. In manchen Häusern wird diese Befragung auch als Startschuss genutzt, um ein Qualitätsmanagement-Programm einzuführen. Da durch eine solche Befragung den Mitarbeitern im Hause die Patientensicht sehr eindrücklich nahe gebracht wird und gleichzeitig Basisdaten/Ausgangsdaten für eine spätere Bewertung der Qualitätssicherungsprojekte erhoben werden, lassen sich mehrere Ziele auf einmal erreichen.

1.3 Ziele und Verwertungszusammenhänge

Ziel der Studie ist es, die Struktur innerhalb der Patientenzufriedenheit aufzuzeigen und neue Zusammenhänge zum Thema Patientenzufriedenheit aufzudecken.

Die einzelnen Krankenhäuser erhalten detaillierte Auswertungen über ihre Ausgangssituation. Die Daten werden in anonymisierter Form für wissenschaftliche Zwecke der Forschungsgruppe Metrik zur Verfügung gestellt. Die so gewonnenen Daten werden dann im Rahmen vertiefender statistischer Analysen (wie z. B. LISREL) weiterverarbeitet.

1.4 Stellenwert innerhalb des Qualitätsmanagements

In fast allen Krankenhäusern der Bundesrepublik Deutschland wird mit unterschiedlichen Ansätzen die Patientenzufriedenheit bzw. die Patientenerwartung abgefragt. Es lassen sich drei verschiedene Ansätze unterscheiden:

- Kummerkasten
- Marketingorientierte Untersuchungen
- Benchmarking-Tools zur Qualitätssicherung und -steigerung

Der Kummerkasten stellt die einfachste Form der Patientenbefragung dar. Hier erhalten die Patienten einen Fragebogen (meist eine Seite), auf dem sie ihre positiven und negativen Eindrücke kurz schriftlich darstellen. In manchen Fällen wird dieser Bogen durch ein paar Fragen zum Ankreuzen ergänzt. Die Auswertung erfolgt mehr oder weniger systematisch, und die Rücklaufquoten sind meist sehr niedrig. Gleichwohl können durch dieses Verfahren augenfällige Mängel schnell lokalisiert werden. Als valides Instrument zur Messung von Qualitätsindikatoren ist der Kummerkasten jedoch nicht geeignet.

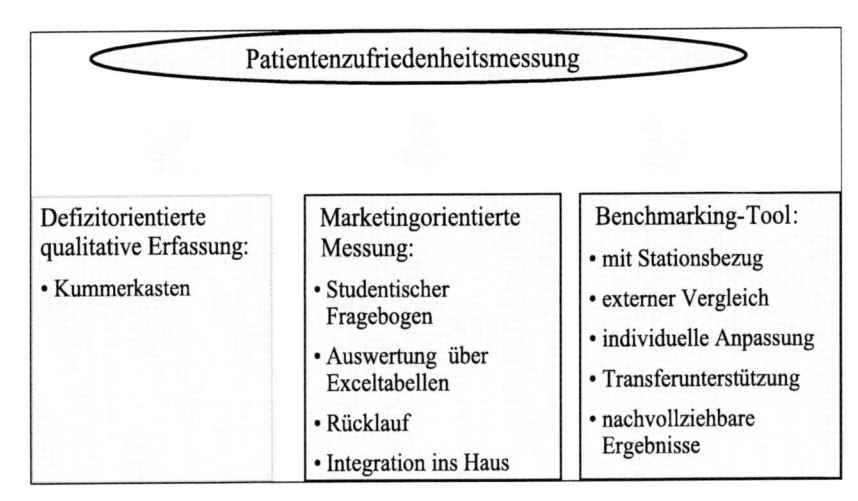

```
┌─────────────────────────────────────────────────────────────────┐
│                  ⟨ Patientenzufriedenheitsmessung ⟩             │
│                                                                 │
│  ┌─────────────────┐  ┌─────────────────┐  ┌──────────────────┐│
│  │ Defizitorien-   │  │ Marketing-      │  │ Benchmarking-Tool││
│  │ tierte          │  │ orientierte     │  │ • mit Stations-  ││
│  │ qualitative     │  │ Messung:        │  │   bezug          ││
│  │ Erfassung:      │  │ • Studentischer │  │ • externer       ││
│  │ • Kummerkasten  │  │   Fragebogen    │  │   Vergleich      ││
│  │                 │  │ • Auswertung    │  │ • individuelle   ││
│  │                 │  │   über Excel-   │  │   Anpassung      ││
│  │                 │  │   tabellen      │  │ • Transfer-      ││
│  │                 │  │ • Rücklauf      │  │   unterstützung  ││
│  │                 │  │ • Integration   │  │ • nachvollzieh-  ││
│  │                 │  │   ins Haus      │  │   bare Ergebnisse││
│  └─────────────────┘  └─────────────────┘  └──────────────────┘│
└─────────────────────────────────────────────────────────────────┘
```

Abb. 2. Verschiedene Ansätze die Patientenzufriedenheit zu messen

Marketingorientierte Untersuchungen zeichnen sich dadurch aus, dass eine gewisse Skalenform ausgewählt wird. Besonders augenfällige Ergebnisse lassen sich mit Notenskalen erzielen. Dabei werden die Patienten gebeten, Aspekte des Krankenhausaufenthaltes zu benoten (von 1 bis 5). Mit solchen Untersuchungsmethoden lassen sich für das einzelne Krankenhaus hervorragende Ergebnisse erzielen, die sich in der Öffentlichkeit (Presse) sehr gut verwerten lassen. Vorzugsweise wird eine solche Untersuchung durch Studenten durchgeführt, womit eine gewisse Wissenschaftlichkeit garantiert scheint. Fraglich ist bei solchen Untersuchungen die Verwendbarkeit der Ergebnisse für ein internes Qualitätsmanagement. Auch fortlaufende Kontrollen sind in der Regel nicht vorgesehen, da der Student nach der Untersuchung meist nicht mehr zur Verfügung steht. Solche Untersuchungen sind vorrangig marketingorientiert, doch auch hier sind keine validen Ergebnisse für eine interne Qualitätssicherung zu erwarten.

Werden Patientenzufriedenheitsmessungen jedoch als Benchmarking-Tools konzipiert, so sind sie für verschiedene Zwecke nutzbar. Einerseits wird damit der Vergleich mit anderen Häusern gewährleistet, und die eigenen Ergebnisse können anhand von Vergleichsgruppen eingeschätzt und relativiert werden. Andererseits sollte auch eine stationsbezogene Auswertung der Fragebogen erfolgen, da erst anhand einer solchen Detailauswertung die Ergebnisse für ein internes Qualitätsmanagement nutzbar werden. Es ist jedoch darauf zu achten, dass nicht zu wenige Fragebogen pro Station ausgewertet werden. Aus methodischer Sicht ist eine Mindestanzahl von 80 bis 100 ausgewerteten Fragebogen pro kleinster Einheit erforderlich. Nur so lassen sich statistische Schwankungen mit einem halbwegs validen und reliablen Instrument in einem vertretbaren Rahmen halten. Eine grafisch orientierte Auswertung unterstützt die Integration der Ergebnisse in ein aktives Qualitätsmanagement. Denn die Ergebnisse müssen auf Stationsebene verstanden und dort umgesetzt werden. Das heißt, Ergebnisse, die ein Statistiker verstehen und interpretieren kann, aber die in der Praxis nicht verwertbar sind, eignen sich hier nicht. Auch lange schriftliche Kommentare werden höchstens auf Direktionsebene gelesen, sind aber in der praktischen Arbeit auf den Stationen nur bedingt geeignet.

Verschiedene Unternehmensberatungen bieten solche Befragungen an. Wichtig ist jedoch, dass jedes Krankenhaus für sich entscheidet, zu welchem Zweck die Ergebnisse einer solchen Befragung genutzt werden sollen. Im Rahmen eines Qualitätsmanagements, das durch externe Berater aufgebaut werden soll, ist es sinnvoll, die Patientenbefragung zu Beginn und zum Abschluss der Projekte durchzuführen, um definitiv eine Steigerung innerhalb der Patientenzufriedenheit nachweisen zu können.

Auch für ein intern gesteuertes Qualitätsmanagement ist der Zeitpunkt der Erhebung möglichst früh anzusetzen, da eine solche Befragung aussagefähige Ergebnisse liefert, die den Häusern zeigen, wo ihre Stärken und Schwächen liegen. Zusätzliche Ansatzpunkte werden aber auch durch den Vergleich mit anderen Häusern offen gelegt.

Die Patientenbefragung der Forschungsgruppe Metrik ist als Benchmarking-Tool konzipiert, das Häuser auf dem Weg zu einem effizienten Qualitätsmanagement begleiten kann.

2. Durchführung der Befragung

2.1 Zielgruppe

Grundsätzlich können alle Patienten an der Befragung teilnehmen, die körperlich und geistig dazu in der Lage sind. Auszuschließen sind geistig verwirrte Menschen, Patienten kurz nach einer OP bzw. Personen, die psychisch instabil sind (z.B. nachdem Patienten schwerwiegende Diagnosen erfahren haben). Kinder und Jugendliche unter 16 Jahren sollten nicht befragt werden. Eine Befragung der Eltern ist aber möglich.

2.2 Stichprobengröße

Bei Analysen mit Stationsbezug sollten pro Station/Abteilung mindestens 80 bis 100 auswertbare Fragebogen vorhanden sein. Bei reinen hausübergreifenden Bewertungen ist als Mindestanzahl der Fragebogen die Zahl der Belegbetten zu sehen.

2.3 Befragungsmethodik

Bei dieser Studie werden zwei Methoden der Befragung parallel angewendet. Erstens findet eine Befragung während des Krankenhausaufenthaltes statt. Es ist darauf zu achten, dass stichtagsbezogene Befragungen durchgeführt werden. Interne Untersuchungen der Forschungsgruppe Metrik belegen, dass Patienten, die man kurz vor der Entlassung befragt, deutlich positivere Urteile abgeben, d.h. zufriedener sind als poststationär befragte Patienten. Die stichtagsbezogene Befragung aller Patienten, die sich an diesem Tag im Haus aufhalten, zeigt eine hohe Übereinstimmung mit der Befragung der ehemaligen Patienten. Bezüglich des zeitlichen Abstands der einzelnen Befragungen sind zwei bis vier Wochen vorgesehen. Es sollte gewährleistet sein, dass die Patienten möglichst nicht zweimal befragt werden.

Zweitens werden postalische Befragungen poststationär durchgeführt. Eine zufällige Auswahl von Patienten wird angeschrieben und darum gebeten, den beiliegenden Fragebogen auszufüllen. Diese Befragung dient zur Kontrolle der Befragung, die im Haus durchgeführt wird.

Metrik verzichtet auf telefonische Befragungen, da methodisch abgesicherte Untersuchungen (Straub, 1995) gezeigt haben, dass Fragebogen mehr kritische Aspekte aufdecken als Telefoninterviews. Aus diesem Grund wird die Befragung mittels Fragebogen bevorzugt. Außerdem sind telefonische Befragungen erheblich teurer.

Die Fragebogen werden wie folgt ausgeteilt:
Personal, welches auf Station arbeitet, teilt die Fragebogen aus. Das Austeilen und Einsammeln der Bogen sollte in einem begrenzten Zeitraum erfolgen. Sie müssen an einem Wochentag (ideal sind Dienstag bis Donnerstag) z.B. zusammen mit dem Nachmittagskaffee ausgeteilt und beim Abendessen wieder eingesammelt werden. Die Patienten werfen ihren ausgefüllten Fragebogen in eine Briefurne, damit ist die Anonymität der Befragung gewährleistet.

Im Einzelnen ist auf folgendes zu achten:

2.3.1 *Hauptkoordination*

Eine Person sollte hauptverantwortlich für die Durchführung der gesamten Befragung sein. Diese Person ist der Projektkoordinator und Hauptansprechpartner. Bei Fragen steht die Forschungsgruppe Metrik dem Projektkoordinator jederzeit zur Verfügung.

2.3.2 *Mentorenschaft*

Von jeder teilnehmenden Station ist eine verantwortliche Person aus dem Pflegebereich als Mentor für das Projekt zu benennen. Der Mentor sollte persönlich über die bevorstehende Befragung informiert werden (dies ist im Rahmen einer

Dienstbesprechung möglich). Den Mentoren wird dabei der Fragebogen vorgestellt.

Das Motto der gesamten Aktion könnte lauten »Wir wollen offen und ehrlich wissen, wie wir beurteilt werden« oder »Nur wenn wir unsere Schwachstellen kennen, können wir besser werden«. Die Mentoren sollten am Erhebungstag Spätdienst und am darauf folgenden Tag Frühdienst haben, damit sie die Bogen austeilen und wieder einsammeln können. Die Mentoren sind für das Ausfüllen des Rücklaufbogens zuständig.

2.3.3 Wahl der teilnehmenden Stationen
Jede Station – außer dem Intensivbereich – kann an der Befragung teilnehmen. Die teilnehmenden Stationen sind vorher auszuwählen. Ziel ist es, möglichst viele Patienten und Patientinnen zu befragen, um abgesicherte Ergebnisse zu erhalten.

2.3.4 Zeitliche Abfolge
Sind mehrere Stichtagserhebungen notwendig, um die nötige Anzahl von 80 bis 100 ausgefüllten Fragebogen pro Einheit (Station oder Abteilung) zu erreichen, sollten diese Stichtage mindestens einen Abstand von 14 Tagen haben. Es sind aber auch größere Zeitabstände von etwa einem Monat möglich. Es sollten repräsentative Tage (Dienstag bis Donnerstag) gewählt werden.

2.3.5 Die Fragebögen
Jedes Haus erhält pro teilnehmende Station 110 gedruckte Fragebogen. Für jede Station wird ein individueller Fragebogen erstellt, um eine spätere genaue Zuordnung der Daten zu gewährleisten. Auf eine korrekte Zuordnung ist unbedingt zu achten.

2.3.6 Die Durchführung der Erhebung
Generell gilt: Je kürzer die Zeit zwischen Verteilen und Einsammeln ist, desto höher ist der Rücklauf. Optimal ist es, die Bogen am frühen Nachmittag durch die Mentoren verteilen zu lassen und sie am Abend, spätestens am nächsten Morgen bei der Visite, wieder einzusammeln. Ziel ist es, eine Rücklaufquote von mindestens 75% zu erreichen.

2.3.7 Unterstützung beim Ausfüllen der Fragebögen
Sollte ein Patient oder eine Patientin aufgrund von körperlichen Beschwerden (Sehbehinderung, beide Arme gebrochen ...) nicht in der Lage sein, den Fragebogen eigenständig auszufüllen, so kann man die Angehörigen bitten, diesen Personen beim Ausfüllen des Fragebogens behilflich zu sein. Sollte dies nicht möglich sein, zeigt die betroffene Person aber Interesse am Ausfüllen, kann auch

eine neutrale Person aus der Verwaltung oder dem technischen Bereich (z. B. Zivildienstleistender) Unterstützung leisten. Die Patienten und Patientinnen sollten dabei aber aufgefordert werden, Kritik offen und frei zu äußern.

2.3.8 Schriftliche Befragung ehemaliger Patienten
Die zu befragenden ehemaligen Patienten und Patientinnen sollten das Krankenhaus vor mindestens zwei Wochen verlassen haben. Optimal ist eine Befragung zwei bis vier Wochen nach der Entlassung.

Patienten, die im Haus verstorben sind oder die in einer Akutsituation in ein anderes Krankenhaus verlegt wurden, sollten auf keinen Fall angeschrieben werden.

Ein ausreichend frankierter und an das Krankenhaus adressierter Rückumschlag wird dem Fragebogen beigelegt. Einem Anschreiben des Hauses entnehmen die Empfänger den Zweck der Befragung: Sollte die Rücklaufquote unter 50 % liegen, können die ehemaligen Patienten durch Zusendung einer Postkarte höflich aufgefordert werden, den Fragebogen zurückzusenden.

2.4 Anschreiben

Die Patienten werden folgendermaßen angeschrieben:

Sehr geehrte Patientinnen und Patienten,

wir führen in unserem Krankenhaus eine Befragung über die Zufriedenheit der Patienten und Patientinnen durch. In diesem Zusammenhang möchten wir auch Sie befragen.

Ihre offene Meinung ist uns wichtig, und über Verbesserungsvorschläge und Kritik freuen wir uns sehr. Ihre Antworten werden selbstverständlich anonym und vertraulich behandelt. Zur Sicherung der Anonymität bitten wir Sie, den Fragebogen in die vorbereitete Urne zu stecken.

Die Beantwortung des Fragebogens wird ca. 15 Minuten in Anspruch nehmen. Die gewissenhafte Beantwortung der Fragen gibt uns die Möglichkeit, die Qualität der Versorgung zum Wohle aller Patienten und Patientinnen kontinuierlich zu steigern. Wir bedanken uns schon jetzt recht herzlich für Ihre Mitarbeit.

Beantworten Sie bitte, soweit es Ihnen möglich ist, jede Frage!
Fragen, die für Sie nicht zutreffen, lassen Sie bitte aus.

Vielen Dank!

Erinnerungsschreiben für die poststationäre Befragung werden nur bei einem sehr schlechten Rücklauf (unter 40 %) versendet.

2.5 Themengebiete

Es werden folgende Themengebiete innerhalb des Fragebogens erfasst:
Stationäre (pflegerische) Versorgung
1. Die Art und Weise, wie auf meine Wünsche eingegangen wird, ist ...
2. Die Berücksichtigung meiner Sorgen und Ängste ist ...
3. Die Erhaltung meiner Selbstbestimmung ist ...
4. Die Offenheit des Krankenhauspersonals für Anregungen und Verbesserungsvorschläge ist ...
5. Die Reaktionszeit auf mein Klingeln ist ...
6. Die tägliche Unterstützung des Pflegepersonals ist ...
7. Die Art und Weise, wie das Stationsteam zusammenarbeitet, ist ...
8. Die Auskünfte der Pflegekräfte der Station über die Abläufe im Krankenhaus sind ...
9. Der Informationsfluss zwischen Früh-, Spät- und Nachtschicht ist ...

Qualität des Essens
10. Das Essen ist ...

Sauberkeit
11. Die hygienischen Verhältnisse sind ...

Infrastruktur
12. Die Anzahl der Aufenthaltsräume ist ...
13. Die Unterhaltungsangebote in der Klinik sind ...
14. Die Atmosphäre in der Cafeteria ist ...
15. Die Ausstattung des Kiosks ist ...
16. Die Patientenzimmer sind ...
17. Der Gesamteindruck, den das Klinikgebäude vermittelt, ist ...

Medizinische (ärztliche) Versorgung
18. Die Verständlichkeit der Diagnosen ist ...
19. Die Einfühlsamkeit, mit der mir die Diagnosen mitgeteilt werden, ist ...
20. Die Offenheit der Ärzte bei der Visite für meine Fragen ist ...
21. Die Aufklärung durch die Ärzte über Behandlung und Verlauf meiner Krankheit ist ...
22. Der Erfolg der Behandlung ist bis jetzt ...

Möglichkeiten des Kontakts zu Mitpatienten
23. Die Möglichkeiten des Kontakts zu Mitpatienten sind ...
24. Die Möglichkeit, Sorgen und Probleme mit Patienten auszutauschen, die ein ähnliches Krankheitsbild haben, sind ...

Zusammenarbeit (der Berufsgruppen)
25. Die fehlende Hektik im Stationsalltag ist ...
26. Die Zusammenarbeit der verschiedenen Berufsgruppen im Krankenhaus (Ärzte, Pflege, Verwaltung) ist ...
27. Die Wartezeiten (Röntgen, Labor, OP, Visiten ...) sind ...
28. Die Dauer der Untersuchungen und Behandlungen ist ...

Aufnahme
29. Die notwendige Bearbeitungszeit bei den Aufnahmeformalitäten ist ...
30. Die Verständlichkeit der Aufnahmeformulare ist ...

Angehörigenintegration
31. Die Regelung der Besuchszeiten ist ...
32. Die Angemessenheit der Informationen für meine Angehörigen ist ...
33. Die Art und Weise, wie meine Angehörigen in meine Behandlung und Versorgung einbezogen werden, ist ...
34. Ich werde dieses Krankenhaus weiterempfehlen als ...

Entlassung
35. Die Vorbereitung auf meine Entlassung aus dem Krankenhaus ist ...
36. Die Aufklärung über Warnsignale meiner Krankheit, auf die ich nach meiner Entlassung achten muss, ist ...

2.6 Frage- und Antworttypen

Man kann im Allgemeinen zwei verschiedene Fragetypen unterscheiden. Generell lässt sich sagen, dass Metrik sich auf den Bereich der Ratingfragen (Zufriedenheitsfragen) konzentriert hat. Ratingfragen sind allgemeine Einschätzungen der Patienten zu umfassenden Themengebieten.

Reportfragen hingegen beziehen sich auf beobachtbares Verhalten. Die Patienten werden gebeten zu beschreiben, ob gewisse Situationen eingetreten sind oder nicht. Bewertungen der von den Patienten beschriebenen Zustände werden dann den Experten überlassen. Problematisch ist jedoch die Tatsache, dass es grundsätzlich zahllose Reportfragen zu einem einzelnen Vorgang (Prozess) gibt. Folgendes Beispiel verdeutlicht dies im Zusammenhang mit der Aufnahme des Patienten:

Messung und Analyse der Kundenzufriedenheit in Krankenhäusern 197

- Die Schwester begrüßte mich innerhalb von 2 Minuten.
- Sie gab mir bei der Begrüßung die Hand.
- Sie stellte sich persönlich mit Namen und Funktion vor.
- Sie lächelte bei der Begrüßung.
- ...

Dieses einfache Beispiel verdeutlicht, dass eine Eingrenzung der relevanten Fragen bei den Reportfragen schwierig ist. Die Ratingfragen haben demgegenüber eine andere Problematik.

	Rating (Einschätzung/Zufriedenheitsfragen)	Report (beobachtbares Verhalten)
Vorteil	Allgemeine Einschätzung im Sinne eines Gesamturteils	»Objektiv« von außen überprüfbar
Nachteil	geringe Differenzierung durch hohe Zufriedenheitswerte	Unüberschaubare Anzahl von Fragestellungen

Abb. 3. Vor- und Nachteile verschiedener Fragetypen

Auf weiterführende Differenzierungen wird an dieser Stelle verzichtet und auf Satzinger verwiesen (Satzinger, 1998).

Die Forschungsgruppe Metrik testete drei verschiedene Antworttypen.

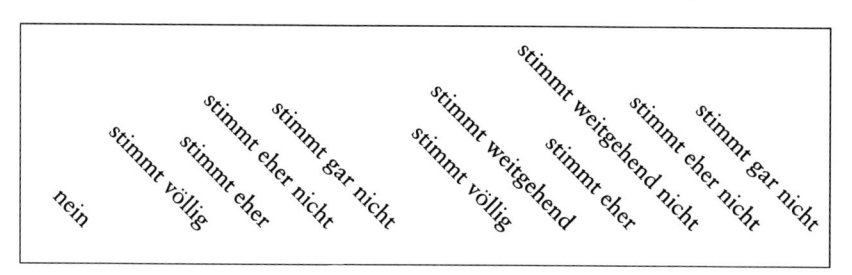

Abb. 4. Getestete Antworttypen

Alle Antworttypen weisen ähnliche Probleme auf:
Die Teilnehmer an der Befragung kreuzten vor allem den positiven Bereich an. Der negative Bereich fiel kaum ins Gewicht (meist war der Anteil in diesem Abschnitt unter 15%). Ein extremer »Bodeneffekt« (floor effect) machte eine

Differenzierung zwischen guten und schlechten Häusern fast unmöglich. Metrik kam deshalb der Empfehlung von Hall (Hall, 1995) nach und testete die nachfolgend beschriebene Fünferskala:

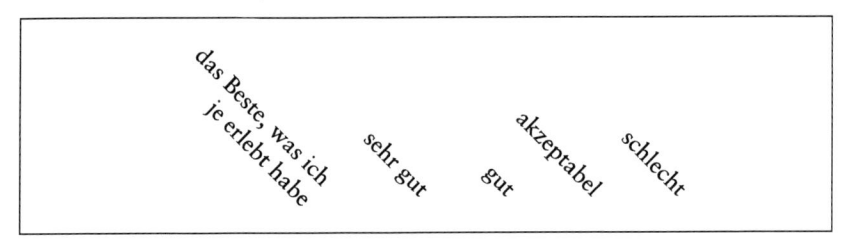

das Beste, was ich je erlebt habe — *sehr gut* — *gut* — *akzeptabel* — *schlecht*

Abb. 5. Antwortskala von Hall (Hall, 1995)

Mithilfe dieser Skala konnte eine fundamentale Verbesserung der statistischen Kennwerte erreicht werden. Bei vielen Fragen ließ sich nun nahezu eine Gleichverteilung, bei manchen Skalen sogar eine Normalverteilung beobachten. Da die Fünferskala den »Bodeneffekt« behebt, gewährleistet sie eine Differenzierung zwischen besseren und schlechteren Kliniken – beziehungsweise zwischen besseren und schlechteren Stationen.

Die weiterführenden Untersuchungen bestätigten die neue Skala. So entwickelte Metrik einen Fragebogen, der vor allem standardisierte Fragen enthält. Offene Fragen sind zur Ergänzung der Standardfragen hinzugefügt worden (Was schätzen Sie am meisten ... Was war Ihr größtes Ärgernis ... Welche Verbesserungsvorschläge haben Sie ...).

Bei den Wichtigkeitsfragen haben wir uns für folgenden Typ entschieden:

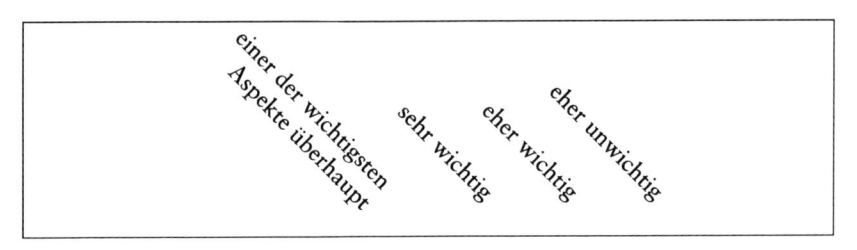

einer der wichtigsten Aspekte überhaupt — *sehr wichtig* — *eher wichtig* — *eher unwichtig*

Abb. 6. Antwortskala der Wichtigkeitsfragen

2.7 Testkennwerte

Es wurden verschiedene psychometrische Qualitäten des Fragebogens ermittelt. So liegt die Reliabilität (Cronbachs Alpha) der einzelnen Skalen deutlich über 0,8, wobei einzelne Skalen sogar Werte über 0,9 erreichen. Es wurden mehr als 30 Krankenhäuser in die Pilotphase einbezogen, in zehn weiteren Häusern wurde ein alternativer Fragebogen getestet und ausgewertet. Bis Ende 2000 haben über 140 Krankenhäuser an dieser Studie teilgenommen (Stand: November 2000).

In der Regel werden pro Haus um die tausend Fragebogen eingesammelt. Als Anhaltswert lässt sich sagen, dass pro Station hundert Fragebögen notwendig sind. Die Rücklaufquote bei der hausinternen Befragung liegt bei den meisten Stationen deutlich über 80%. Die Unterscheidung von Kliniken und Stationen nach dem Zufriedenheitsindex gelingt mit der Fünferskala zuverlässig. Das Vertrauensintervall für die einzeln Skalenwerte liegt in der Regel unter 2 Punkten (bei 95-prozentiger Sicherheit), bezogen auf eine linear transformierte Skala von 0 bis 100 Punkten.

Die Daten werden in der Regel über einen Scanner erfasst und anhand von stichprobenhaften Direktvergleichen kontrolliert. Anschließend werden die Daten mittels der Programme SPSS, Excel und Access verarbeitet.

2.8 Auswertungsmethodik

2.8.1 Die Punktwerte der einzelnen Antworten

Jede Antwortmöglichkeit wird mit einem Punktwert kodiert; dies ermöglicht eine Berechnung verschiedener statistischer Kennwerte. Die Kodierung ist in den nachfolgenden Tabellen dargestellt.

Den verschiedenen Antwortmöglichkeiten, die der Patient bei den Zufriedenheitsfragen ankreuzen kann, werden folgende Punktwerte zugewiesen:

Zufriedenheitsfragen					
Antwort	Schlecht	Akzeptabel	Gut	Sehr gut	Das Beste, ...
Punktwert	0	25	50	75	100

Abb. 7. Punktwerte der einzelnen Antwortmöglichkeiten bei Zufriedenheitsfragen

Bei den vier Antwortmöglichkeiten der Wichtigkeitsfragen werden folgende Punktwerte den Antwortmöglichkeiten zugeordnet:

Wichtigkeitsfragen				
Antwort	Eher unwichtig	Eher wichtig	Sehr wichtig	Einer der wichtigsten Aspekte
Punktwert	0	33,33	66,67	100

Abb. 8. Punktwerte der einzelnen Antwortmöglichkeiten bei Wichtigkeitsfragen

Diese Zuordnung der Punktwerte dient der leichteren Verständlichkeit und besseren Vergleichbarkeit der einzelnen statistischen Kennwerte.

Streng genommen sind die oben dargestellten Antwortmöglichkeiten auf Ordinalskalenniveau angeordnet, das heißt einer auf Reihenfolge basierenden Zuordnung. In der geisteswissenschaftlich angewandten Statistik werden aber allgemein schon ab vier- bis fünfstufigen Antwortskalen statistische Verfahren angewandt, die normalerweise nur auf Intervallskalenniveau erlaubt sind.

Der vergleichende Einsatz von verschiedenen Verfahren, wie z.B. T-Test und H-Test (nach Kruskal & Wallis), beziehungsweise von Faktorenanalyse und von Clusteranalyse, rechtfertigt jedoch die Annahme der absoluten Vergleichbarkeit der Verfahren auch bei diesem Fragebogen. Die oben genannte Praxis der Gleichsetzung von Ordinalskalenniveau und Intervallskalenniveau ist also auch hier möglich.

2.8.2 Skalen

Die einzelnen Fragen des Patientenzufriedenheitsfragebogens werden über eine Mittelwertsbildung zu Skalen bzw. Subskalen zusammengefasst. In einem zweiten Schritt werden dann die Skalen/Subskalen über weitere Mittelwertsbildungen zum Metrik-Index, der Gesamtbeurteilung, zusammengefasst.

Bildlich lässt sich das Verfahren folgendermaßen darstellen:

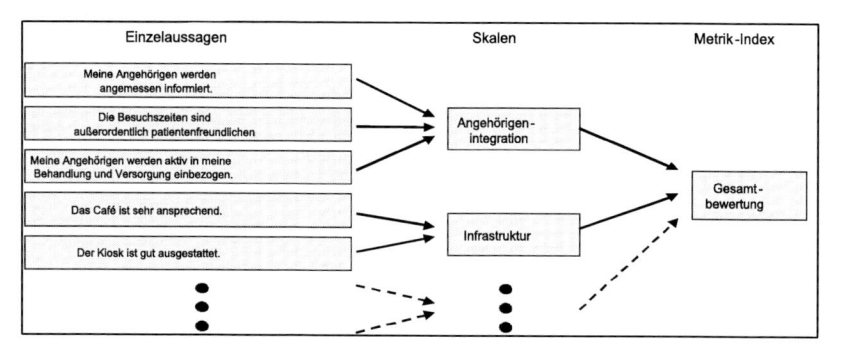

9. Zusammenfassung der Einzelaussagen zu Skalen

So werden im Patientenzufriedenheitsfragebogen z. B. die Fragen:
31. Die Regelung der Besuchszeiten ist ...
32. Die Angemessenheit der Informationen für meine Angehörigen ist ...
33. Die Art und Weise, wie meine Angehörigen in meine Behandlung und Versorgung einbezogen werden, ist ...

zu der Skala/Subskala: Angehörigenintegration durch Mittelwertsbildung zusammengefasst.

Nach dem gleichen Verfahren lassen sich die anderen Subskalen bilden. Anschließend werden alle Subskalen durch Mittelwertsbildung zu der Gesamtskala, dem Metrik-Index, zusammengefasst. Der Metrik-Index ist somit der Wert, der das Merkmal Patientenzufriedenheit am umfassendsten beschreibt. Die Werte der einzelnen Subskalen beschreiben hingegen die einzelnen Aspekte der Patientenzufriedenheit genauer.

2.9 Ergebnisdarstellung und Rückmeldung

Die Ergebnisdarstellung erfolgt grundsätzlich auf zwei verschiedene Arten:

1. Einerseits werden die Daten in Form von grafisch orientierten Darstellungen (s.u.) zusammengefasst, die zusätzlich in einem beiliegenden Handbuch erläutert werden.

2. Andererseits werden die Ergebnisse in Form von Präsentationen und Workshops dem Haus persönlich vorgestellt (vor den verantwortlichen Führungskräften und dem gesamten Personal!), und in anschließenden Workshops können die Ergebnisse vertiefend analysiert und konkrete Maßnahmen geplant werden.

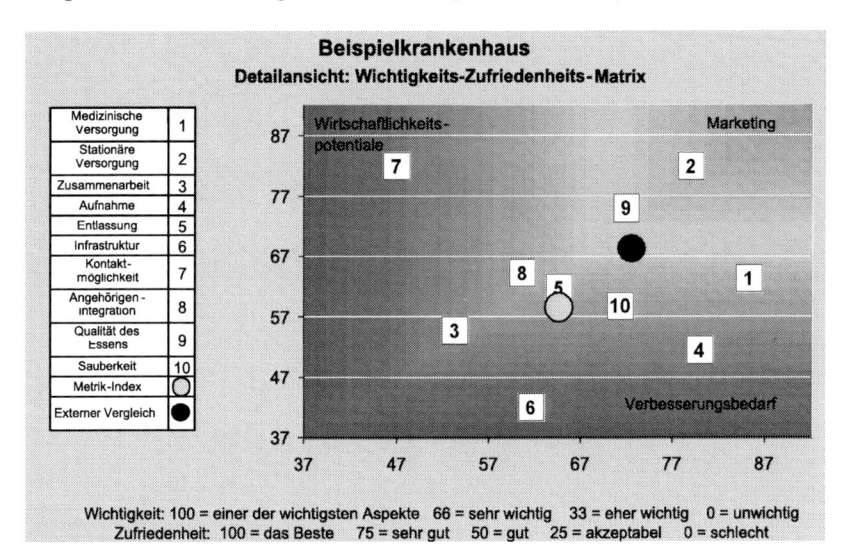

Beispielhaft sind hier einige Formen der Ergebnisdarstellung ausgewählt:

Beispielkrankenhaus
Detailansicht: Wichtigkeits-Zufriedenheits-Matrix

Medizinische Versorgung	1
Stationäre Versorgung	2
Zusammenarbeit	3
Aufnahme	4
Entlassung	5
Infrastruktur	6
Kontaktmöglichkeit	7
Angehörigen-Integration	8
Qualität des Essens	9
Sauberkeit	10
Metrik-Index	○
Externer Vergleich	●

Wirtschaftlichkeitspotentiale — Marketing — Verbesserungsbedarf

Wichtigkeit: 100 = einer der wichtigsten Aspekte 66 = sehr wichtig 33 = eher wichtig 0 = unwichtig
Zufriedenheit: 100 = das Beste 75 = sehr gut 50 = gut 25 = akzeptabel 0 = schlecht

Abb. 10. Die Wichtigkeits-Zufriedenheits-Matrix

Die Wichtigkeits-Zufriedenheits-Matrix kann als strategische Orientierungshilfe genutzt werden, da hier die einzelnen Themengebiete in Beziehung zueinander gesetzt werden.

Krankenhäuser können nicht mehr nur einseitig auf eine hohe Zufriedenheit der Patienten Wert legen, sondern müssen auch abwägen, inwieweit die Leistung in einem bestimmten Bereich erwartet und gewünscht wird und die Finanzierung möglich ist. Ziel ist es, die knappen Finanzreserven auf die strategisch wichtigen Bereiche zu konzentrieren und somit eine effiziente Ressourcennutzung zu erreichen.

Eine Zuordnung der einzelnen Fragen zu den drei oben beschriebenen Handlungsfeldern der Wichtigkeits-Zufriedenheits-Matrix wird in den Prioritätslisten dargestellt.

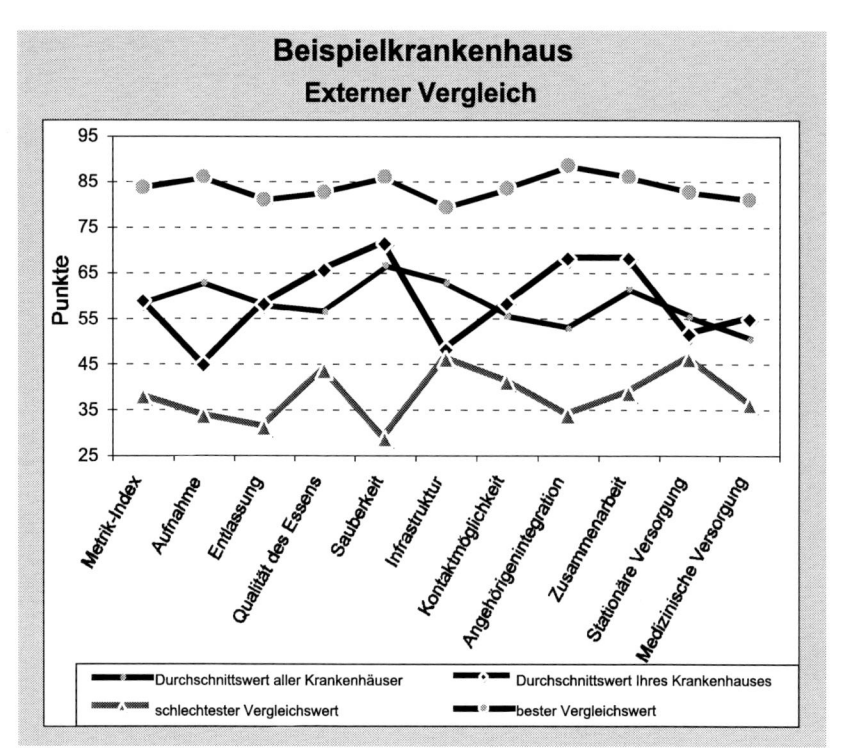

Messung und Analyse der Kundenzufriedenheit in Krankenhäusern 203

Beispielkrankenhaus
Externer Vergleich

(Punkte-Diagramm mit Achsenwerten 25 bis 95, x-Achse: Metrik-Index, Aufnahme, Entlassung, Qualität des Essens, Sauberkeit, Infrastruktur, Kontaktmöglichkeit, Angehörigenintegration, Zusammenarbeit, Stationäre Versorgung, Medizinische Versorgung)

Legende:
— Durchschnittswert aller Krankenhäuser
— Durchschnittswert Ihres Krankenhauses
— schlechtester Vergleichswert
— bester Vergleichswert

Nr	Legende des Vergleichs mit anderen Krankenhäusern Teil 1
A	Nennung des übergeordneten Aspekts dieser Darstellung
B	Die oberste Linie mit den runden Eckpunkten (grün) stellt die besten Punktwerte dar, die ein Krankenhaus in diesem Aspekt je erreicht hat.
C	Die Linie ohne Eckpunkte (gelb) stellt die mittleren Punktwerte (Mittelwerte) aller Krankenhäuser dar.
D	Die Linie mit den quadratischen Eckpunkten (schwarz) stellt die Punktwerte Ihres Krankenhauses dar.
E	Die unterste Linie mit den dreieckigen Eckpunkten (rot) stellt die schlechtesten Punktwerte dar, die ein Krankenhaus in diesem Aspekt je erreicht hat.
F	Aufzählung der verschiedenen Bezeichnungen der Skalen
G	Die Legende erklärt die Bedeutung der verschiedenen Kurven.

Abb. 11. *Der absolute Vergleich mit anderen Krankenhäusern (Grafik)*

Themengebiete:	Durchschnitts-wert aller Krankenhäuser	Durchschnitts-wert Ihres Krankenhauses	Vertrauens-intervall in Punkten
Metrik-Index	58	59	1,0
Aufnahme	63	45	1,3
Entlassung	58	58	2,5
Qualität des Essens	57	66	1,0
Sauberkeit	67	71	2,0
Infrastruktur	63	48	2,2
Kontaktmöglichkeit	56	58	1,3
Angehörigenintegration	53	68	1,4
Zusammenarbeit	62	68	2,3
Stationäre Versorgung	56	51	1,7
Medizinische Versorgung	51	55	1,4

100 = das Beste   75 = sehr gut   50 = gut   25 = akzeptabel   0 = schlecht

Nr	Legende des Vergleichs mit anderen Krankenhäusern Teil 2
A	Nennung der verschiedenen Skalen
B	Vergleichswerte zu anderen Häusern
C	Durchschnittswerte Ihres Hauses
D	Das Vertrauensintervall (auch Konfidenzintervall genannt) gibt an, in welchem statistischen Schwankungsbereich mit 95-prozentiger Sicherheit der wahre Wert liegt. Je kleiner der Wert ist, umso exakter ist die Messung.
E	Die Anzahl der Fragebogen gibt an, wie viele Patienten an dieser Untersuchung teilgenommen haben.
F	Die Anzahl der Krankenhäuser gibt an, wie viele Häuser in den Vergleich eingehen.

Abb. 12. Der absolute Vergleich mit anderen Krankenhäusern (Tabellenform)

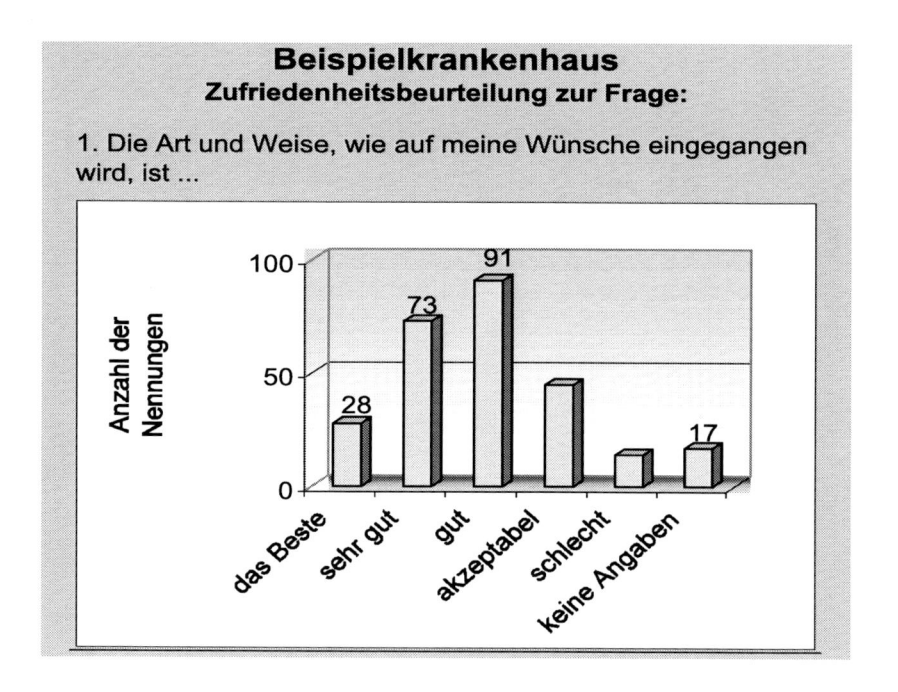

Messung und Analyse der Kundenzufriedenheit in Krankenhäusern 205

Beispielkrankenhaus
Zufriedenheitsbeurteilung zur Frage:

1. Die Art und Weise, wie auf meine Wünsche eingegangen wird, ist ...

Anzahl der Nennungen

- das Beste: 28
- sehr gut: 73
- gut: 91
- akzeptabel: (ca. 50)
- schlecht: (niedrig)
- keine Angaben: 17

Nr	Legende der Häufigkeitsverteilung Teil 1
A	Nennung des übergeordneten Themas
B	Nennung der entsprechenden Zufriedenheits- oder Wichtigkeitsfrage
C	An dieser Achse wird die Anzahl der Einzelnennungen abgetragen.
D	Die Zahlen repräsentieren die konkrete Anzahl der Nennungen, die in dieser Kategorie angekreuzt wurden.
E	Die Säulen symbolisieren die Skalenbezeichnung.

Abb. 13. Die Häufigkeitsverteilung einer Frage (Grafik)

	Punktwert	Anzahl der Nennungen	Prozentwert
Das Beste, was ich je erlebt habe	100	28	11%
Sehr gut	75	73	29%
Gut	50	91	36%
Akzeptabel	25	45	18%
Schlecht	0	14	6%
Keine Angaben	--	17	

Mittlerer Punktwert: 56
Standardabweichung in Punkten: 18
Vertrauensintervall in Punkten: 3
Anzahl der gültigen Fälle: 251
Anzahl aller Fälle: 268
Durchschnittlicher Punktwert aller Häuser: 62

Nr	Legende der Häufigkeitsverteilung Teil 2
A	Skalenbezeichnung
B	Auflistung der Punktwerte/Mittelwerte der Zufriedenheits- und der Wichtigkeitsfragen
C	Anzahl der Nennungen, bei denen diese Skalenbezeichnung angekreuzt wurde
D	Auflistung der entsprechenden Prozentwerte, die sich an der Anzahl der gültigen Nennungen orientiert
E	Darstellung weiterer statistischer Kennwerte, soweit diese berechenbar sind
F	Der durchschnittliche Punktwert aller Häuser ist ein Vergleichswert und wird erst ab einer genügend großen Referenzgruppe dargestellt.

Abb. 14. Die Häufigkeitsverteilung einer Frage (Tabellenform)

2.10 Umsetzung und Weiterverarbeitung der Ergebnisse

Die Ergebnisse der Patientenzufriedenheitsbefragung werden in sehr unterschiedlicher Form eingesetzt:
- Der wichtigste Aspekt ist sicher die Integration der Ergebnisse in ein internes Qualitätsmanagement. In Qualitätszirkeln und anderen Arbeitsgruppen zum Thema Qualität können die Ergebnisse direkt interpretiert und konkrete Verbesserungsmaßnahmen geplant und durchgeführt werden.
- Ein weiterer Ansatzpunkt ist, dass man eine solche Patientenzufriedenheitsbefragung als Grundlage für ein zu installierendes Qualitätsmanagement nutzen kann. Zusätzlich lassen sich so Veränderungen, die durch das entstehende Qualitätsmanagement bewirkt werden, gleich validieren und überprüfen. Durch Folgeuntersuchungen werden für alle Mitarbeiter anschauliche, reale Verbesserungen nachgewiesen.
- Die grafische Darstellung der Ergebnisse und der Vergleich mit anderen Häusern erlaubt auch eine lückenlose Integration der Analyse in eine Marketingstrategie bzw. die einfache Verwertung durch die Marketing- bzw. Öffentlichkeitsabteilung.
- Viele Häuser nutzen aber auch die Ergebnisse zur strategischen Positionierung und als Unterstützung für weit reichende Entscheidungen. Vor allem die Wichtigkeits-Zufriedenheits-Matrix liefert wertvolle Informationen für das leitende Management bzw. für den Träger im Rahmen des Kundenzufriedenheitsmanagements.

3. Ausblick und Potenziale

Die Forschungsgruppe Metrik versteht eine Patientenbefragung als lebendiges Instrument eines funktionierenden Qualitätsmanagements. Kontinuierlich werden weitere Verbesserungen des Fragebogens und der Erhebungsmethode erforscht.

Es ist noch nicht ganz geklärt, warum die stichtagsbezogene Befragung im Haus die gleichen Ergebnisse wie die Befragung ehemaliger Patienten liefert (postalische poststationäre Befragung). Hier müssen noch weitere Untersuchungen durchgeführt werden.

Die Befragung der Patienten im Haus bedeutet eine zusätzliche Belastung des Pflegepersonals, ist damit aber auch wesentlich kostengünstiger als die poststationäre Befragung. Viele Schwestern und Pfleger haben auch berichtet, dass sie es äußerst interessant fanden, über diesen Weg mit dem Patienten ins Gespräch zu kommen und damit bereits einen Beitrag zur Kundenorientierung zu leisten.

Weiterhin wird es wichtig sein, die Anzahl der teilnehmenden Krankenhäuser zu erhöhen, um verstärkt auch regionale Besonderheiten und Unterschiede zwischen verschiedenen Krankenhaustypen (große Häuser versus kleine Häuser, ländliche Häuser versus Häuser in Städten) herausarbeiten zu können.

Patientenzufriedenheitsbefragungen geben den Krankenhäusern die Grundlage für den Aufbau eines effizienten Kundenzufriedenheitsmanagements. Dieses Kundenzufriedenheitsmanagement ist als unverzichtbares Hilfsmittel der Qualitätssicherung anzusehen und wird in Zukunft ein Standardinstrument bei Betriebsvergleichen (Benchmarking) und Zertifizierungsverfahren sein. Es ist das Fundament für ein dauerhaft gut belegtes Krankenhaus.

4. Literatur

Freter, H. & Glasmacher, Ch. (1996): *Messung der Patientenzufriedenheit im Krankenhaus.* f&w, 5, S. 436–441.
Hall, J.A., & Dornan, M.C. (1998): *What patients like about their medical care and how often they are asked: a meta-analysis of the satisfaction literature,* in Soc. Sci.Med., 27, S. 935–939.
Hall, J.A., & Dornan, M.C. (1990): *Patient sociodemographic characteristics as predictors of satisfaction with medical care: a meta-analysis.* Soc. Sci. Med., 30, S. 811–818.
Helmig, B. (1997): *Patientenzufriedenheit messen und managen. Ein Leitfaden für das Tagesgeschäft.* f&w, 2, S. 112–120.
Hunstein, D. (1999): *Messung der Patientenzufriedenheit.* BALK-Info, 38, S. 34–36.
Hildebrandt, H., Borkert, J. & Wüstenberg, M. (1998): *Von unschätzbarem Wert für die Pflege. Patientenbefragungen auf dem Prüfstand: 1. Teil der Untersuchung.* BALK Info, 34, S. 12–15.Krämer, B. et al. (1998): *Patientenbefragungen in Krankenhäusern Schleswig-Holsteins.* Das Krankenhaus, 4, S. 202–207.
Rais, S.et al. (1998): *Untersuchungen zur Patientenzufriedenheit über einen fachvarianten standardisierten Fragebogen.* Das Krankenhaus, 2, S. 86–90.
Reibnitz, C.v. & Güntert, B. (1996): *Was bedeutet Zufriedenheit aus Sicht der Patienten?* f&w, 3, S. 260–265.
Seyfarth-Metzger, I., Satzinger, W. & Lindemeyer, T. (1997): *Patientenbefragungen als Instrument des Qualitätsmanagements.* Das Krankenhaus, 12, S. 739–744.

Die Autoren

Dr. Jürgen Abendschein
Dipl.-Betriebswirt, Personalleiter der Sparkasse Südliche Weinstraße in Landau

Miriam Adjei
Cand. Dipl.-Psych. an der Universität Koblenz-Landau, Fachbereich Psychologie, Schwerpunkt: Arbeits-, Betriebs- und Organisationspsychologie

Privatdozent Dr. Ottmar L. Braun
Wissenschaftlicher Mitarbeiter an der Universität Koblenz-Landau, Fachbereich Psychologie, Arbeits-, Betriebs- und Organisationspsychologie

Jacob Geditz
Dipl.-Kaufmann, Geschäftsführer des Deutschen Jugendherbergswerks, Landesverband Rheinland-Pfalz/Saarland e.V.

Ernfried Groh
Kriminaldirektor, Leiter der Polizeidirektion Landau

Marco Haferburg
Bankkaufmann, cand. Dipl.-Psych. an der Universität Koblenz-Landau, Fachbereich Psychologie, Schwerpunkt: Arbeits-, Betriebs- und Organisationspsychologie

Tanja Höffle
Dipl.-Betriebswirtin FH, Beauftragte für das Qualitätsmanagement der Sparkasse Südliche Weinstraße in Landau

Juliane Jung
Cand. Dipl.-Psych. an der Universität Koblenz-Landau, Fachbereich Psychologie, Schwerpunkt: Arbeits-, Betriebs- und Organisationspsychologie

Andreas Klawe
Cand. Dipl.-Psych. an der Universität Koblenz-Landau, Fachbereich Psychologie, Arbeits-, Betriebs- und Organisationspsychologie

Thomas Messner
Dipl.-Psychologe, Mitglied der Forschungsgruppe Metrik

Sandra Mihailović
Bankkauffrau, cand. Dipl.-Psych. an der Universität Koblenz-Landau, Fachbereich Psychologie, Schwerpunkt: Arbeits-, Betriebs- und Organisationspsychologie

Prof. Dr. Günter F. Müller
Lehrstuhl für Psychologie des Arbeits- und Sozialverhaltens an der Universität Koblenz-Landau im Fachbereich Psychologie

Claudia Rendenbach
Cand. Dipl.-Psych. an der Universität Koblenz-Landau, Fachbereich Psychologie, Schwerpunkt: Arbeits-, Betriebs- und Organisationspsychologie

Julia Skomrock
Cand. Dipl.-Psych. an der Universität Koblenz-Landau, Fachbereich Psychologie, Schwerpunkt: Arbeits-, Betriebs- und Organisationspsychologie

Norbert Wimmelmeier
Dipl.-Psych., Abteilungsdirektor der Personal- und Organisationsentwicklung der Aachener und Münchener Versicherungen

Winfried Zinn
Dipl.-Psychologe, Mitglied der Forschungsgruppe Metrik

Roland Geschwill
Fusionen erfolgreich managen
Wege aus der Integrationsfalle

176 S., gebunden, zahlr. Abb.
ISBN 3-00-006868-6
DM 78,–/sFr 69,–/öS 569,–/€ 39,–

Rezension aus management & training 2/2001:

»Die wissenschaftliche Beschäftigung mit den Erfolgsfaktoren von Mergers & Acquisitions hat bislang eher etwas von einer Deutungswissenschaft (Rolf Stiefel) beziehungsweise von einem wissenschaftlichen Niemandsland (Stephan A. Jansen).« Diesen Standpunkt vertritt Roland Geschwill in seinem Buch, dass Manager unterstützen will, die Integrations- und Kulturfallen bei Fusionen zu erkennen und richtungsweisende Entscheidungen bereits in der Pre-Merger-Phase zu treffen.
Im ersten theoretischen Teil beschreibt der Autor Erfolgsfaktoren für Fusionen, geht aber auch auf Risiken ein. Sehr interessant sind die zahlreichen Fallbeispiele und empirischen Belege, mit denen er seine Überlegungen untermauert.
Im zweiten Teil werden Methoden vorgestellt, die bei Fusionen erfolgversprechend sind, zum Beispiel die Kultur-Analyse, die task-oriented-personal-GRID-Analyse oder die Bewertung der Human-Resources-Aktivitäten nach dem Human-Capital-Ansatz.
Im dritten Teil geht Geschwill dann speziell auf Workshops mit großen Gruppen in der Post-Merger-Phase ein, mit denen er gute Erfahrungen gemacht hat. Hier gibt er auch konkrete Tipps für die Durchführung und den Ablauf solcher Workshops. In einem umfangreichen Anhang sind Praxisteil und Checklisten enthalten, die speziell für die Herausforderungen bei Fusionen angepasst wurden.
Das Buch bietet einen echten Informationsvorsprung und schafft Nutzwert für die Praxis. Dabei ist es unterhaltsam geschrieben und mit treffenden Karikaturen illustriert, die zum Nachdenken und Schmunzeln anregen.

Malte Leyhausen
Die lebendige Unternehmenskonferenz
Aktion · Spaß · Ergebnis.

Ca. 200 Seiten, gebunden, zahlreiche Abbildungen
DM 78,–/ sFr 69,–/öS 569,–/€ 39,–
ISBN 3-935613-01-6

Um Mitarbeiter in der heutigen »Spaß-Gesellschaft« noch nachhaltig erreichen zu können, ohne das Ziel einer Konferenz aus den Augen zu verlieren, müssen zeitgemäße Veranstaltungsformen gewählt werden. Der praktische Ratgeber stellt hierzu innovative Ansätze vor, die das Know-how von Großgruppen-Arbeit, Erfahrungslernen und Unternehmenskabarett nutzen. Detailliert werden die einzelnen Event-Bausteine vorgestellt und anhand von Übersichten, Checklisten und Beispielen für die Praxis verfügbar gemacht.

Roland Geschwill/Uwe Beyer
Personalmanagement in Unternehmen erfolgreich vermarkten
Strategie · Marketing · Wertschöpfung.

Ca. 200 Seiten, gebunden, zahlreiche Abbildungen
DM 78,–/ sFr 69,–/öS 569,–/€ 39,–
ISBN 3-935613-00-8

Fach- und Führungskräfte werden in den kommenden Jahren knapp. 2001 fehlen in Deutschland bereits ca. 200.000 IT-Spezialisten. Der Markt an guten Führungskräften ist leer gefegt. Viele HR-Manager beschäftigen sich inzwischen wieder mit Mitarbeiterbindungsprogrammen statt mit Downsizing-Kampagnen. Human Resources Management hat wieder Konjunktur. Dennoch bleiben schwer zu beantwortende Fragen. Was trägt HR eigentlich zur unternehmensinternen Wertschöpfungskette bei oder welchen Beitrag leistet HR zur Firmenstrategie? Personalmanager werden in den kommenden Jahren den Nutzen ihrer Aktivitäten noch deutlicher darstellen müssen. Welche Modelle hierfür derzeit zur Verfügung stehen und für wen sie taugen, macht dieses Buch transparent.